Rolf Schörken
Jugend 1945

Rolf Schörken

Jugend 1945

Politisches Denken und Lebensgeschichte

Leske + Budrich, Opladen 1990

CIP-Titelaufnahme der Deutschen Bibliothek

Schörken, Rolf:
|Jugend neunzehnhundertfünfundvierzig|
Jugend 1945: politisches Denken und Lebensgeschichte /
Rolf Schörken. — Opladen: Leske u. Budrich, 1990
ISBN: 3-8100-0802-8

Satz und Umbruch: Leske + Budrich
Druck und Verarbeitung: Temming Druck, Bocholt
Printed in Germany

Inhalt

1. Einführung

1.1 Ausgangspunkt der Untersuchung

Die Schlußphase des Nationalsozialismus ist längst nicht so gut erforscht wie die Anfangsphase oder die Zeit seiner außen- und innenpolitischen Erfolge. Daran liegt es, daß eine Reihe von Fragen noch nicht differenziert beantwortet werden kann, darunter auch Fragen von aktueller Bedeutung, die heute noch die Öffentlichkeit bewegen und die mit der demokratischen Identität unserer Gesellschaft verknüpft sind.

Es geht in diesem Buch um die Frage, wie tief und fest verankert der Nationalsozialismus in den Köpfen der jungen Leute saß und auf welchen Wegen — Umwege und Holzwege eingeschlossen — so etwas wie ein demokratisches Bewußtsein erlangt wurde.

Die Irritationen begannen bereits beim Einmarsch der Alliierten. Golo Mann, der als amerikanischer Soldat mit dabei war, schrieb: „Mit ungläubigem Staunen fanden die Alliierten, daß es in dem Land, das zwölf Jahre lang vom Nationalsozialismus regiert worden war, eigentlich überhaupt keine Nationalsozialisten gab“[1]. Mit dem Wörtchen „eigentlich“ läßt er offen, ob sich die Nazis tarnten und versteckten oder ob mit dem Ende des Dritten Reiches und mit Hitlers Tod auch der Nationalsozialismus in den Köpfen der Menschen zerstob.

In England und den USA wurden schon bald erste Erklärungsversuche für den befremdlichen Sachverhalt geliefert. Die Deutschen, die man sich bis zu diesem Augenblick vorwiegend als fanatisch, grausam und tapfer vorgestellt hatte, erschienen jetzt als das genaue Gegenteil, als demütig und feige — also mußte da wohl offenkundig ein übler Nationalcharakter zugrunde liegen. Dies war nur das erste einer langen Reihe von Erklärungsmodellen für ein Problem, das über die gesamte Wiederaufbauphase hinweg beunruhigend blieb. Konnte nicht jeden Augenblick wieder anläßlich unvorhersehbarer Anlässe die nationalsozialistische Mentalität mit alter Dynamik hervorbrechen und alle Demokratieversuche hinwegfegen? In der Studentenbewegung wandelte sich das Problem zu einem förmlichen Generationskonflikt. Die Achtundsechziger insistierten geradezu darauf, daß ihre Eltern tief in den Nationalsozialismus verstrickt gewesen seien; sie sahen auf Schritt und Tritt faschistoides Erbe. Oft reagierten sie nur noch mit Hohn, wenn ihre Väter und Mütter ihnen erklärten, kein Nazi gewesen zu sein. Auch damals gab es vereinfachte Erklärungsmodelle: Man sah in ungeahntem Maße Verdrängung am Werk, und man unterschied scharf zwischen Nazi und Antinazi — als habe es nicht vielfältige Abstufungen gegeben (und als liege nicht gerade in diesen Abstufungen ein Grund für die massenhafte Zustimmung zu Hitler in den Phasen der nationalsozialistischen Erfolge). „Zwischentöne sind nur Krampf im Klassenkampf!“, so hieß damals eine der erkenntnishemmenden Parolen.

Erklärungsdefizite bestehen bis auf den heutigen Tag, und bis auf den heutigen Tag schlägt auch das Pendel zwischen Verharmlosung und Dämonisierung hin und her. Mit „Verharmlosung“ ist das Sich-Drücken vor Erkenntnis, Verantwortung und Konsequenzen, ist intellektuelle Feigheit gemeint, mit „Dämonisierung“ eine verspätete Suggestion durch die noch von der NS-Propaganda selbst gelieferten Bilder — etwa dem Bild von der „begeisterten HJ-Jugend“.

Wirklichkeit ist, wie Ernst Bloch sagt, nie schwarz oder weiß, sondern gesprenkelt. Deshalb ist eines nötig: Genaues Hinschauen.

In den letzten Jahren ist die historische und soziologische Erforschung der Jugendgeneration im Dritten Reich und in der Nachkriegszeit in Bewegung geraten. Differenzierende Gesamtdarstellungen sind erschienen, so von Harald Scholtz und Arno Klönne [2]. Lutz Niethammer und seine oral history-Arbeitsgruppe, Gabriele Rosenthal, Peter Steinbach, Heinz Bude und Martin Greiffenhagen[3] haben Untersuchungen vorgelegt, die bei allen unterschiedlichen Intentionen gemeinsam haben, daß sie dicht an individuelle Lebensgeschichten heranrücken.

Dieses Buch, eine Art erweiterter Fortsetzung meiner Untersuchung über das politische Bewußtsein bei den Luftwaffenhelfern[4], gehört in diese Linie. Es beansprucht nicht, ein Gesamtbild der Nachkriegsjugend zu zeichnen, möchte aber einige Bausteine liefern für ein Generationenprofil.

1.2 Das Jahr 1945: Epochengrenze, Lebenskontinuum

Epocheneinteilungen sind für die Geschichtswissenschaft notwendig. Sie können jedoch auch Erkenntnis hindern.

Wenn man mit dem Jahr 1945 eine Epoche zu Ende gehen und eine neue Epoche beginnen läßt, so hat dies seinen guten Sinn und muß nicht weiter gerechtfertigt werden: Das Dritte Reich versank im Orkus, das Deutsche Reich hörte auf zu existieren, Deutschland wurde Besatzungsland — es war ein Einschnitt, wie er tiefer nicht gedacht werden konnte. Soweit es sich um Herrschaft, politisches System, Staat und Institutionen handelte, bildete das Jahr 1945 einen der größten Einschnitte, die sich denken lassen.

Jede historische Zeit ist aber immer auch gelebtes Leben von Millionen Menschen, und für diese Menschen ist das Ende einer historischen Epoche in der Regel nicht das Ende ihres Lebens, auch kommen mit der neuen Epoche nicht einfach neue Menschen auf die Welt. Das Jahr 1945 gehört in das Lebenskontinuum von Millionen. Es wurde erlebt, erlitten, verarbeitet, verdrängt, es hat tief eingegriffen ins Leben, Narben hinterlassen, Veränderungen größten Ausmaßes hervorgerufen. Wer nun mit der großen Schere an dieser Stelle die Geschichte auseinanderschneidet in einen Teil, der vorher liegt und hier nur eben seinen Schlußpunkt findet, und in einen anderen Teil, der später kommt und hier gerade erst in Umrissen beginnt, zerreißt einen der wichtigsten und interessantesten Zusammenhänge. Es waren ja dieselben Menschen, die das Vorher und das Nachher erlebten, und sie erlebten es als eine tiefgreifende Veränderung aller Lebensrealität und der geläufigen politischen Orientierungen. Der Historiker, den diese „inneren" Prozesse interessieren, tut gut daran, das Jahr 1945 weder an das Ende noch an den Anfang einer Untersuchung zu setzen, sondern in die Mitte zu nehmen.

Wenn wir wissen wollen, was dieses Jahr an Neuorientierungen bei den Menschen bewirkte, wie es verarbeitet — oder auch: nicht verarbeitet — wurde, müssen wir dieses Jahr überschreiten, und zwar sowohl nach vorn wie nach hinten. Wir richten deshalb unsere Aufmerksamkeit auch auf die letzten Jahre der NS-Zeit und des Krieges, legen allerdings den Schwerpunkt auf die frühesten demokratischen Anfänge.

1.3 Gegenstand der Untersuchung

„Gewaltige, umstürzende Vorgänge wie zum Beispiel der damalige Krieg und seine Beendigung sind — bevor sie zu Geschichtsdaten gerinnen, solange sie unmittelbar berührende Gegenwart sind — das genaue Gegenteil von dem, was uns als Geschichte gewöhnlich präsentiert wird: Je mächtiger der Vorgang, um so stärker zersplittert er in unzählige Einzelteile; jedes Teilchen ein Mensch mit seinem Geschick. Was im gehörigen Abstand dann Historie ist, die ihre Merkdaten hat, ist ganz und gar privat, während es geschieht ... Seinerzeit, vor vierzig Jahren, gab es faktisch und im Bewußtsein nur Geschichten." So Günter Gaus in einer Erinnerung an das Kriegsende[5].

Man kann diesen Gedankengang fortsetzen. Der Zeitgenosse, der eine Zeit miterlebt und miterlitten hat, findet sich, d.h. seine Person und seine Teilnahme am Geschehen, im Geschichtswerk, das nach gehörigem Abstand erscheint, nicht wieder. Hier erscheinen dann nur noch die Entscheidungsträger, die Leute an der Spitze. Peter Brückner merkt anläßlich der Historiographie über den Nationalsozialismus an, darin komme nicht vor, „was das Fleisch unseres Lebens ausgemacht" habe[6]. Das gilt auch für andere Epochen der Zeitgeschichte und geht darauf zurück, daß die traditionellen Hauptuntersuchungsgegenstände der Geschichtswissenschaft das staatliche Entscheidungshandeln (oder doch ein Entscheidungshandeln, das möglichst breite Auswirkungen hat und deshalb möglichst weit „oben" anzusetzen ist) oder die staatlichen und gesellschaftlichen, wirtschaftlichen und kulturellen Strukturen sind. Der einzelne Zeitgenosse ist darin zwar auch „irgendwie" enthalten, aber gewissermaßen in aufgelöster Form, etwa wie Salz in einer Salzlösung. Liest der einzelne Zeitgenosse ein geschichtswissenschaftliches Buch aus der Zeit, die er miterlebt hat, auf der Suche nach sich selbst, so findet er sich im Grunde nur dann, wenn er Außerordentliches an Abstraktionsvermögen — oder eigentlich umgekehrt: an Rekonkretisierung und Reindividualisierung des Abstrakten — leistet, und wenn er das nicht kann, führt das zur Enttäuschung.

Aus dieser Überlegung kann man freilich leicht die falschen Schlüsse ziehen. Es kann nicht darum gehen, den Prozeß der Geschichtswissenschaft, aus Geschichten Geschichte zu machen, stillzusetzen oder wieder zurückzunehmen. Es ist jedoch möglich, so zu verfahren, daß die Untersuchung nicht nur von Geschichten, d.h. von individuellen Zeiterfahrungen ausgeht, sondern sich auch mit ihren Ergebnissen in ihrer Nähe hält. Dies wird hier beabsichtigt, und deshalb wird der Abstand vom individuellen

Zeugnis des erlebten Lebens zur verallgemeinernden Typisierung und Zusammenfassung so eng gehalten, daß er überbrückbar bleibt.

Das Wunder der westdeutschen Nachkriegsentwicklung bestand weniger im sogenannten Wirtschaftswunder, als vielmehr in der Tatsache, daß die Demokratie fest und nachhaltig Fuß faßte, obwohl sie wiederum nach einem verlorenen Krieg und von den Siegermächten, insgesamt also, wie es auf den ersten Blick erscheinen mag, unter weit ungünstigeren Bedingungen als 1918 eingeführt wurde. Bis heute hat die deutsche Gesellschaft tiefgreifende Wandlungen durchgemacht, die es fast unmöglich erscheinen lassen, die Vorstellungen einer Identität aufrechtzuerhalten, wenn man etwa die kulturellen Orientierungen der 20er und 30er Jahre mit denen der 70er und 80 Jahre vergleicht. Das ist von ausländischen Beobachtern oft mit Erstaunen und Ungläubigkeit zur Kenntnis genommen worden; es hat einen Emigranten und KZ-Insassen wie Jean Amery, der jahrelang Deutschland nicht mehr betreten hatte, zu Beginn der 70er Jahre bis zur Perplexität verwirrt. „Die Frage stellte sich stets von neuem: Was ist dieses Deutschland? ... Sie machten alles besser und geschwinder. Sogar mit ihrer gestrigen Romantik räumten sie rapider und gründlicher auf, als ich das jemals in den Tagen, da ich mir alles Deutsche verbot, vermocht hatte ... So wie ihre Fabriken nach dem Kataklysmus neu errichtet werden mußten ..., waren sie genötigt, auch das intellektuelle Werkzeug von Grund auf zu erneuern ... Derweilen wuchsen Jahrgänge neuer Jugend heran, für die ohnehin die jüngste Vergangenheit Geschichte war, eine höchst langweilige, die keinen etwas anging. Die Mutation ging mysteriöserweise bis ins Physiognomische. Eben noch hatte ich in den Karikaturen belgischer, französischer Zeitungen das deutsche Mädchen gesehen: ein fettliches Monstrum mit Walkürenhelm, Brille und steifgeflochtenen, abstehenden Zöpfen. Was mir aber im Lande begegnete, war die deutschredende Amerikanerin, langbeinig und totschick, oder die Französin, dunkelhaarig, schillernd im Charme romanischer Intelligenz ... Sie machten tabula rasa ... Wir erkennen unsere Faschisten, seid unbesorgt und kehrt vor eigenen Türen ...“[7]. — Der Ton von Bitterkeit und Ironie kann nicht darüber hinwegtäuschen, daß hier ein Kulturumbruch diagnostiziert wird, der die Physiognomie Deutschlands bis zur Unkenntlichkeit veränderte.

Uns interessiert an diesem Prozeß vor allem die politische Mentalitätsentwicklung um das Jahr 1945. Der lange Weg zur Demokratie mußte zunächst einmal in den Köpfen vieler einzelner gegangen werden. Er begann für die meisten Jugendlichen im geistigen Niemandsland der Zeit vor und nach Kriegsende, bevor es irgendwelche demokratischen Institutionen gab.

Für viele mag er früher begonnen haben, noch mitten im Dritten Reich.

Wir beschränken uns in diesem Buch auf die Jugend. „Jugend“ wird hier nicht nach entwicklungspsychologischer Weise als Spätpubertät und Adoleszenz verstanden, sondern aus dem realen historischen Zusammenhang: Jugendliche sind für uns diejenigen, die 1945 noch keine andere Lebensform kennengelernt und noch keine anderen Erfahrungen gemacht hatten als die unter dem Nationalsozialismus. Es werden die Geburtsjahrgänge von 1921 bis 1929 untersucht. Die Betroffenen waren bei Kriegsende zwischen 15 und 24 Jahre alt. 1933 waren sie noch Kinder, ab 1937 wurden sie von der HJ erfaßt — weshalb diese Generation manchmal auch Hitlerjugendgeneration genannt wird[8] —, dann wurden sie, was die männliche Jugend betrifft, von Jahrgang zu Jahrgang fortschreitend, Soldat oder Luftwaffenhelfer.

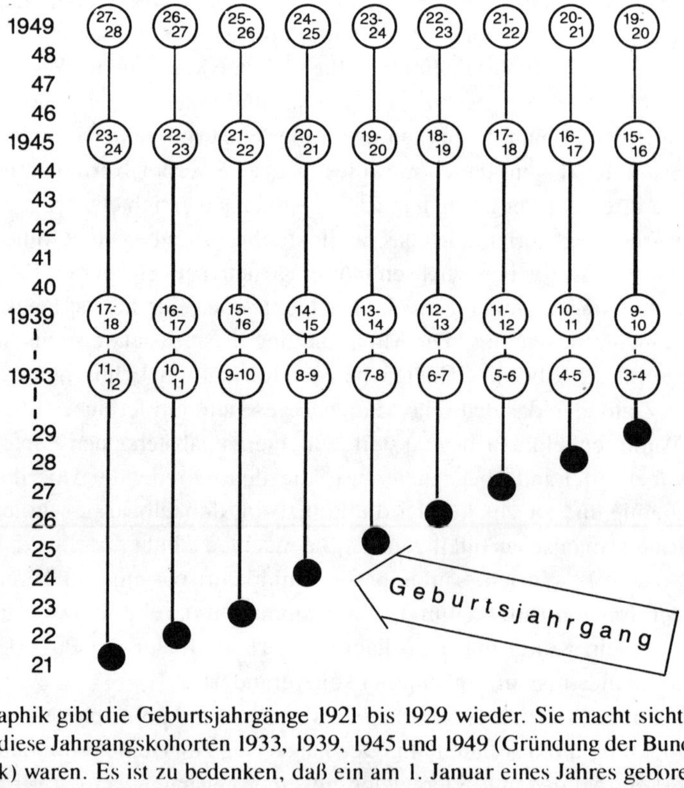

Die Graphik gibt die Geburtsjahrgänge 1921 bis 1929 wieder. Sie macht sichtbar, wie alt diese Jahrgangskohorten 1933, 1939, 1945 und 1949 (Gründung der Bundesrepublik) waren. Es ist zu bedenken, daß ein am 1. Januar eines Jahres geborenes Kind zwar demselben Geburtsjahrgang angehört wie ein am 31. Dezember desselben Jahres geborenes, de facto aber ein Jahr älter ist. Deshalb sind in der Graphik Altersspannen angegeben, also z.B. „15 - 16 Jahre“ statt „16 Jahre“.

Bei genauerem Hinsehen wird freilich deutlich, daß sich mindestens drei Binnengruppierungen innerhalb dieses Jahrgangsspektrums ergeben.

Aus den Jahrgängen 1921 bis 1925/26 rekrutierten sich die jungen Soldaten des 2. Weltkrieges, die mindestens in der zweiten Kriegshälfte an allen Fronten im Einsatz waren — man nannte die Jahrgänge 21/22 oft die „Stalingrad-Jahrgänge". Die Jahrgänge 26 bis 28 bildeten die Flakhelfergeneration — wobei auch hier zu bemerken ist, daß der Jahrgang 26 und ein großer Teil von 27 noch zum Reichsarbeitsdienst und/oder zur Wehrmacht eingezogen wurden. Der Jahrgang 1929 bildet eine dritte Gruppe: er wurde, von Ausnahmen abgesehen, nicht mehr als Luftwaffenhelfer einberufen, allerdings vielfach in anderer Weise vom Kriegshilfsdienst erfaßt. Bei den Mädchen war die Situation komplexer; als Faustregel mag gelten: Wer 1944 jünger als 19 Jahre alt war, wurde in der Regel nicht mehr vom weiblichen Reichsarbeitsdienst erfaßt; der Jahrgang 26 bildete eine Binnengrenze — wer älter war, wurde in der Regel zu verschiedenen Formen des Kriegshilfsdienstes herangezogen, wer jünger war, im allgemeinen nicht.

Man wird freilich nicht davon ausgehen können, diese Jugendlichen seien trotz aller politischen Alternativen- und Erfahrungslosigkeit unbeschriebene Blätter gewesen. Die meisten jungen Männer hatten Grenzsituationen hinter sich, von denen sich ein junger Mann in Friedenszeiten kaum eine Vorstellung machen kann; die jungen Frauen und Mädchen hatten Bombenangriffe, oft Flucht, Entbehrungen und Entsetzen erlitten. Fast alle hatten Erfahrungen gemacht, die mit dem überkommenen Begriff von Jugendlichkeit nichts mehr zu tun hatten, fingen aber jetzt wieder ganz von vorn an.Sie mußten sich zunächst einfach an Normalität gewöhnen, verstanden als Leben ohne dauernde Angst, Leben mit vorsichtig sich öffnenden Zukunftsperspektiven, mit individuellen Gestaltungsmöglichkeiten, wie eng die Grenzpfähle dafür in jenen Jahren auch immer gesetzt waren. Im äußeren Leben mußten sie Rollen von großer Widersprüchlichkeit übernehmen: sich wieder auf die Schulbank setzen, Examina ablegen, einen Beruf erlernen, auf dem Schwarzmarkt oder auf Hamsterfahrten sehen, daß etwas in den Kochtopf kam; bereits in solchen widersprüchlichen Erfahrungen lagen starke Spannungen begründet.

Erheblich größer aber mußten die Spannungen sein, die wir hier mit dem Wort „Orientierungsprobleme" bezeichnen. Ohne uns an dieser Stelle schon auf die Frage einzulassen, wie fest der Nationalsozialismus die Jugend tatsächlich im Griff hatte,kann doch eines gesagt werden: Wenn es richtig ist, daß niemand auf die Dauer ohne Sinn leben kann, dann gilt gerade für diejenigen jungen Leute, die den Kriegseinsatz als eine nicht aufhörende Folge von immer neuen Belastungen und als Zwangslage erfahren hatten, die nur mit den äußersten Kräften zu lösen war, daß sie sich in ihrer großen Mehrzahl der naheliegenden Sinngebung bedienten: „Wir tun das für ein höheres Ganzes, wir tun das für Deutschland." Dieser Typ der Sinngebung, die Identifikation mit der Nation, ist der historische Normaltyp. Seitdem es den modernen Nationalstaat mit der allgemeinen Wehrpflicht und dem Krieg zwischen Nationalstaaten gab, gehörte diese Identifikation mit dem höheren Ganzen zur Generalausstattung der Erziehung, keineswegs nur in Deutschland, sondern in allen modernen Nationalstaaten. Er bedurfte, um zu funktionieren, einiger Voraussetzungen, zum Beispiel des Überzeugtseins davon, von der Gegenseite in den Krieg verwickelt worden zu sein, also selbst nur einen Verteidigungskrieg zu führen. Wer kein besonders wacher und kritischer Beobachter war, sondern dem glaubte, was ihm gesagt wurde, konnte als deutscher Jugendlicher den Zweiten Weltkrieg in diesem Rahmen verstehen; er brauchte dazu nur der eigenen Kriegspropaganda zu glauben. War er dazu noch überzeugter Nationalsozialist, konnte sich diese Identifikation bis zur glühenden Kampfbereitschaft steigern; dann wurden in der Regel noch andere Momente in diesen Glauben aufgenommen, die sich auf die Person Hitlers und auf die Ideologie bezogen. 1945 brach aber nicht einfach nur der Nationalsozialismus zusammen, sondern auch Deutschland als Staat, d.h. die sehr viel breitere, elementare und wirksamere Sinngebungsinstanz, die auch für die Soldaten, die nie Nationalsozialisten gewesen waren, bis zum Schluß noch ihre bindende Kraft bewahrt hatte.

Wie haben sich Jugendliche in dieser Sinnkrise großen Ausmaßes verhalten? Wie haben sie sie wahrgenommen, in welchen Kategorien haben sie sie begriffen? Wie lauteten die Antworten? Gab es überhaupt Antworten in einer Zeit völliger politischer Machtlosigkeit? Mit welchen emotionalen Belastungen, aber auch Hoffnungen wurde Demokratie betrachtet? Wie lebten nationalsozialistische Einstellungen weiter? Lebten sie überhaupt weiter? Dies sind Fragen, um die es im Folgenden geht.

In diesen Fragen stecken zwei Aspekte: ein politischer und ein psychologischer. Der politische Aspekt ist aktuell bis auf den heutigen Tag. Letzten Endes geht es um die Frage, ob die jungen Deutschen von damals Demokraten geworden sind und ob der Nationalsozialismus wirklich aus ihren Köpfen verschwunden ist. Seit dem Ende des Zweiten Weltkrieges hat es kaum ein Jahr gegeben, in dem nicht ausdrücklich vor einem Weiterleben des Nationalsozialismus gewarnt wurde, oft genug aus gegebenen Anlässen, wie gewichtig diese auch immer waren. Andererseits gibt es genau entgegengesetzte Lagebeurteilungen, in denen betont wird, daß die Bundesrepublik nicht nur in die westliche Welt eingebunden, sondern in ihrem Lebensstil, ihrer Jugendkultur, ihren künstlerischen Produktionen in außerordentlicher Breite und Tiefe gewissermaßen westlicher als der Westen geworden sei, so daß der Nationalsozialismus zumindest in jugendlichen Augen wie ein fernes, rätselhaftes Relikt antiquiert denkender Großväter erscheinen muß — eine Einschätzung der Vergangenheit, die in einem eigentümlichen Spannungsverhältnis zu der viel diskutierten „Vergangenheit, die nicht vergehen will," steht. Freilich kann und soll die Frage nach dem Weiterleben des Nationalsozialismus in ihrer Pauschalität und ihrer weiten zeitlichen Erstreckung bis zur Gegenwart in dieser Arbeit nicht beantwortet werden. Wir wollen aber eine Teilantwort, bezogen auf die späten vierziger Jahre und auf die Generationen, die diese Zeit als Jugendliche erlebt haben, zu geben versuchen.

Die sozialpsychologische Seite der Fragestellung ist von der politischen nicht zu trennen. Bereits dann, wenn man sich den beiden grundlegenden Begriffen, dem Ideologie- und dem Mentalitätsbegriff, nähert, hat man es nicht nur mit politischen Inhalten, sondern auch mit psychologischen Strukturen zu tun. Unter nationalsozialistischer „Ideologie" verstehen wir den engeren Kern der weltanschaulichen Lehre des Nationalsozialismus, die Doktrin und die in ihr mitgelehrten Prämissen, also die bewußte Seite des „Bekenntnisses" zum Nationalsozialismus: die Rasselehre mit ihrem Kernstück, dem Antisemitismus bzw. der naturhaften Überlegenheit der arisch-nordisch-deutschen Rasse; die Volk- und Führer-Doktrin, den rassistisch begründeten Antikommunismus, die Lehre von der Lebensraumeroberung, das im Sozialdarwinismus rückgekoppelte Geschichtsbild. Mit „Mentalität" dagegen meinen wir die sozialen Übereinkünfte, die unreflektierten Alltagsorientierungen, die der eigenen Reflexion entzogenen Denkkategorien, die Grundhaltungen, Werturteile, Zukunftsvorstellungen und die jugendspezifischen Dispositionen, Momente also, die zu mehr unbewußten, stärker emotionalen oder einfach konformistischen Formen des Mitmachens im Nationalsozialismus führen konnten. Wir folgen dabei einer Linie der modernen Mentalitätsgeschichte, die durch Namen wie Mandrou, Le Goff und Ariès gekennzeichnet ist und die den Mentalitätsbegriff — hier in der Definition von Rolf Reichardt — wie folgt versteht: „Die Mentalitäten haben ihren systematischen Ort zwischen Ideen und Verhalten, Doktrin und Stimmung, an der Verbindungsstelle von Individuellem und Kollektivem, Außergewöhnlichem und Durchschnittlichem. Sie sind mehr als Lebensgewohnheit, Sitte und Brauchtum und nicht nur eine bloße Widerspiegelung der sozio-ökonomischen Verhältnisse, sondern etwas Dynamisches, eine z.T. eigengesetzliche Kraft, eine Geisteshaltung, die ein Werturteil über bestimmte Dinge impliziert, ein Komplex affektiv geladener Erwartungs- und Verhaltensdispositionen, die sich nicht zuletzt in irrationalen Emotionen wie Frömmigkeit, Furcht, Mythen, Haß und Aggression äußern."[9]

Die Frage nach der politischen Mentalität rückt in der Geschichtsschreibung zum Nationalsozialismus immer stärker in den Mittelpunkt. Es war ja nicht nur primär der Pakt mit den Eliten, der Hitler so mächtig machte, sondern mehr noch sein Pakt mit dem gemeinen Mann: Hitler erfüllte seelische Bedürfnisse breitester Bevölkerungsschichten, und die NS-Diktatur war nicht einfach nur eine Sache bedenkenloser Gewaltanwendung im Innern, sondern genauso eine Sache breitester Zustimmung, ja geradezu von Identitätsgefühlen von unten, ohne die gar nicht zu erklären wäre, wieso Hitler bis fast zum Kriegsende abgehoben über der Realität stand und sakrosant war. Diese Zusammenhänge haben durch Arbeiten von Ian Kershaw, Martin Broszat und Lothar Kettenacker im Laufe des letzten Jahrzehntes immer stärker die Aufmerksamkeit der Forschung gefunden. Hitler ist tot, „doch hat die Mentalität breiter Schichten, die ihn ermöglichte, nicht mit der gleichen beruhigenden Gewißheit den Charakter eines einmaligen, unnachahmlichen Vorgangs angenommen. Der psychologische Resonanzboden ist nur verdeckt" — so Lothar Kettenacker[10].

Politische Mentalitäten sind personal und kollektiv tiefer verankert als Ideologien. Deshalb sind sie in der Regel auch keinen sehr plötzlichen Wendungen unterworfen. Seine Ideologie kann man — etwa durch politische Bekehrungserlebnisse, sogar schon durch intensive Gespräche oder Buchlektüre — rasch wechseln, wie das in unserem Jahrhundert reichlich bezeugt ist. Bei solchen ideologischen Wendungen können aber die Tiefenschichtungen der Mentalität völlig unberührt bleiben. Es hat nach 1945 massenhaft ideologische Kehrtwendungen gegeben, an deren subjektiver Redlichkeit man gar keine Zweifel haben muß, etwa vom Nationalsozialismus zum Kommunismus oder zum Christentum, ohne daß die mentale Grundstruktur, beispielsweise durch starke Autoritätsbindung oder durch starke Anpassungsbereitschaft charakterisiert, sich gleichzeitig mitverändert hätte.

Insgesamt wissen wir aber nur wenig darüber, wie historische Einschnitte, ja Katastrophen von ungewöhnlicher Brisanz auf Mentalitäten wirken. Auch die Komplementärfrage ist bisher kaum beantwortet, wie denn eigentlich der Neuaufbau andersgearteter Mentalität vor sich geht. Was läuft im Inneren von Menschen ab, die eine neue politische Weltsicht erwerben? Von welcher Seite her, von welchen Erfahrungen aus und in welcher Tiefe werden alte Mentalitäten brüchig und setzt sich Neues durch? Gibt es da Übereinstimmungen? Kann man davon ausgehen, daß viele junge Menschen dieselben seelischen Prozesse durchlaufen haben? Gibt es eine innere Folgerichtigkeit auf dem Wege der Neuorientierungen nach 1945, gibt es durchgehaltene und gibt es liegengebliebene Prozesse der Neuorientierung? Darüber werden Aufschlüsse gesucht. —

Über die psychologische Seite der Ich-Entwicklung im Jugendalter gibt es eine Fülle von entwicklungspsychologischer und sozialisationstheoretischer Literatur, die sich zum Teil auch der lebensgeschichtlichen Einzelbeobachtung bedient, wie wir dies tun. Dennoch ist der inhaltliche Nutzen dieser Untersuchungen für unsere besondere Fragestellung höchst begrenzt. Das liegt hauptsächlich daran, daß diese Untersuchungen mit Selbstverständlichkeit eine Kindheits- und Jugendentwicklung in einer friedlichen Normalumgebung voraussetzen, die etwa dem Leben in den USA und den westlichen Industriestaaten nach dem Zweiten Weltkrieg entspricht und durch die gängigen Sozialisationsfaktoren wie Elternhaus und Familie, Schule, Beruf, Massenmedien, peer-groups usw. gekennzeichnet sind.[11]. Dieser Normalhintergrund wird nicht historisiert, d.h. er wird nicht als ein historischer Sonderfall unter vielen anderen, sehr stark abweichenden Möglichkeiten gesehen. Gerade unser Untersuchungszeitraum von 1943 bis 48 ist aber dadurch gekennzeichnet, daß für Millionen von Jugendlichen an die Stelle der obengenannten Sozialisationsinstanzen die HJ, der Reichsarbeitsdienst, das KLV-Lager, die Wehrmachtkompanie, das Gefangenenlager, das Abgeschnittensein von Informationen, die Indoktrination durch monopolisierte Weltbilder getreten waren. Gegenüber der Orientierungsnot, wie sie beispielsweise ein Neunzehnjähriger in einem Kriegsgefangenenlager in Sibirien hatte, wirken die Jugendkrisen in der sozialpsychologischen Literatur mit ihren Momenten „Loslösung vom Elternhaus“ oder „Rastloses Ausprobieren des Neuesten an Möglichkeiten“[12] wie der reinste Luxus. Dennoch können solche Untersuchungen nützlich sein, und zwar dann, wenn sie uns als Folie dienen, vor der sichtbar wird, wie anders die Jugendkrisen damals aussahen als heute. Wenn z.B. Erikson davon ausgeht, daß es für die Identitätsgewinnung des jungen Individuums wichtig sei, die Unterstützung einer kollektiven Identität zu erhalten[13], so wird an einer solchen Anmerkung gerade die Schwierigkeit der Identitätsgewinnung junger Leute in den Jahren nach 1945 deutlich: Es gab in Deutschland keine halbwegs heile kollektive Identität als Erlebniswirklichkeit mehr, weder Klasse, noch Nation, noch Kultur; und in den Jahren vorher gab es zwar eine kollektive Identität, aber eine solche, die unter Zwang und Verführung wirkte und ausdrücklich darauf angelegt war, daß sich persönliche Identitäten, die vom totalitären Muster abwichen, gerade nicht herausbilden sollten.

1.4 Zeitgenossenschaft und Geschichtsschreibung

Im Umgang mit den meist vertraulich zur Verfügung gestellten Tagebüchern, aber auch mit anderen schriftlichen Äußerungen und Interviews scheint mir eine Grundregel angebracht zu sein: Man muß sich als Leser oder Zuhörer ernsthaft auf das einlassen, was geschrieben oder gesagt wurde. Dies ist nicht so selbstverständlich, wie es klingt. Es gibt heutzutage in der Publizistik kaum einen kritischen Rückblick auf jene Jahre, in dem nicht das Wort „Verdrängung“ eine gewichtige Rolle spielt. Wer überall Verdrängung wittert, muß an der subjektiven Ehrlichkeit der gemachten Aussagen von vornherein seine Zweifel haben. Das Unangenehme am Verdrängungsbegriff ist es, daß er ungemein selten eindeutig zu belegen oder gar zu beweisen ist. Er legt einen Nebel des Verdachts über die Erinnerungen ganzer Generationen. Ich habe es mir jedenfalls zur Arbeitsgrundlage gemacht, das, was in Tagebüchern, Briefen, Autobiographien von damals geschrieben steht, ernst zu nehmen und, wenn nicht begründete Zweifel angebracht sind, für einen authentischen Ausdruck des Erlebten zu halten. Das ist kein unkritisches Verfahren — die Kritik muß gerade für den Historiker an einer anderen Stelle einsetzen: Das damals Wahrgenommene darf nicht verwechselt werden mit den Ergebnissen der Geschichtsschreibung; wir wissen heute nach vierzig Jahren unvergleichlich mehr über jene Zeit, als die Zeitgenossen selber gesehen haben. Gerade weil Mentalitäten Filter sind, durch die Realität wahrgenommen wird, sind sie etwas anderes als eben die Realität selbst.

Diese Überlegungen schließen die Einsicht nicht aus, daß — nun auch umgekehrt — der Zeitgenosse in bestimmter Hinsicht immer mehr weiß als der Historiker. Es gibt Zusammenhänge, die sich der späteren Rekonstruktion aus Quellen nur schwer erschließen, weil Quellen nur vor dem Hintergrund eines lebensweltlichen Gesamtzusammenhangs den eigentlichen Stellenwert bekommen. Ein Beispiel dafür gibt der frühere Bundeskanzler Helmut Schmidt: „Wenn wir, meine Frau und ich, heutzutage Arbeiten von Historikern über die Nazizeit lesen, so sagen wir bisweilen: ‚Mein Gott, der Mann hat ja keine Ahnung — allerdings, woher soll er sie auch haben? Er war ja nicht dabei,‘ und dann wird uns jedesmal bewußt, daß alle Geschichtsschreibung a posteriori geschieht ... Trotzdem ärgern wir uns immer ein wenig, wenn heute einige kluge Intellektuelle jüngeren Lebensalters meinen, wir damaligen Zeitgenossen hätten doch wissen können und wissen müssen, daß Hitler und Goebbels und die Nazis Verbrecher waren. Die meisten von uns haben es bis 1937, als unsere Schule aufgelöst wurde ..., nicht gewußt.“[14] Dann schildert er die Wirkung, die die Ausstellung „Entartete Kunst“ 1937 auf ihn hatte — es stellte sich das schiere Entsetzen ein, und dies war das Schlüsselerlebnis, weshalb er kein Nazi hatte werden können. „Wird ein späterer Historiker, der über Nazi-Deutschland schreibt, solchen Lebenslauf verstehen?“ — Womöglich haben gerade jüngere Leser ihre Schwierigkeiten mit der Weise, wie Wirklichkeit damals wahrgenommen wurde. Wieso führt die Erregung über das Schicksal von Bildern zu einer solchen Empörung und nicht die Erregung darüber, wie der Nationalsozialismus seine Gegner behandelte? So mag man fragen — und hätte dazu noch die Moral auf seiner Seite. Für die historische Aufarbeitung scheint es mir wichtig zu sein, zunächst einmal ruhig zu beobachten, auf welchen Wegen und Umwegen politische Wahrnehmungen und in ihrer Konsequenz politische Urteilsbildung individuell ablaufen. Sollte sich dabei herausstellen — was sehr wahrscheinlich ist —, daß viele junge Menschen damals eine sehr lückenhafte Wirklichkeitserkenntnis und höchst eingeschränkte Urteilsmaßstäbe hatten, so wäre das bei allem, was wir über Erziehung im Dritten Reich wissen, nicht verwunderlich. Auch wäre die Feststellung eines solchen Tatbestandes noch keine Verharmlosung des Dritten Reiches. Nicht eines der Millionen Opfer wird dadurch wieder lebendig, nicht eines wird geleugnet. Die allgemeinen Fragen, die sich dann aber für den Historiker ergeben, nehmen eher noch an Schärfe und Schwierigkeit zu. Wenn das Alltagsleben, das viele Jugendliche im Dritten Reich geführt haben, beispielsweise als unauffällige Normalität erlebt wurde, so bedeutet dies ja auch, daß das Schreckliche gewissermaßen nebenbei geschehen ist — und dies ist ein Tatbestand, der an Unheimlichkeit seinesgleichen sucht und Erklärungsversuche fordert, die über das Operieren mit Schlagworten wie „Totalitarismus“ und „Faschismus“ — welche ja immer die *einheitlichen* Züge der Wirklichkeit betonen — weit hinausgehen. Die erlebte Wirklichkeit im Dritten Reich war ungemein vielschichtig, widersprüchlich und komplex[15].

Helmut Schmidt macht uns an seinem Beispiel darauf aufmerksam, daß Nuancen privater Alltagserfahrungen eine entscheidende Rolle für die

Ausprägung politischer Grundhaltungen spielen konnten. Für das Nachvollziehen solcher Erfahrungen dürfte es kein Nachteil sein, wenn man selbst als junger Mensch diese Zeit erlebt hat. Dies ist hier der Fall, der Autor gehört dem Jahrgang 1928 an, zählt sich zur Luftwaffenhelfergeneration und lag bei Kriegsende mit 16 Jahren schwer verwundet in amerikanischer Gefangenschaft. Der Zeitgenosse bringt einige Voraussetzungen mit, die gerade für Fragen von politischer Wahrnehmung und Orientierung im sozialen Kontext von Bedeutung sind. So erlebt der Zeitgenosse beispielsweise die oft unmerklichen Veränderungen der Sprache mit, er hat es leichter, falsche Töne herauszuhören, weil er den Jargon kennt, der zu einer bestimmten Zeit in jugendlichen Kreisen gesprochen wurde. Er hat miterlebt, was generationenspezifisches „normales" Verhalten war und was sich davon als Abweichung und Ausnahme abhob. Er hat es leichter als Nachgeborene, sich ein Bild davon zu machen, wie etwa im Chaos der letzten Kriegs- und ersten Nachkriegsmonate Informationen aussahen, wie sie an die Menschen herankamen, wie sie für wahr oder für unwahr gehalten wurden. Man könnte mit solchen Beispielen fortfahren. — Daß die Zeitgenossenschaft natürlich auch ihre Gefahren mit sich bringt, ist für den Historiker selbstverständlich und muß hier nicht eigens erläutert werden.

1.5 Aufbau der Untersuchung

Die Untersuchung kommt in mehreren Schritten zu ihren Ergebnissen. Sie setzt punktuell mit einem Bericht über die Wirkungen des 8. Mai 1945 auf das Bewußtsein junger Leute ein. Ich habe dieses Kapitel an den Anfang gestellt, weil sich in ihm besonders stark die schockartige Veränderung aller Lebensumstände spiegelt und weil ich im übrigen ganz darauf verzichtet habe, eine ausführliche Darstellung der äußeren Zeitumstände zu geben, obwohl die gesamte Thematik des Buches ja sehr konkret in eine Zeit der Vernichtung, Zerstörung, des Überlebens und des Aufgebens aller geläufigen Annehmlichkeiten des Lebens gehört. Das Einstiegskapitel spiegelt davon etwas wider. In einem zweiten Schritt wird anhand einer begrenzten Zahl von Lebensgeschichten und angereichert durch Tagebuchaufzeichnungen und Interviews der Versuch gemacht, der Erlebnisverarbeitung junger Leute auf die Spur zu kommen. Dabei geht es darum, durch Herausarbeiten der wichtigsten Schlüsselerlebnisse und der Konsequenzen, die die einzelnen daraus gezogen haben, die entscheidenden Punkte und Wendungen in der politischen Mentalitätsentwicklung herauszufinden und zu zeigen, mit welcher psychischen Dramatik diese Prozesse abliefen, wie weit es dabei zu Selbstverlusten und Selbstfindungen kam und wie die psychische Lebenskontinuität aufrecht erhalten wurde.

Hinter der Beobachtung individueller Prozesse gewinnt dabei die Frage nach dem Beharrungsvermögen nationalsozialistischer Mentalität an Umriß, sie wird im Verlauf der Untersuchung größeres Gewicht bekommen.

Ein Kapitel gilt der Konservierung nationalsozialistischer Mentalität und Haltung in den alliierten Kriegsgefangenenlagern. Während wir in den bisherigen Kapiteln im wesentlichen auf sprachliche Befunde und ihre Interpretation angewiesen waren, stehen hier die sozialen und gruppenpsychologischen Rahmenbedingungen für das Ausdauern nationalsozialismusnaher Einstellungen im Mittelpunkt. Da die Kriegsgefangenenlager gleichzeitig ein Feld intensiver Umerziehungsbemühungen durch die Gewahrsamsmächte waren, tritt in ihnen auch oft das ungebremste Gegeneinander nationalsozialistischer und westlich-demokratischer oder auch östlich-marxistischer Weltanschauungen in den Vordergrund, wobei zu bedenken ist, daß die Lagerwelt für individuelle Prozesse wenig Raum und Ruhe bot und sich die Auseinandersetzungen im wesentlichen in Form von kollektiven Gruppenprozessen abspielten.

In einem weiteren Schritt wird eine größere Zahl von Lebensläufen und Bildungsgängen junger Menschen aus den Jahren 1946 bis 1948 (bzw. 1950) untersucht sowie Reifeprüfungsaufsätze aus denselben Jahren. Hier steht die Frage im Mittelpunkt, ob sich nationalsozialismusnahe Weltbilder oder Weltbildfragmente sowie Denk- und Urteilskategorien erhalten haben und wie es mit den genuinen Ansätzen demokratischen Denkens aussieht.

Im Schlußkapitel werden Bausteine für ein Generationenprofil zusammengetragen. Dabei wird auch deutlich, was am Nationalsozialismus für die Orientierungsprobleme der Jugend tot war und welche mentalen „Sockelbestände" unter der Oberfläche überlebten. Diese Befunde können dazu beitragen, daß bei dem immer noch aktuellen Thema des Überlebens von geistigen Beständen des Nationalsozialismus nicht an den falschen Stellen gesucht wird. Wenn wir nicht in den großen Chor derer einstimmen, die die Überlebensfähigkeit der nationalsozialistischen Gedankenwelt überdimensional hoch einschätzen, sondern zu sehr nüchternen Ergebnissen kommen, so darf dies freilich nicht zu einem Nachlassen der politischen Wachsamkeit führen.

Die Ergebnisse des Buches sind mit Vorsicht formuliert. Das ist schon deshalb geboten, weil eine vorwiegend auf Auswertung autobiographischer Aussagen beruhende Methode sich ihrer Begrenztheit bewußt sein muß. Da ist zunächst die quantitative Begrenztheit zu nennen. Auch wenn die Zahl der befragten Personen verdoppelt worden wäre, hätte dies nicht zu repräsentativen Ergebnissen führen können. Überhaupt ist Repräsentanz im strengen Sinne heute, 50 Jahre nachher, kaum noch herzustellen. Zum anderen muß man sich klar darüber sein, daß Selbstaussagen auch psychologisch ihre Grenzen haben. Niemand, der nicht über eine besondere Ich-Stärke verfügt, wird so leicht Äußerungen über sich selbst tun, die ihn in den Augen anderer kompromittieren oder ihn von anderen isolieren könnten. Das gilt in gewisser Weise sogar für Tagebücher, die ja zunächst gar nicht für andere, sondern nur für das eigene Ich geschrieben werden. So muß man beispielsweise einkalkulieren, daß ein HJ-Führer, der sich über die Motive seines Einsatzes äußert, seinen Idealismus betont, aber weniger edle Motive womöglich verschweigt, selbst wenn es sich um Menschlich-Allzumenschliches handelt wie z.B. darum, mit Hilfe von Uniform und Kordel den Gleichaltrigen zu imponieren. Man wird mit dieser Methode z.B. darauf verzichten müssen, bestimmte häufig vorkommende, unangenehme Typen des nationalsozialistischen Alltags bloßzustellen, also etwa solche, die ihren Dienstrang zum Kujonieren anderer ausnützten, die auf andere aufpaßten oder sich einfach nur spreizten. Freilich ist uns daran auch nicht gelegen, denn die Absicht unserer Untersuchung liegt im Nachzeichnen und Verständlichmachen von Wahrnehmungs- und Urteilsprozessen, die nun einmal ihrem Wesen nach subjektiv sind, auch dann, wenn sie sozial konditioniert sind. Deshalb ist auch die Subjektivität der Aussagen nicht einfach ein Fehler im objektiven Gewebe, sondern eine nicht aufzuhebende Bedingung dieser Untersuchung.

2. Einstieg: Momentaufnahme 8. Mai 1945

Die Untersuchung beginnt mit einer Reihe von Momentaufnahmen — mit kleiner Belichtungszeit, kleinem Bildausschnitt, geringer Tiefenschärfe, wechselnden Personen. Der Zeitpunkt des unmittelbaren Kriegsendes steht im Mittelpunkt, er wird aus den Lebenskontinuitäten und den historischen Zusammenhängen herausgeschnitten. Die Isolierung findet mit Absicht statt. Sie soll sichtbar machen, wie Geschichte, wenn sie voll durchschlägt — also wie hier in Katastrophensituationen —, auf Individuen wirkt. Die Anschlußfrage, wie die Individuen das Geschehen verarbeiten, bleibt vorerst noch ausgespart. Es soll herausgefunden werden, ob es gemeinsame Momente in den tausendfältigen Einzelerfahrungen des 8. Mai gab — der hier natürlich nicht als kalendarisches, sondern als symbolisches Datum des Kriegsendes gemeint ist —, ob man also einen Set von Grunderfahrungen herausfiltern kann, der die betroffene Generation besonders geprägt hat.

Bei den Zeitzeugen dieses Kapitels wird der Jahrgangsrahmen 1921 bis 1929 hin und wieder überschritten. Dies scheint mir zulässig zu sein, weil bestimmte Grunderfahrungen nicht an — ohnehin fließenden — Generationengrenzen halt machen.

2.1 Erfahrungen[1]

„Mir erschien es fast wie ein Wunder, überhaupt lebendig davongekommen zu sein“ (Jutta Giersch, Jg. 29)[2]. — „In meiner Erinnerung ist das Kriegsende die Stille und das Staunen, daß ich noch lebte“ (Dieter Lattmann, Jg. 26)[3]. — „Endlich war der Wahnsinn zu Ende, und man lebte noch“ (Wilhelm Hennis, Jg. 23)[4]. — „Ich hatte … überlebt. Mein zweites Leben hatte begonnen“ (Hans-Günter Hoppe, Jg. 22)[5]. — „Wir alle waren neue Menschen, wie neu geboren. Wer es nicht miterlebt hat, kann es kaum nachfühlen, wer es miterlebt hat, kann es nicht vergessen. Er wird sein Leben lang immer wieder eine stille Dankbarkeit für all die Dinge empfinden, die nachfolgenden Generationen selbstverständlich scheinen" (Arnulf Baring, Jg. 32)[6]. — So lauteten in immer neuen Variationen die Hauptempfindungen bei Kriegsende. Das *Gefühl unendlicher Erleichterung*, daß nun alles vorüber sei, beherrschte alles andere. Das Staunen, mit dem es verknüpft war, hatte meist etwas Zurückgenommenes, Zögerndes; nie tritt einem aus den Autobiographien ein Ausbruch gewaltiger Freude entgegen, nicht einmal bei befreiten KZ-Insassen, bei denen man es am ehesten erwartet hätte, statt dessen stoßen wir auf ein tastendes Gefühl der Unwirklichkeit: sie müssen sich erst langsam an die alltäglichen Selbstverständlichkeiten gewöhnen, müssen erst wieder lernen, sich zu freuen. „Wir hatten uns immer wieder davon überzeugt, daß wir stehenbleiben durften, wo wir wollten, und daß wir gehen durften, wann wir wollten." (Leo Eitinger)[7]. Die eindruckvollsten Zeugnisse vom Gefühl der Unwirklichkeit der Befreiung befinden sich bei Primo Levi in seinen beiden Auschwitz-Büchern[8].

Das *Zurückgeworfensein auf die eigene Existenz* und allenfalls die der allernächsten Angehörigen war das Hauptmerkmal der Situation vom 8. Mai. Man muß aber sogleich ein weiteres Merkmal zufügen. Das war die völlige Ohnmacht, in der sich, von wenigen Ausnahmen abgesehen, fast alle Menschen in Deutschland befanden. Diese Ohnmacht hatte viele Gesichter: Millionen von Männern lagen in Lazaretten oder Kriegsgefangenenlagern, Millionen von Frauen waren auf der Flucht oder irgendwo untergeschlüpft auf dem Lande, die befreiten KZ-Insassen befanden sich irgendwo zwischen Lager und ungewisser Zukunft, es waren überhaupt nur wenige Residuen übriggeblieben, wo das Leben noch entfernt mit der Vorkriegsnormalität zu vergleichen gewesen wäre — allenfalls hier und da auf dem Lande oder in ganz wenigen, zufällig nicht zerbombten Städten. Aber selbst dort herrschte Ohnmacht: Man war Besatzungsland, und niemand hatte Verfügungsgewalt auch nur über die eigenen Angelegenheiten. Die Erleichterung, daß man überlebt hatte, war eine Erleichterung inmitten der Ohnmacht — das gibt ihr die besondere Färbung. Es war eine Erleichterung ohne sichere Zukunft, zunächst nur auf die Vergangenheit gerichtet, nämlich darauf, daß das Schlimmste nun vorüber sei. Aber selbst diese zage Hoffnung war oft noch von einer tiefliegenden Angst durchsetzt: „Alles, buchstäblich *alles* war möglich geworden, auch die eigene Vernichtung — und sie schien, angesichts dessen, was sich ereignet hatte, nicht unwahrscheinlich" (Gertrud Fussenegger, Jg. 12)[9].

Auch muß man bedenken, daß sich für außerordentlich viele Menschen, die sich im soeben von den Russen besetzten Gebiet befanden, das Entsetzen oft sogar noch gesteigert hat: „Der Einmarsch der Russen war zunächst keine Befreiung gewesen, ganz im Gegenteil Inferno, Hölle, völliges Ausgeliefertsein; er schien der Beginn allgemeinen Untergangs. Die ersten Tage nach der Eroberung werden ein Alptraum sein, solange ich lebe“, so Arnulf Baring, Jg. 32[10], und zahlreiche andere Autoren, die in Ostdeutschland und Berlin von russischen Truppen überrollt wurden, berichten Ähnliches.

Erst mit einer längeren Phasenverschiebung gewann hier die Hoffnung Raum, man würde „nicht getötet, nicht verstümmelt, nicht von Mutter und Geschwister getrennt zu Zwangsarbeit nach Rußland, nach Sibirien verfrachtet“ (Baring). Auch gehört nicht viel Phantasie dazu, sich vorzustellen, daß die Millionen von deutschen Soldaten, die in sowjetische Gefangenschaft geraten waren, von Erleichterung nicht viel gespürt haben dürften. Die handgreifliche Erfahrung, über das eigene Leben gerade nicht bestimmen zu können, ja ausgeliefert zu sein, war vorherrschend. Eben dies war aber bereits die Haupterfahrung fast aller Menschen im Laufe des immer totaler werdenden Krieges gewesen. Insofern war der 8. Mai zunächst nur das Ende des Schießens, noch keine durchgreifende Wende, die den Menschen ab sofort wieder ein freies Leben ermöglicht hätte.

Es gibt kein Leben ohne *Zukunftshoffnung*. Die Hoffnungen, die damals gehegt wurden, geben besser als irgend etwas anderes Zeugnis von der Reduktion der Lebensmöglichkeiten. Dieter Wellershoff, damals 20 Jahre alt, erinnert sich an die Wunschträume, denen man in den Kriegsgefangenencamps nach Kriegsende nachhing: „Genug zu essen, ein warmes Zimmer mit einem Bett, und eine Frau. Die Raucher wünschten sich noch fünf bis zehn Zigaretten am Tag dazu. So weit waren die Hoffnungen geschrumpft, daß dies die Vorstellung von einem lebenswerten Leben war.“[11]. Hans-Jochen Vogel, Jg. 26, war überzeugt, „daß wir den Rest unseres Lebens in ärmlichen Verhältnissen zubringen würden“[12]; Martin Broszat, Jg. 26, nahm als sicher an, „daß mir selbst und allen anderen erwachsenen Deutschen jetzt — berechtigterweise — eine zehn- bis zwanzigjährige Zeit der Sklavenarbeit im Dienste der Siegermächte bevorstehe als Buße für die von Deutschland inszenierte Kriegskatastrophe“[13]; Erhard Eppler, Jg. 26: „Ich hatte überlebt, und das war mehr, als ich ein Jahr zuvor noch meinte hoffen zu dürfen. Es lag also noch ein Leben vor mir, von dem bisher nur achtzehn Jahre und fünf Monate verstrichen waren … Aber genau da begann ein anderes Gefühl: Was war mit diesem Leben anzufangen? Denn soviel hatte ich schon begriffen: Das war nicht eine jener Niederlagen, von denen ich in Geschichtsbüchern gelesen hatte … Wehe uns, wenn wir das büßen müssen. Wer in aller Welt sollte daran interessiert sein, uns, den verdorbenen Resten einer verheizten Generation, eine Chance zu geben?"[14]. — „‚Ich will nie mehr haben', sagte ich damals zu meiner Schwester, ‚nie mehr als ich jetzt habe: einmal am Tage halbwegs satt zu essen, ein Dach über'm Kopf. Ich bin ganz zufrieden, ganz zufrieden, wenn es nur nicht schlimmer wird.'" (Gertrud Fussenegger)[15]. — „Der Hauptmann unseres Kriegsberichter-Zuges meinte, nun würden uns wohl viele Jahre beim Kartoffel-Ausgraben bevorstehen. 25 Jahre später besaß er eines der größten Druckhäuser in Westdeutschland, war Multimillionär und namhafter Kunstmäzen" (Otto Schulmeiser, Jg. 16)[16].

Nur selten verstiegen sich die Gedanken der jungen Leute zu konkreten Zukunftsvorstellungen; im wesentlichen beschränkten sie sich darauf, daß man, falls man das Glück gehabt hatte, in amerikanische oder englische Gefangenschaft zu kommen oder im Westen zuhause war, vor dem allerschlimmsten Schicksal bewahrt blieb; aber über die Düsterkeit der Zukunft machte sich kaum einer Illusionen. „Es wurde in diesen Gesprächen mit größter Ruhe und Gelassenheit die Auffassung vertreten, Deutschland, jedenfalls der westliche Teil davon, werde ja nun wohl für immer und ewige Zeiten amerikanische Kolonie oder Mandatsland bleiben, und das sei noch das beste, was ihm passieren könne — und dem wurde kaum widersprochen", schreibt Martin Gregor-Dellin, Jg. 26, und fügt hinzu: „Es mag doch gut sein, zu wissen, daß die damals Geschlagenen, die zur politisch maßgebenden Generation von heute gehören, in den Stunden ihrer Scham als die gerade noch einmal Davongekommenen gedacht haben."[17] Oder in anderer Variation: „Die Amerikaner hatten nicht mich, den Unteroffizier, vielmehr: ich hatte die Amerikaner. Wenn es damals so etwas wie eine Überlebensgarantie gab, dann bei ihnen. Weiter reichten die Hoffnungen nicht — nur lebend über die verschwimmende Grenze zwischen heillosem Chaos und ungewissem Neubeginn kommen." (Hans Günter Hoppe, Jg. 22)[18].

Die Erleichterung darüber, den Amerikanern in die Hände gefallen zu sein, ist nicht zu verstehen ohne die panische Angst vor den Russen. Millionen von Menschen bemühten sich in den Schlußwochen des Krieges verzweifelt, nach Westen zu kommen, wenigstens einige Kilometer, damit ihnen das Äußerste erspart bliebe. Einige Stimmen von vielen: „Bis Schwerin aber war für meine kleine Gruppe ... das ganze Trachten eindeutig auf ein Ziel gerichtet: nicht in die Hände der Russen zu fallen, sondern irgendwie einen Weg in den Westen zu finden ... Aus dem Zusammenprall der alliierten Heeresgruppen aus Ost und West erwuchs ein Inferno, in dem jeder sein Heil suchte, nicht wenige auch schießend und plündernd" (Norbert Kloten, Jg. 26)[19]. Oder Margarete Buber-Neumann, die wußte, wie es in stalinistischen Lagern aussah (Jg. 01): „Am 21. April 1945 wurde ich aus dem KZ Ravensbrück entlassen … An diesem Tag wurden die Tore des Konzentrationslagers geöffnet, weil sich, wie wir hörten, die Rote Armee Ravensbrück näherte. Für mich gab es nur ein Ziel: westwärts, so schnell wie möglich … Am Morgen kamen einige Männer von Bad Kleinen mit der Nachricht, daß jeder, der es wage, die amerikanische Front zu passieren, erschossen würde. Trotzdem überredete ich Emmi zum Aufbruch."[20]

Für die weitere Entwicklung wurde die Frage entscheidend, die Otto Schulmeister so formuliert: „Wo fand man *Orientierungswerte*, da einer ganz und gar, mit Haut und Haaren, aus Krieg und Diktatur zum Menschentum entlassen war?"[21]. Das Bewußtsein eines gewaltigen historischen Einschnittes war allgegenwärtig, aber die Möglichkeit eines Neubeginns hatte noch keine Umrisse angenommen. „Neubeginn? Der Begriff ist zu bombastisch für das ungestaltete Fortleben" (Hans Günter Hoppe)[22]. Von der „Neugeburt" der eigenen Person in jener Situation hatten viele ein mehr oder weniger deutliches Bewußtsein, aber wie eine politische, eine staatliche Zukunft aussehen konnte, entzog sich völlig der Vorstellungskraft. Die politische Welt war bei den meisten vorerst nur noch in Negativerfahrungen vorhanden: „Der Begriff der Nation löste sich auf wie Rauch. Er ist in meiner persönlichen politischen Erfahrung seitdem nicht wieder restituierbar gewesen" (Helmut Heissenbüttel, Jg. 21)[23]. Das Ende des Deutschen Reiches wurde aber keineswegs immer als große seelische Erschütterung erlebt, im Gegenteil: Bei vielen Autoren löste die Nachricht von der Kapitulation selbst keine Gefühle mehr aus, wurde oft kaum registriert. „Sehe ich mir … heute die Achtzehn- oder Neunzehnjährigen an, so scheint es mir, als wären wir damals doch noch immer Kinder gewesen, denen dies alles viel zu schwerfiel und die in dieses Kriegsende stürzten wie in den Betäubungsschlaf einer verlängerten Pubertät" (Martin Gregor-Dellin)[24]. Die Kapitulation wirkte offenbar vor allem dort als ungeheures Ereignis, wo man weit vom Schuß war und nicht mit der eigenen Person in der Vernichtungsorgie steckte: Jockel Fuchs, Jg. 19, nördlich des Polarkreises liegend, spricht von einem „zunächst für alle unfaßbaren Vorgang"[25]; ähnlich die deutschen Diplomaten im Ausland. Je stärker der einzelne unmittelbar in die Vernichtung hineingezogen wurde, um so peripherer wurde die innere Teilnahme an den „abstrakten" Gebilden Staat, Reich, Nation. So wurde auch ein möglicher Neubeginn zunächst nur in privaten Kategorien begriffen. Martin Broszat verzeichnete eine „ungedulge Sehnsucht, aus diesem Kommißleben herauszukommen, viele geliebte Bücher lesen und endlich wieder privat leben zu können"[26], Hellmuth Buddenberg, Jg. 24, schreibt: „Ich weiß noch genau, was ich dachte: Wenn ich gesund bleibe, komme ich irgendwie raus. Ich will von vorn anfangen. Jetzt endlich wollte ich über mich selbst bestimmen; immer hatten andere den Weg gewiesen, einen Weg, das fühlte ich, der mit einer unheimlichen Konsequenz genau in dieses Lager geführt hatte"[27]. „Zukunftsbilder konnten sich wieder entfalten. Sie gruppierten sich um das Naheliegende und doch so Ferne, um die Familie in Vorpommern" (Hans Günter Hoppe)[28]. — „Ich würde im Garten Gemüse anpflanzen, das würde den Hunger lindern" (Erhard Eppler)[29].

Über allen Entbehrungen, Leiden und Ängsten jener Tage machte sich ein neues Lebensgefühl breit: „Man hat mit allen Sinnen empfunden, was das reine Leben wert ist ... Alle diese negativen Erscheinungen und Erfahrungen vermochten nicht, die neuerwachte Vitalität, ein ganz elementares, fast animalisches Lebensgefühl zu dämpfen, das einen ganz überschwemmte" (Inge Merkel, Jg. 22)[30]. — „Aber das, was die Menschen damals bewegt und was sie auch geprägt hat, war ein stärkeres Bewußtsein ihrer Existenz" (Hans Heinz Hahnl, Jg. 23)[31].

Aber es gab auch *Emotionen*, die den Weg in eine politische Richtung wiesen. Da wurde ein spontaner Zorn wach, betrogen worden zu sein. „Der Kapitulationstag und auch die nächsten Tage brachten kein plötzliches Augenöffnen, kein einmaliges Binde-von-den-Augen-Nehmen für mich ... Aber mir dämmerte, daß von dem angeblich kriegsauslösenden ‚Überfall polnischer Söldner auf den Sender Gleiwitz' bis zum angeblichen ‚Heldentod des Führers in Berlin' eine ununterbrochene Kette verbrecherischer Lügen und Gewalttaten gereicht hatte ... Außer Trauer und Beschämung war es damals vor allem Zorn, der in mir immer wieder hochkam. Noch vage und unausgesprochen, mit Sicherheit aber schon in Ansätzen, nahm ich mir damals vor, ‚so etwas' nie wieder geschehen, das heißt mich und andere nie wieder so belügen zu lassen" (Leo Brawand, Jg. 29)[32]. Eng mit diesem Zorn verwandt ist bei den Jüngeren das Erschrecken darüber, welch ein Glück man gehabt hatte, andere nicht töten zu müssen. „Ich hatte Glück. Ich bin ihnen entkommen. Und ich brauchte nicht zu töten. Dafür bin ich meinem Schicksal dankbar. Ein glücklicher Zufall — die Gnade, die mir zuteil wurde, nicht auf Menschen schießen zu müssen. Der 8. Mai 1945 hat mich davor bewahrt. Was wäre aus mir geworden. Wohin hätten sie mich geführt, meine Führer? ... Mich hatten sie gut in den

Klauen. Ich konnte schießen, das hatten sie mir beigebracht. Und ich hätte geschossen — auf die Feinde meines Führers und meines Vaterlandes" (Kurt Rossa, Jg. 30)[33]. — Ilse Leitenberger spricht vom „Konsens aller Davongekommenen", einem Konsens, „der nichts mit Ideologie, nichts mit Papier ... zu tun hatte. Und über den nie einer ein Wort verlor. Es war so etwas wie eine Art Wunsch, was man selbst erlebt hatte, den Jungen zu ersparen. Und im gleichen Atemzug der andere: sie wach zu halten, koste es, was es wolle" (Ilse Leitenberger, Jg. 19)[34].

In ersten, zaghaften Ansätzen setzte sich ein *Denken* in Bewegung, das weniger auf Zukunftsgestaltung als auf Situationsklärung gerichtet war und um die Frage kreiste: Wie ist dies alles nur gekommen? Immer wieder kam es zu Gesprächen über den Krieg und seinen Verlauf. „‚Mußten wir Polen überfallen?' fragte ein junger Obergefreiter und gab damit den Anstoß zu der Frage nach den Gründen des Krieges und damit der Niederlage. Der Zusammenbruch hatte sich schon längst abgezeichnet: ‚Warum wurde nicht früher kapituliert?' Keiner von meinen Gesprächskameraden behauptete, daß dieser Krieg durch Verrat, Sabotage verlorengegangen wäre. Die anderen waren stärker und hatten die besseren Waffen" (Edmund Neudeck, Jg. 13)[35]. An der Einsicht, daß die Niederlage total war, gab es offenbar kein Vorbeireden. Gleichzeitig aber konnte der Krieg immerhin noch sehr konventionell als militärisches Kräftemessen verstanden werden — es siegten die besseren Waffen. „Allmählich kommen Gespräche auf: ‚War wohl nichts mit den Wunderwaffen, alles Verrat wie Anno 18. Die kleinen Hitlers haben versagt. Adolf wollte das Beste.' An der Person Hitlers wird vorerst kaum Kritik laut, allenfalls: Den Krieg mit Rußland hätte er nicht anfangen sollen, nach Frankreich Schluß machen und so." So sah es in einem Kopenhagener Lazarett am 8. Mai 45 aus (Hermann Ulrichs, Jg. 17)[36]. — Freilich konnten sich solche Kriegsbilder und solche Vorstellungen von Hitler im allgemeinen nicht lange halten, auch nicht bei den harmlosen Gemütern. Die Amerikaner sorgten dafür, daß möglichst viele ihrer Kriegsgefangenen die Dokumentarfilme sahen, die bei der Befreiung der KZs gedreht wurden, und die Radiomeldungen für die deutsche Zivilbevölkerung berichteten von der ersten Stunde an über die Konzentrationslager. Wie waren die Reaktionen? Aus den Aussagen der Autoren wird zwar kein repräsentatives Bild deutlich, aber Grundtypen der Verarbeitung deuten sich an. — „Über Radio Hamburg erfuhr ich vom Konzentrationslager Belsen. Die Engländer hatten es befreit und Tausende von Toten und Halbverhungerten vorgefunden. Ich glaubte den Menschen, die jetzt Rundfunksendungen machten" — so Dieter Ertel (Jg. 27)[37]. Hier ist von einem inneren Sich-Sträuben keine Rede, und die Verlautbarungen der Besatzungsmacht werden von Anfang an geglaubt. Die gegenteilige Reaktion sieht so aus: „Ungläubigkeit und Entsetzen über das, was da im Namen Deutschlands in KZs und anderswo Verbrecherisches geschehen sein sollte. Anfangs glaubten wir nichts davon. Doch dann wurde ein befreiter KZ-Häftling in Hainholz Friseur, und ein Nachbar mußte am Maschsee die in letzter Minute erschossenen unschuldigen russischen Kriegsgefangenen ausgraben und umbetten — und sie erzählten" (Leo Brawand)[38]. Hier ist ein erster Schock sichtbar, der zunächst einmal zu einer Sperre gegenüber den neuen Informationen führt, diese wird dann aber rasch überwunden durch glaubwürdige Zeugen. Einen dritten Typ der Reaktionen finden wir, wo die Betroffenen weit vom Ort des Geschehens entfernt waren, wo Augenscheinnahme nicht möglich war und wo zugleich die Gruppen noch so intakt waren, daß psychisch belastende Informationen als angebliche Feindpropaganda abgewehrt werden konnten. Das war auffallend häufig in Kriegsgefangenenlagern auf amerikanischem Boden der Fall. „Im nahen Lager (in Richmond, Virginia) begegnete ich dann an diesem Tag noch einmal dem Gespenst jenes Reiches, das inzwischen in Schutt und Asche gefallen war. Die Mehrzahl der deutschen Soldaten, zumeist Kriegsgefangene aus dem Afrika-Feldzug, hielt nämlich die Kapitulation für bare amerikanische Propaganda. Hinter der Lagermauer hatten sie sich eine unsichtbare Mauer gegen die Niederlage gebaut, ein unzerstörbares, sieghaftes Deutschland, das sie gegen die Amerikaner und gegen ‚diese defätistischen Deutschen' verteidigten. ‚Feiglinge' und ‚Verräter' wurden wir geschimpft, als wir versuchten, ihre Träume mit Verweis auf unsere Erfahrungen zu dementieren." (Johann Baptist Metz, Jg. 28[39], und ganz ähnlich Max von der Grün, Jg. 26[40]). Hier blieb unter den besonderen Bedingungen der Abgeschlossenheit nach außen noch eine Zeitlang die Wahnwelt am Leben, die für das nationalsozialistische Regime so kennzeichnend war. Normalfall war dies nicht. Die weitaus häufigere Reaktion war die, daß man, zögernd zunächst vielleicht, aber dann doch konsequent und unaufhaltsam, ernst nahm, was an entsetzlichen Wahrheiten ans Licht kam. Der Prozeß der inneren Verarbeitung war lange und kompliziert, aber bei vielen begann er unmittelbar nach Kriegsende. „Bald danach tauchte der erste befreite KZ-Häftling auf, ein Heimkehrer berichtete von Judenmassakern hinter der Ostfront. Von einem Augenzeugen berichtet, mußte es die Wahrheit sein. Ich fühlte mich betroffen, beschmutzt, verachtet" (Burkhard Hirsch, Jg. 30)[41].

Befleckung, Scham, Schande, Trauer, Schuld — das sind die immer wiederkehrenden Worte, mit denen bereits die allerersten Reaktionen auf die

Berichte von den Massakern wiedergegeben werden. Zur Ohnmacht der äußeren Lebenssituation gesellt sich mithin die *psychische Belastung*, einem Volke zuzugehören, das aus der Gemeinschaft der anderen Völker ausgeschlossen ist. Beschränkt man den Blick auf die „Momentaufnahme 8. Mai“, so wird dieses Bewußtsein freilich noch oft von elementaren Überlebensfragen überlagert, auch ist noch längst nicht die ganze schreckliche Wahrheit bekannt, aber die Erfahrung von moralischer Verachtung durch Besatzungssoldaten und mehr noch das Echo, das über Zeitungsmeldungen und Radio von außen hereinwirkt, ist allgegenwärtig. Eindrucksvoll wird dies an den Erinnerungen Eugen Gerstenmaiers deutlich, der das Kriegsende als Befreiung aus dem Zuchthaus von Bayreuth erlebt: „Ohne jeden Kommentar gingen wir auseinander. Selbst unsere Ausländer blieben in diesem Augenblick wortlos. Monate-, jahrelang waren sie unsere Gefährten gewesen. Jetzt war es damit vorbei. Die Gemeinschaft der vom gleichen Schicksal Geschlagenen löste sich auf. Rasch, still, unabwendbar. Es hatte Stunden gegeben, in denen wir fast so etwas wie Brüder gewesen waren. Damit war es jetzt aus. Wir waren eben auch nur Deutsche. Vielleicht eine andere Sorte, die nicht, noch nicht unter Generalanklage gestellt wurde, über der aber doch das allgemeine Verdikt stand: Deutsche.“ (Eugen Gerstenmaier, Jg. 06)[42]

Wie sahen die *ersten Verarbeitungsversuche* aus? Aus dem Lazarett von Meran berichtet Eugen Seibold, Jg. 18: „... im Kreise von vielen anderen überfiel mich eine ganze Flut von Nachrichten, die uns bis dahin nicht erreicht oder die wir einfach nicht geglaubt hatten. Ich habe mich dabei mit vielen von uns, die seit 1939 als Soldat an der Front gewesen waren, darüber geschämt, was alles in deutschem Namen hatte geschehen können. Wir suchten Trost, wo wir ihn finden konnten. Von irgendwoher war ein Plattenspieler gekommen und von irgendwoher die 3. Symphonie von Beethoven. Stundenlang saßen wir davor, zwischen tiefer Betroffenheit über den Trauermarsch und Trost aus dem Hauptthema der Celli im ersten Satz, Trost, daß zu den Deutschen auch ein Beethoven gehört.“[43] Man darf dies als einen Versuch ansehen, das tief in Mitleidenschaft gezogene Selbstwertgefühl dadurch vor noch weiterer Auflösung zu bewahren, daß man sich auf geschichtliche Gestalten berief, die von niemandem, auch nicht von den Siegern, in ihrer Größe angezweifelt wurden. — Ein anderer, scheinbar radikaler Versuch, mit dem Geschehenen fertigzuwerden, lag darin, die Ereignisse gewissermaßen metahistorisch auf den Ursprung des sichtbar gewordenen Bösen zu reflektieren. Schuld konnte nur entstehen, wo Macht war. Gertrud Fussenegger zog daraus eine radikale Konsequenz:

„Im Jahr 45 aber erfolgte eine unübertreffliche Belehrung, was in unserem Jahrhundert und vermutlich in weiter Zukunft hinaus von *Macht* überhaupt zu halten ist … Zum ersten Mal freute ich mich, daß wir den Krieg verloren hatten … Wir waren machtlos geworden … Wir konnten zwar vernichtet werden, doch schuldig werden konnten wir — in diesem Sinne — nicht mehr."[44] Aus dieser Äußerung wird die ganze Schwere der inneren Belastung deutlich, ist man doch eher bereit, selbst das eigene Ende in Kauf zu nehmen, als sich noch einmal so mit Schuld zu beladen. —

Aus dem Tagebuch einer 23jährigen Studentin:

„7. 5. Waffenstillstand in Reims im Hauptquartier Eisenhowers von Jodl unterzeichnet. Bedingungslose Übergabe der deutschen Wehrmacht und des deutschen Volkes an die Alliierten. Morgen am 8. 5. der große Feiertag der Siegerstaaten. Jetzt ist also das Ende da, das Blutvergießen hat aufgehört, die Grauen des Bombardements und des Kampfes sind vorbei. Aber in grauestem Elend geht das Volk, unser Volk, aus diesem Ringen hervor.

Mir kamen bei der Verkündigung dieser Tatsachen die Erinnerungen an die Geschehnisse des eigenen Lebens, an Verlust und Schmerz dieses Krieges, und als der Schweizer Sender das „Nun danket alle Gott" spielte, kamen die Tränen und stieg müde und weglose Verzweiflung auf. Warum all das, warum? — W. erzählt von den Fragen, die Frau R. stellt, daß sie den anderen, den Siegern, den Sieg nicht gönnt, da sie auch nicht besser seien, daß sie vom unverdienten Elend spricht, von vorhandenen positiven Kräften, die anderes verdienten, vom sinnlosen Leid und Opfer. All das sind Fragen und Erörterungen, die uns Frl. B. ad absurdum zu führen half und die doch heute unendlich viele Menschen bewegen, quälen, belasten. Wir wissen, daß der Sinn des Leidens und des Todes nicht hier liegt, nicht im Erfolg, nicht in den Früchten, den Ergebnissen, daß er in der Vollendung des jeweiligen Menschenlebens liegt und in der Wandlung, die in Anderen durch sein Streben hervorzugehen vermag …

Beromünster brachte dann ernste Musik. Beethoven, Bach, Mozart, und bei den Klängen der Eroica stieg alles Vergangene, Geliebte und Erlebte wieder auf — süß und schmerzhaft zugleich, über alles hinaus ging sanfte Heilung von der Reinheit und Klarheit der großen Musik aus. Dann eine ernste Mahnung der Schweizer Sendung, die Grauen dieses Krieges sind überall möglich, sie sind die Möglichkeiten der Geister! Kein Pharisäertum, sondern nur Demut und stiller Dank und Besinnung auf das schwere Werk des Aufbruchs und der Zukunft. Unsere Zukunft? — „Wir heißen Euch hoffen."

9. 5. Siegertag — gestern.

Ein strahlender, klarer Maitag, an dem die Welt feierte und jubelte. Auch von unseren Herzen löste sich die Starre, kam das Befreitsein, daß Angst und Schrecken des Mordens vorbei, ganz durch, schmolz eine dunkle Mauer wie eine Schneewand im hellen Sonnenlicht. Und doch wie *schwer* das alles! Dieser Rückblick auf fast sechs Jahre grausamster Zerstörung, nacktesten Elendes, schreiender Not des Herzens und des Leibes. Und dazu das Wissen: ausgestoßen zu sein aus dem Kreis der

Völker, gehaßt, verfemt, verachtet. Auch wenn man dies Ende seit langem wußte, wenn man die Niederlage als Notwendigkeit erkannte, auch wenn man zuletzt dahin kam, alles Nationale zu hassen und alle männliche Tugend zu verachten — auch als nationales Schicksal ist es schwer, nicht allein angesichts der Not der Menschen, all der Millionen einzelner aus diesem unseren Volk — auch da, wo man historisch denkend nach Weg und Geschichte fragt.

Wie schwer für uns, an diesem Tag allein zu sein. Auch die Abendsendung von Beromünster war wieder sehr fein. Deutsche Musik, Schumann, Händel und andere, ein Gedicht von Hermann Hesse und ein kleines Hörspiel, das versuchte, den bohrenden Fragen und der verzweifelnden inneren Not der Menschen Wege und Hoffnung zu zeigen: Die Besserung der Welt beginnt beim einzelnen und der Friede auf Erden im eigenen Herzen. Und das, was aller Unordnung und Not, aller Qual, allem Haß und aller düsteren Erinnerung allein entgegenzusetzen ist, ist das göttliche Gebot der Liebe. — Ich möchte dem Studio Bern eigentlich danken für Wort und Inhalt der gestrigen und vorgestrigen Sendung. Daß es auch solche Stimmen in der Welt gibt und daß sie laut tönen, tut unendlich wohl.“[45]

An der intellektuellen Durchdringung der Probleme fehlt es der Verfasserin nicht, und dennoch überwiegt in diesem Augenblick die Trauer. Es ist eine Trauer um das deutsche Volk und um all die Menschen in Not, eine Trauer, die alles Ideologische abgestreift hat. Von hier aus führt der gedankliche Weg fast automatisch weiter zu der Frage, wie denn die Welt besser werden könnte, und diese Frage wird durch den Rückgriff auf den einzelnen beantwortet: die Welt kann erst besser werden, wenn der einzelne besser wird. — Dieser Duktus wird uns im folgenden noch häufiger begegnen; er macht plausibel, warum die frühen Antworten auf den Zusammenbruch Deutschlands so oft in der Nähe religiöser Gedankengänge waren: Wenn der Weg in die Zukunft von der Reinheit und dem Besserwerden des einzelnen Menschen abhängt, ist es folgerichtig, daß religiöses Denken eine neue Aktualität bekommt.

Freilich gab es noch andere Wege, psychisch mit der unerträglichen Lage fertigzuwerden. „Da ist man beleidigt von der Geschichte ... und möchte aus ihr aussteigen, wohin auch immer, mit Hermann Hesse den ‚Weg nach innen‘ weitergehen oder Schafe züchten in Australien oder — das hatte dann die besten Konditionen —, den Blick nach vorn und nie zurück, nach dem Zusammenbruch an den Wiederaufbau gehen“, so Helmut Ridder, Jg. 19[46], und Ridder bewertet diese Art der Bewältigungsversuche mit der Formel „Lebenslüge“.

Unter den Autoren sind nur wenige, die das Geschehen in politischen Kategorien erfaßten und von der ersten Stunde an einen klaren Weg, was zu tun sein, verfolgt hätten. Bei Walter Dirks, damals immerhin bereits 44 Jahre, und seiner Frau Marianne, damals 32, gibt es keinen Moment der

Unsicherheit, keine Ungewißheit über die Lagebeurteilung und die eigene Ortsbestimmung! „Als Christen, aber auch als kritische Schüler der marxistischen Deutung der Gesellschaftsgeschichte war uns die faschistische Diktatur sogar in den Zeiten der militärischen Erfolge Hitlers als eine Ausnahme erschienen, die durch ihren Widerspruch zur realen Gegenwart im Bereich unserer Zivilisation, sozusagen durch ihren ‚Ungehorsam' gegen Gott und gegen die Geschichte, zum Untergang verurteilt war."[47] Am 8. Mai hatte Walter Dirks bereits mehrere Wochen Aufbauarbeit im zerstörten Frankfurt geleistet. Ein tiefer Einschnitt war das Kriegsende natürlich auch für ihn, aber in einem anderen Sinne als für fast alle anderen Autoren: Es begann eine neue Phase eines bereits gelebten Lebens, die kontinuierlich an eine frühere anschloß; von einer Orientierungskrise konnte nicht einmal in Ansätzen die Rede sein. In einer anderen Weise trifft das für Karl Ibach, Jg. 15, zu, einem Sozialisten und Nazigegner der ersten Stunde, der nach KZ-Haft und Strafdivision 999 den 8. Mai in russischer Kriegsgefangenschaft erlebte: „Mit Inbrunst und Tränen in den Augen sangen wir das alte Lied der Arbeiterbewegung: Brüder zur Sonne, zur Freiheit!"[48] Es versteht sich, daß für die Männer und Frauen des Widerstandes der 8. Mai selbst dann, wenn er in äußerster Ohnmacht erlebt wurde, keine Orientierungskrise hervorrufen konnte, vielmehr im Gegenteil die Bestätigung der alten Orientierung brachte.

Es stellt sich die Frage, ob es so etwas wie eine wirksame Neuorientierung gibt, wenn man von der Zukunft keinerlei konkrete Vorstellung hat, allenfalls vage Hoffnungen, und wenn ein Denken in politischen Kategorien noch gar nicht recht begonnen hat. Die Antwort, die unsere Erinnerungstexte geben, lautet in auffällig vielen Fällen: Es gibt sie als Anstoß, der das weitere Leben bestimmt. Das ist teilweise regelrecht kontrollierbar, wo der spätere Lebenslauf der Autoren bekannt ist. Leo Brawand, Jg. 24, nimmt sich vor, sich und andere nie wieder belügen zu lassen — es ist nicht schwer, seine spätere Berufsarbeit beim Aufbau und der Leitung des „Spiegel" als eine geradlinige Konsequenz dieses Vorsatzes zu interpretieren. Für Jörg Zink, Jg. 22, bedeutet der 8. Mai „das endgültige Ende jener unseligen Zweireichelehre, das Ende einer Schizophrenie der Theologie und einer Schizophrenie der eigenen Person"[49] mit dem Entschluß, künftig aus einem Stück zu sein und zwischen dem, was politisch zu tun war, und dem eigenen inneren Maß nicht noch einmal zu trennen. Das war die Neugeburt der moralischen Person und gleichzeitig die Leitlinie einer Theologie, die Zink bis heute vertritt. Inhaltlich verschieden, aber in der durchgehaltenen Konsequenz ganz ähnlich lesen sich die Erinnerungen von Hans Matthöfer, Jg. 25 [50]. Eine elementare Erfahrung des 8. Mai lautet, daß nie wieder Krieg sein darf, und Matthöfer geht schon bald darauf den Weg in die Politik, um zu diesem Ziel beizutragen. In anderer Weise zieht Karl Steinbuch die Konsequenzen: Er schwört sich, „nie wieder zu ideologischen Verrücktheiten zu schweigen“[51] und versteht sein weiteres Leben auch als Verwirklichung dieser Lehre. Ernst Walthemathe, Jg. 35, mit seiner jüdischen Mutter im Untergrund in Amsterdam lebend: „Mein politisches Denken fing damals an, auch wenn ich noch nicht alles begriff, ich hatte ein Ziel: eine bessere, eine wirklich freie Welt! Und ich hatte Vorbilder: kleine Leute, die ungeheuren Mut hatten, ohne berühmt zu werden. Die ihren eigenen Kopf zum Denken benutzten. Das habe ich gelernt, und das tue ich heute noch.“[52] Heute ist er SPD-Abgeordneter im Bundestag.

Auch wenn man in Rechnung stellt, daß Motive nachgeschoben, d.h. im Grunde vordatiert sein können, werden doch dadurch die lebensgeschichtlichen Auswirkungen nicht dementiert. Die zitierten Politiker z.B. konnten damals noch nicht wissen, wie ihr späterer Lebensweg aussehen würde. Dennoch kann man kaum bezweifeln, daß damals eine Motivkette, vielleicht ein langer Weg des Nachdenkens und Sich-Klar-Werdens begann, durch den der spätere Lebensweg seine Impulse erhielt.

Dies deutet darauf hin, daß bei vielen jüngeren Menschen der 8. Mai über die Erfahrung des Zusammenbruchs der geläufigen Lebensordnung hinaus tiefreichende Neuidentifikationen bewirkt hat.

Formalisiert man die Frage nach der Neuidentifikation, so liegt es nahe, das Aufgeben der alten vom Aufbau einer neuen Identifikation zu unterscheiden. Auffällig und merkwürdig ist nun, daß das Aufgeben der alten Identifikation bei vielen jungen Leuten manchmal etwas Lautlos-Plötzliches an sich hatte, das gewissermaßen von allein geschah und dann einfach und unbezweifelbar „da“ war, ohne daß das eigene Ich dazu hätte irgendeine Erkenntnisarbeit leisten müssen. Das konnte durch plötzliche, tief ins Leben schneidende Erfahrungen geschehen. Dieter Wellershoff berichtet von einem Freund, der einen Kopfschuß bekommen hatte: „Und er erzählte mir von seinem hellen Erstaunen im Augenblick der Verwundung, und wie er unter dem klingenden Stahlhelm mit schwindendem Bewußtsein dachte: ‚Ach so ist das? Ach so ist das!‘ Ein Geschoß hatte die Fragen beantwortet, die er heimlich immer schon gestellt hatte. Es hatte den ganzen mystischen Heldenschwindel unserer Jugend weggerissen.“[53] — Das konnte aber auch still und unbemerkt vor sich gehen: „Insofern der Hunger oder gar der Kampf gegen den Hunger die Politik verdrängte, ... spiegelte die Situation auf dem Schiff bereits genau die Nachkriegswirklichkeit in den deutschen Besatzungszonen oder nahm sie vielmehr vorweg, und wenn ich mich heute frage, warum, nachdem die Angst gewichen war, dieser Wandlungs- und Umstellungsprozeß ohne Bedauern so schnell funktionierte, so ohne sichtbare Lüge und ohne Bruch in den Lebensläufen und Familien, dann finde ich vor allem jene Erklärung …: Eine falsche Identifikation brach da, vereinfachend gesprochen, lautlos in sich zusammen, und mit dem Erlöschen des falschen Über-Ichs, des fatalen Götzen auf dem Thron, der durch magische Verleihung von Macht vom Oberstfeldzeugmeister bis herab zum Rottenführer der Pimpfe, von der Reichsfrauenführerin bis zum Blockwart über ein Volk von Führern geherrscht hatte, erlosch auch das ganze System aus Gelitzten, Gekragelten und Geschnürten und denen, die es jederzeit werden konnten, die ganze Reichsbeförderungshierarchie mit ihrem Anspruch auf Weltherrschaft, alle waren mit einemmal auf unheimliche Weise ‚freigesetzt' — fragte sich nur, wozu. Von Reichsgedanken oder ‚Nationalbewußtsein' oder wie die zahlreichen Quellen heißen mochten, aus denen sich das ideologische Gebräu gespeist hatte, blieb in diesem Moment erstaunlich wenig übrig, als mache sich jedermann in alle denkbaren Richtungen so schnell wie möglich davon und fliehe den Unrat, und in der Tat schien dies niemandem geringste Mühen oder Skrupel zu verursachen." (Martin Gregor-Dellin)[54]

Die Lautlosigkeit, mit der sich der Zusammenbruch der alten Identifikation abspielte, wird von vielen Zeitgenossen bezeugt: „Der Begriff der Nation löste sich auf wie Rauch" (Helmut Heißenbüttel)[55]. „Mein Glaube, mein Vertrauen — oder Hitlers Macht über mich, wenn man will — erlosch ganz plötzlich … mit dem 13. Februar in Dresden. Ich war dort bei meiner Großmutter gewesen — in einem Mietshaus in der Johannstadt, Elisenstraße, im Keller, der wie ein Schiff im Sturm auf dem Meere schwankte. Durch den brennenden Hausflur hinaus, kurz ehe das Gebäude zusammenstürzte und alle Mitbewohner begrub, 73 Menschen, über brennende Balken und Geröllberge im Feuersturm, mit angesengten Haaren und vom Rauch erblindet, vor die Stadt getappt, im Morgengrauen an ungezählten Toten vorbei, verkohlten, erstickten, halb verbrannten … Ich mochte lange begriffsstutzig gewesen sein. Von da an wußte ich: Es war aus." (Arnulf Baring)[56]

Innerhalb der Dramatik der äußeren Vorgänge verliefen entscheidende innere Umorientierungen mit unauffälliger Selbstverständlichkeit. Diese Tatsache steht in einem eigentümlichen Gegensatz zu dem Pathos der nationalsozialistischen Herrschaftsausübung. Nur höchst selten wird davon berichtet, daß auch in den Monaten der Katastrophe sich noch etwas von diesem Pathos erhalten hätte. „Mochten da zu meiner Verwunderung auch einige wenige unter den Dreihundert im Bauch des Schiffes vor verwundetem Glauben — oder aus Unglauben an den Selbstmord Hitlers — noch aufschreien, toben und sich sogar schlagen, die meisten reagierten wie ich ..." (Martin Gregor-Dellin)[57]. Obwohl man mit Metaphern behutsam umgehen sollte, drängt sich angesichts der Schnelligkeit und Lautlosigkeit dieses Prozesses der Vergleich auf, die Menschen seien von einem „Bann" befreit oder aus einer Wahnwelt „erwacht". Es dürfte schwer sein, in anderen Epochen Parallelbeispiele für das völlige Gleichgültigwerden und die Wirkungslosigkeit von Identifikationen zu finden, die eine Zeitspanne vorher hochvirulent waren.

Ging der Aufbau neuer Identitäten genauso rasch vor sich? Offenbar hat es rasche und tiefgreifende *Veränderungen von Grundhaltungen* durch die Erfahrung des 8. Mai gegeben:

„Gewiß haben die Inhalte der Gespräche, die ich um mich herum gehört habe, eine Rolle gespielt, ... aber auch wie mit einem Ruck in eine veränderte Position geschoben. Ich kann nichts davon rekapitulieren. Aber ich habe dieses Bild der Menge von Geschlagenen und Niedergeschlagenen und den allgemeinen Eindruck des Verkehrten, des absolut verkehrt Gewordenen. Ich war mit einem Schlag Pazifist. Dies war für mich um so unverrückbarer, als ich die Anschauung ... nicht am Schrecklichen, an Zerstörung und Tod, ... sondern am trüben Rand der Ereignisse gewann" (Helmut Heißenbüttel)[58].

„Das war der Stand der Dinge auf den Rheinwiesen bei Remagen im Mai 45 ... Er (der Krieg, R.S.) hatte mich verändert. Gewalt widerte mich an, erst recht die politisch motivierte, unter welchem Banner auch immer ... Politik nach dem Inferno des Zweiten Weltkrieges muß deshalb vor allem dies leisten: immer wieder Aufklärung und Verständigung, Verständigung über das Wirkliche" (Hans Günther Hoppe)[59].

„Den Schwur, niemals wieder ein Gewehr in die Hand zu nehmen, hatten die meisten von uns schon bei der Gefangennahme abgelegt, ich auf halbem Wege zwischen Düren und Köln" (Martin Gregor-Dellin)[60].

Das waren durchschlagende Grunderfahrungen, die zukunftswirksam waren. Ob solche Grunderfahrungen nicht allerdings noch der längeren intellektuellen Verarbeitung bedurften, um zu einer neuen politischen Mentalität zu führen, mag an dieser Stelle zunächst offen bleiben. Es genügt hier festzuhalten, daß die Situation des 8. Mai selbst bereits Einstellungen und Haltungen neu hat erstehen lassen, die zumindest als Ansatzpunkt zu einer weitreichenderen intellektuellen „Aufräumarbeit" dienen konnten. Aus ihrer eigenen Logik heraus mußten sie weitergedacht werden.

Vorerst aber war es normal, daß *sehr unterschiedliche Vorstellungen nebeneinander* im Kopfe junger Leute existierten. „Bei mir selbst war die durch konträre Erziehungseinflüsse (christliches Elternhaus kontra Hitler-jugend) seit langem vorgeformte Zwiespältigkeit des Erlebnisses der Hitler-Zeit auch am achten Mai das Bestimmende. Und sie wurde noch erheblich verstärkt durch die Kontrasteindrücke dieses Tages. Bei strahlendem Maiwetter auf dem Lastwagen hockend, konnte ich viele Stunden lang die Zeichen der Auflösung der deutschen Wehrmacht und des Machtwechsels auf der Landstraße und in allen Orten, die wir passierten, intensiv in mich aufnehmen. Das Gefühl, eine historische Stunde zu erleben, war voll da, aber widersprüchlich gemischt mit gleich starken gegensätzlichen Empfindungen von der Bedeutung dieser historischen Stunde. Als Beispiel nenne ich zwei Gedanken, von denen ich sicher weiß, daß ich sie damals hatte, weil ich sie wenig später dem Tagebuch anvertraute: Ich war damals noch sicher, daß es ‚eine große Zeit' gewesen sei, die an diesem Tag zu Ende ging, aber ich nahm gleichzeitig als sicher an, daß mir selbst und allen anderen erwachsenen Deutschen jetzt — berechtigterweise — eine zehn- bis zwanzigjährige Zeit der Sklavenarbeit im Dienste der Siegermächte bevorstehe als Buße für die von Deutschland inszenierte Kriegskatastrophe. Ich erinnere mich auch, daß mir damals noch anderes, sehr Widersprüchliches, im Kopf herumspukte: Das Bild des ‚drahtigen' einarmigen, blonden Leutnants mit dem Ritterkreuz und seinem jugendlichen Charme, den wir noch vor kurzem in dem ROB-Lehrgang (Reserveoffiziersbewerber) als besten, faszinierenden Typus Hitler-Deutschlands verehrt hatten, auf der anderen Seite die ungeduldige Sehnsucht, aus diesem Komißleben herauszukommen, viele geliebte Bücher lesen und endlich wieder privat leben zu können." (Martin Broszat)[61]

Dieses Nebeneinanderexistieren gab es in allen Schattierungen und mußte nicht einmal als Konflikt erlebt werden: Da war die Furcht vor den betrunkenen schwarzen Besatzungssoldaten auf der einen, das fröhliche Mitswingen von „In the mood" auf der anderen Seite[62]; da waren aber auch die sakralen Restbestände von „Deutschland, heiliges Wort" auf der einen, die Erkenntnis von der Notwendigkeit der Niederlage auf der anderen Seite[63], und wo solche Widersprüche bewußt wurden, waren sie in der Regel der Anfang längerfristiger innerer Klärungsprozesse. Ein schönes Beispiel dafür, wie komplex und auch pubertär-verquer solches Nebeneinander bei Jugendlichen sein konnte, gibt Stephan Stolze, der mit seinen 15 Jahren in Magdeburg die sowjetische Besatzung durchaus passabel und die russische Kulturpolitik sogar gut fand, russisch lernte, sich mit einer Russin anfreundete, der sich überhaupt keinen Illusionen über die schreckliche Wirklichkeit der nationalsozialistischen KZs hingab, und in dessen Kopf gleichzeitig und nebeneinander ganz andere Dinge vorgingen: ich „ließ mir Tiraden über deutsche Größe einleuchten und suchte mir unter Bahnfahrgästen Herrenmenschen heraus, bei deren Anblick die Besieger des Grauens, das in mir saß, aber gerade schlief, häßlicher aussehen sollten. Wie vereinbarte ich das alles in meinem Kopf?" (Stephan Stolze)[64]

Solche Widersprüchlichkeiten können oft lange Zeit in ein und demselben Kopf nebeneinander herlaufen, bis sie im Laufe der Zeit geklärt werden, sich von selbst erledigen oder aber weiter mitgeschleppt werden. Verwunderlich sind sie nicht, grundsätzlich ist kaum ein Mensch frei von solchen ‚kognitiven Dissonanzen'. Unsere Beschränkung auf die „Momentaufnahme Kriegsende" verwehrt es uns an dieser Stelle, längerfristige Prozesse dieser Art weiterzuverfolgen; darauf soll in den folgenden Kapiteln geachtet werden.

Der Augenblick des Kriegsendes konnte, wie wir gesehen haben, Initialzündung für mancherlei einschneidende Veränderung der Wertmaßstäbe sein. Die Erschütterung ging in die „Tiefe", die Menschen wurden gerade im Elend und in den Entbehrungen auf sich selbst zurückgeworfen. Aber ging sie auch ins „Weite"? Gab es *Erweiterungen des Horizonts*, Erkenntnisse nicht nur über das eigene Ich und die eigene Gruppe, sondern über andere, gab es die Möglichkeit, die Geschehnisse von einem anderen Gesichtspunkt als dem eigenen wahrzunehmen? Wenn man einmal davon absieht, daß die einmarschierenden Amerikaner in auffällig vielen Fällen Imponierfiguren wurden, die in puncto Lässigkeit des militärischen Habitus Erstaunen und ungewollte Anerkennung auslösten und auf diese Weise eben auch Neues in den Horizont brachten, war der Augenblick des Kriegsendes nicht gerade dafür geschaffen, daß man ruhigen Blicks um sich schauen und Neues erkennen konnte. Dennoch gab es solche Erfahrungen hier und da:

Szene im Kriegsgefangenenlager:

„Bei der Bekanntgabe von Roosevelts Tod im April 1945 stand Schröder neben mir auf dem Appellplatz des Lagers von Cherbourg, das auf einem kleinen Hügel gelegen war, und während das Sternenbanner auf halbmast gesetzt wurde, begann Schröder in reinstem Hessisch, das er schmallippig und übrigens immer sehr leise und ein wenig zischend artikulierte, neben mir etwa folgendermaßen zu flüstern: Dieser Mann, Franklin D. Roosevelt, das solle ich mir jetzt auf der Stelle merken, sei im Gegensatz zu manch anderen ein sehr großer Mann gewesen, ein bedeutender Mann, der, längst krank, den Sieg noch habe sich abzeichnen sehen, obwohl er den Triumph nun anderen überlassen müsse, und es werde einen Triumph geben ohnegleichen; dieser Mann also, auch wenn man noch nicht wisse, ob er abermals wie die Staatsmänner nach 1918 mit dazu beigetragen habe, den Krieg zu gewinnen, aber den Frieden zu verspielen, er werde — und darauf könne ich mich verlassen — von den Amerikanern als der größte Präsident ihrer Geschichte bezeichnet werden, denn er, Roosevelt — so Schröder aus Frankfurt —, habe als einziger ein soziales Programm, den New Deal, ohne diktatorische Vollmachten auf demokratischem Wege verwirklicht und seinem Volke die vier Freiheiten, ohne sie noch ganz verwirklicht zu haben, mutig vor Augen gehalten, um die zu kämpfen und für die zu leben es sich lohne: die Freiheit von Not, die Freiheit von Angst, die Freiheit der Rede und die Freiheit des Glaubens. Und dahinter verberge sich das Ende der Armut, das Ende der Kriege, die Freiheit des Wortes und der Kunst und die Freiheit der Religionsausübung, wohlgemerkt: Freiheiten von etwas und zu etwas." (Martin Gregor-Dellin)[65]

Jugendliche um die zwanzig konnten auf solche Gedanken nicht allein kommen, sie brauchten jemanden, der älter war, um sie auf den Weg zu bringen. Wichtig daran war nicht nur der Inhalt, sondern mehr noch der Perspektivenwechsel, der sich hier vollzog. Der junge Kriegsgefangene kam zum erstenmal mit einer Geschichtssicht in Berührung, die dem, was er in Deutschland bisher hatte lernen können, diametral zuwiderlief. Der Perspektivenwechsel war allein deshalb ein entscheidender Gewinn, weil im Nazideutschland die bloße Möglichkeit zum Perspektivenwechsel rigoros verboten war, geradezu als Verrat abqualifiziert wurde und in Schule und Erziehung nirgendwo Platz hatte. Kein Wunder, daß allein die erste Erfahrung mit Perspektivenwechsel in den Betroffenen oft ein spontanes Gefühl von Freiheit hervorrief — sogar dort, wo er dann aus ideologischen Gründen rasch wieder einem neuen Verdikt anheimfiel, wie z.B. in sowjetischen Antifa-Kursen.

Die bisher zitierten Personen hatten gemeinsam, daß sie die Katastrophe mit wachen Sinnen erlebt hatten, daß in ihnen etwas bewegt wurde, etwas „vorging". Das war nun freilich, so merkwürdig das auch angesichts der Geschehnisse klingt, nicht bei allen Menschen so. Seit altersher haben Menschen Katastrophen aller Art auch immer in der Weise hingenommen, daß sie sich geduckt und gewartet haben, bis bessere Zeiten kamen. Alfred Kolleritzsch beschreibt die Reaktion der österreichischen Bauernbevölkerung beim Einmarsch der Alliierten so: „Alles ist, wie es ist. Das wurde hingenommen, ohne eine Spur von Tragik oder Hoffnungslosigkeit."[66] So schwer es ist, solche Haltungen mit Zitaten zu belegen — denn es handelt sich gerade um sprachlose Haltungen —, so wenig Zweifel kann es daran geben, daß es sie gegeben hat, und zwar vermutlich häufig. Wo man sich nur klein machte und das Geschehen als Schicksal hinnahm, gab es keine Chance zum Neubeginn. Alles würde sein, wie es immer war, man mußte aufpassen, nicht unter die Räder eines übermächtigen, blinden Geschehens zu geraten.

Eine wiederum andere Perspektive auf die Haltung der deutschen Bevölkerung geben Beobachtungen deutscher Emigranten wieder, die als Soldaten auf alliierter Seite kämpften und mit den Armeen in Deutschland einrückten. Georg Stephan Troller, Jg. 21 und amerikanischer Soldat, notiert am 8. Mai in sein Tagebuch: „Deutsche lesen Proklamationen ausdruckslos an Plakatwänden. Sind Arschkriecher, bewundern uns als Stärkere. Hackenzusammenschlagen, jawohl, Herr Offizier. Keine Spur von Gewissen. Wir waren ehrliche Gegner, gebt uns Waffen, gehen mit Euch gegen Russen".[67] Ähnlich lauten die Eindrücke von Michael Thomas, Jg. 15, britischer Oberleutnant: „Mein Gott! Immer nehmen die Deutschen Haltung an, immerfort. Wenn die britischen Soldaten verkleidete Zivilisten sind, dann sind die deutschen Zivilisten verkleidete Soldaten ...".[68]

Solche Beobachtungen machen darauf aufmerksam, daß die Verhaltensweisen, die während des Dritten Reiches ein Stück beherrschender Erziehungswirklichkeit waren, durchaus noch das Verhalten vieler Deutschen bestimmten und sich offenbar nicht sehr rasch veränderten: Ein selbstverständliches Sich-Beugen vor der Macht, ein Beflissensein im Gehorchen, ein Mangel an zivilem Selbstbewußtsein. Dies alles darf man als Symptome eines eingewurzelten Autoritarismus verstehen, der hier in der Furcht vor den Besatzungsmächten noch verstärkt in Erscheinung tritt.

2.2 Zwischenergebnis 1

Die „Momentaufnahmen" erlauben es uns nur, mit aller Vorsicht einige erste Ergebnisse — besser vielleicht: Spuren oder Vermutungen — zu formulieren. Immerhin taugen diese bereits, in der Vielzahl der geistigen Reaktionen bei Kriegsende erste charakteristische Züge und bemerkenswerte Eigentümlichkeiten sichtbar zu machen und schiefe Einschätzungen zurechtzurücken.

1. Was die meisten autobiographischen Rückblicke auf den 8. Mai charakterisiert, ist in erster Linie das Ausmaß des Einschneidenden und Erschütternden , ist die ungeheure Veränderung des eigenen Lebens und alles Gewohnten, mit nichts vergleichbar, was man in „normalen" Zeiten erlebt. Hier schlägt erlebte Geschichte bis auf die Knochen durch. Auf diese völlige Umkehrung alles bisher Gewohnten ist es zurückzu-

führen, daß die Auseinandersetzung mit dem, was einem da geschehen war, nicht auf der Ebene geführt wird, auf der normalerweise Auseinandersetzungen laufen: auf der Ebene der Argumente, der rationalen, distanzierten Überlegung, der weltanschaulichen Positionen. Die erlebten Schrecken und Schocks werfen stattdessen die Menschen auf das eigene Ich zurück, um so mehr, als die geläufigen sozialen Selbstversicherungen nicht mehr tragen. Aber darin liegen nicht nur Isolierung und Unsicherheit, sondern die Chance, sich selbst zu entdecken. Die erste zaghafte Zukunftsaussicht ist auffällig oft die Hoffnung, zwar in ferner Zukunft, aber doch endlich ein „eigenes" Leben zu führen. Die Erfahrung der Katastrophenmonate führte jedenfalls häufig zu einer Neudefinition des eigenen Ich, noch nicht im selben Maß zur Neudefinition der sozialen und politischen Welt, die einen längeren Erkenntnisweg voraussetzt.

2. Der früheste Begriff von Freiheit nach dem 8. Mai war gar kein „Begriff", er war das Resultat der Erfahrung von handgreiflichem, konkreten Zwang. Wer Zwang und Gewalt konkret erfährt, weiß ohne alle Begriffe, was Freiheit ist: zunächst einmal und allem anderen voraus die Abwesenheit von Zwang und Gewalt.
   Diese allgemeine Erfahrung von Millionen bewirkte auf lange Sicht Aufnahmebereitschaft für ein liberales politisches System — liberal hier im weitesten Sinn verstanden (also keineswegs als Parteienpräferenz oder im wirtschaftlichen Sinn) —, freilich noch nicht theoretisch-politisch oder überhaupt inhaltlich konkretisiert, sondern als Gefühlsbasis. Das Wiederaufleben liberaler Einstellungen nach dem 2. Weltkrieg war alles andere als selbstverständlich, hatte doch die Zeit nach dem 1. Weltkrieg nicht nur in Deutschland, sondern in fast allen europäischen Ländern eine tiefe Krise der liberalen Demokratie mit sich gebracht, die den Parlamentarismus in den Augen vor allem der Intellektuellen, der Jugend und der Anhänger radikaler Parteien zu einer altmodischen und überholten Angelegenheit machte.

3. Nirgendwo in den Autobiographien gibt es den leisesten Zweifel daran, daß die Niederlage wirklich total war. Es war dies die unmittelbare Erfahrung aller, und es gab keine Wege, sich an dieser Einsicht vorbeizudrücken. Die Niederlage war so vollständig und der Schock so nachhaltig, daß die Wahnwelt, die die NS-Propaganda in den letzten Kriegsjahren aufgebaut hatte, von der Wirklichkeit in ihrer ganzen Eindeutigkeit eingeholt wurde und zusammenbrach.

Der Unterschied zu 1918 ist mit Händen zu greifen, er ist so deutlich, daß ein Vergleich beinahe überflüssig wirkt. Nach dem 1. Weltkrieg gab es in der Aufarbeitung des Krieges das negative wie auch das positive Kriegserlebnis. Das negative Kriegserlebnis führte zu Pazifismus und war in seiner politischen Konsequenz fast immer mit einer Zustimmung zur Demokratie verknüpft. Das positive Kriegserlebnis feierte den Krieg als Stahlgewitter, aus dem der neue Mensch der Zukunft gereinigt und gestählt hervorgehen werde. Sowohl in Italien wie in Deutschland bildeten Vertreter des positiven Kriegserlebnisses die frühesten Anhänger der neuen Bewegung des Faschismus bzw. des Nationalsozialismus. Nach 1945 gab es in Deutschland kein positives Kriegserlebnis mehr. Der Krieg wurde als Entfremdung vom eigenen Leben erfahren. Kein Mensch kam auch nur auf die Idee, diesen Krieg als Geburtsstunde eines neuen, harten Zukunftsgeschlechtes zu verherrlichen — das lag buchstäblich außerhalb des Denkbaren. Zweifellos hängt es auch damit zusammen, daß es nach 1945 in Deutschland so gut wie keine elementaren inneren Widerstände gegen die Demokratie gab, sondern nur vielerlei Reserven, Vorbehalte und Dumpfheiten.

4. Trauer, Niedergeschlagenheit, oft Verzweiflung über die totale Niederlage Deutschlands und das Ende des Deutschen Reiches haben offensichtlich auch diejenigen empfunden, die im selben Augenblick mit Erleichterung konstatierten, daß es mit Hitler zu Ende und der Nationalsozialismus endlich von der Bildfläche verschwunden war. Eine lupenreine Trennung von „hie Deutschland" — „dort Nationalsozialismus" hat es kaum irgendwo gegeben und konnte es auch nicht geben. Es war nicht nur Hitler besiegt worden, sondern auch das Deutsche Reich.

5. Die letzten Monate des Krieges und die ersten Monate nachher sind der klassische Beispielfall dafür, daß es eine „mittlere" Entfernung von der Politik nicht mehr gab. Politik schlug durch auf die konkreten Lebensumstände. Die meisten Menschen standen ohne Beruf da oder ohne die Möglichkeit, ihren Beruf auszuüben, die engsten Angehörigen waren oft tot oder waren vertrieben, in Gefangenschaft oder verwundet. Schließlich schlug Politik durch auf die eigene Person: Man befand sich selbst in Gefangenschaft oder war Flüchtling, die Gesundheit war dahin, man war auf Hilfe, oft auf Gnade und Ungnade anderer Menschen angewiesen.

Wurde dieses Desaster als „politisch" begriffen? Kann mithin das Kriegsende als Initialzündung für eine neue Art von politischem Denken begriffen werden?
Krieg und Politik wurden vielfach als zwei verschiedene Dinge angesehen. Nur selten war das erste Nachdenken darüber, was denn nun eigentlich geschehen sei, überhaupt politiknah, allenfalls in einem moralischen, ganz auf die eigene Person bezogenen Sinn: „Das darf nie wieder geschehen, und daran muß du mitwirken!" Nur in diesem Sinn war das Kriegsende oft eine Initialzündung für politisches Denken. Vorstellungen, die sich auf die gerechtere Ordnung des Gemeinwesens bezogen, waren bei den Jüngeren kaum vorhanden. Sie waren gewiß auch deshalb so selten, weil ja noch niemand auch nur über das kleinste Zipfelchen eines solchen Gemeinwesens zu bestimmen hatte und niemand wußte, was wurde.

6. In den Jahren nach 1945 traf man — vor allem außerhalb Deutschlands — oft die Meinung an, die Deutschen vor und nach 1945 seien sich im Grunde gleich geblieben. Solche Vorstellungen unterschätzen die Durchdringtiefe, die die Zerstörungs- und Vernichtungsfurie der letzten Kriegsmonate auf die Mentalität der Menschen hatte. Dies ist noch gar nicht „politisch" gemeint. Auch die vielen, die die Geschehnisse mehr oder weniger unpolitisch, d.h. als Schicksal, als Verhängnis usw., verstanden, wurden einfach durch die Umwälzung ihrer Lebensumstände aufgerührt, und das hatte zur Folge, daß sich bestimmte Ingredienzen vorher verbreiteter Vorstellungen so gut wie völlig auflösten. Wir nennen hier nur diejenigen, die bei unseren Zeitzeugen schon erwähnt wurden: 1. Der Krieg als Mittel der Politik — dieser Gedanke war fortan nur noch als Un-Gedanke vorhanden. 2. Die Hochschätzung des Militärs verwandelte sich ins Gegenteil. 3. Sich niemals mehr wie eine Hammelherde „führen" und beschwatzen zu lassen, war eine Lehre der allerersten Stunde.

3. Schlüsselerlebnisse in der Lebensgeschichte junger Menschen vor und nach 1945

Unsere „Momentaufnahme" hat Spuren gelegt. Besonders auffällig war die Beobachtung des raschen und lautlosen In-sich-Zusammenfallens des Führermythus und der heroischen Weltsicht. War das nur der Fall — so stellt sich jetzt die Anschlußfrage — bei jungen Menschen mit ohnehin schwach ausgeprägter NS-Bindung? War das vielleicht nur bei Menschen der Fall, die aufgrund ihrer Ich-Stärke und ihrer Intelligenz noch am ehesten in der Lage waren, aus den gewohnten Denkmustern herauszuspringen? Oder war es vielleicht genau umgekehrt: Waren es gerade die raschen Anpasser, die jetzt auf den Zug aufsprangen, der in die andere Richtung ging?

Zunächst geht es darum, längere Zeiträume im Leben einzelner Personen zu überblicken und innerhalb dieser Zeiträume besondere Schlüsselerlebnisse auszuleuchten, die für die Herausbildung einer politischen Mentalität in den Jahren vor und nach 1945 entscheidend waren. Dies geschieht anhand von 12 Lebensläufen. Sie sind nach dem Gesichtspunkt ausgesucht, ob sie detaillierte Einsichten in Prozesse politischen Mentalitätswandels ermöglichen. Vervollständigt werden sie durch Auswertungen von Tagebüchern.

Mit „Schlüsselerlebnis" sind wichtige, das weitere Leben prägende Erlebnisse gemeint, die sich auf das Politische beziehen. Die Grenzen des Erlebnisbegriffes sind weit gefaßt; als Erlebnis sollen hier auch Einsichten und Erkenntnisse gemeint sein, die aus zeitgeschichtlichen Situationen erwachsen sind. Es geht nicht nur um die im Wort Erlebnis mitklingende emotionale Seite, sondern auch um die intellektuelle. — Ein klassisches Beispiel für ein Schlüsselerlebnis findet sich in Wendelgard von Stadens „Nacht über dem Tal"[1]: Das in einer geschlossenen deutschnationalen Familienatmosphäre aufgewachsene junge Mädchen wird im letzten Kriegsjahr Zeuge, wie sich halbverhungerte KZ-Häftlinge eines Außenkommandos wie die Tiere um einen Eimer Kartoffeln schlagen. Sie begreift blitzartig die Zusammenhänge — und ist von nun an eine andere. Schlüsselerlebnisse von einer so starken und auf einen einzigen Moment zugespitzten moralischen Durchschlagskraft mag es nicht häufig gegeben haben; meist handelte es sich um längere Prozesse. Um ein Schlüsselerlebnis zu erkennen, ist in aller Regel die Retrospektive nötig. Schlüsselerlebnisse meinen ein Stück persönlicher Wirkungsgeschichte, und um Wirkungen erkennen zu können, muß Zeit vergehen. Aufzeichnungen, die im Augenblick des Geschehens selbst gemacht werden, wie etwa Tagebücher oder Briefe, brauchen nicht notwendigerweise — wie oft geglaubt wird — die beste Quelle für unseren Zweck zu sein. Solche Dokumente sollen aber ergänzend mit herangezogen werden.

3.1 Zwölf lebensgeschichtliche Abrisse

Die zwölf Lebensläufe sind aus unterschiedlichen Quellen zusammengestellt. Sie stammen teilweise aus einem größeren Fundus eigener Befragungen, Interviews und Tagebüchern, teilweise sind sie aus ausführlichen, bereits publizierten Darstellungen komprimiert. Bei der Auswahl haben mich zwei Gesichtspunkte geleitet: die Differenziertheit der Aussage und die Unterschiedlichkeit der Schlüsselerlebnisse oder ihrer Verarbeitung. Ich habe also nicht nach sozialen oder beruflichen Kategorien ausgewählt — das erschien mir wenig angebracht, weil alle Beteiligten damals entweder ohne Beruf waren (Kriegsgefangenschaft) oder erst am Anfang eines — aus damaliger Perspektive sehr ungewissen — Lebensweges standen. Auch ist es nicht meine Absicht, die „kleinen Leute" zum Sprechen zu bringen. Es geht mir darum, ein verhältnismäßig dichtes Spektrum unterschiedlicher Erfahrungs- und Verarbeitungsweisen sichtbar zu machen. Narrative Interviews habe ich zwar geführt, sie aber wegen ihres großen Umfangs nicht abgedruckt. Wegen der Lesbarkeit habe ich die Form der komprimierten Lebensgeschichte vorgezogen.

Der Gesichtspunkt „Differenziertheit der Aussage" meint im Grunde etwas sehr Einfaches: Es ist nicht allen Menschen aufgrund ihrer Sprachkompetenz möglich, eigene mentale Prozesse mit einiger Genauigkeit wiederzugeben. Da lohnt dann der Abdruck nicht. Dies bedeutet aber nicht, solche Aussagen seien wertlos. Bei einer größeren Zahl mir vorliegender Interviews fällt z.B. eine allgemeine Erlebnisstruktur aus der Soldatenzeit des Zweiten Weltkrieges auf, die sich in stereotypen Sätzen spiegelt wie „Und dann kamen wir nach X, und dann waren wir 10 Wochen in Y, und dann wurden wir nach Z verlegt" — der Zweite Weltkrieg wird als Kette von lokalen Verlegungen erlebt; das passivische Element herrscht so deutlich vor, daß die dahinterstehende Grundempfindung sichtbar wird, ohne freilich in Worte gefaßt zu werden: Krieg als Hin- und Hergeschobenwerden, bei dem man erwartet, daß es irgendwann einmal zu Ende ist; man kann auch sagen: als Entfremdungsvorgang, herausgeschnitten aus dem „eigentlichen", dem persönlichen Leben.

Um ein breites Spektrum solcher Entwicklungen sichtbar zu machen, habe ich auch einige bereits erschienene Lebensgeschichten aufgenommen, habe allerdings allen biographischen Skizzen wegen der besseren Vergleichbarkeit etwa den gleichen Umfang und die gleiche Struktur gegeben: knappe Umrißzeichnung des biographischen Zusammenhangs bei Ausleuchtung der Schlüsselerlebnisse. Auf einige bereits publizierte Autobiographien habe ich auch aus einem weiteren Grunde zurückgegriffen: Es ist nicht leicht, jemanden zu finden, der unumwunden zugibt, überzeugter Nationalsozialist gewesen zu sein. In einigen schon länger veröffentlichten Büchern habe ich darüber deutlichere Aussagen gefunden als in den eigenen Interviews. Die ehemaligen überzeugten Nazis dürfen aber in einem breiten Spektrum der Mentalitätsentwicklung nicht fehlen. Bei einigen der Autoren handelt es sich — heute — um bekannte Schriftsteller. Im Zeitraum um 1945 waren sich die hier skizzierten Personen mindestens in einem Punkte gleich: Es waren unbekannte junge Leute, durch nichts aus dem Millionenheer der Gleichaltrigen herausgehoben. (Um diese Tatsache ein wenig zu akzentuieren, habe ich im laufenden Text die Familiennamen abgekürzt und den Hinweis darauf, welche biographischen Skizzen aus bereits publizierten Büchern zusammengestellt wurden, in die Anmerkungen verwiesen.)

3.1.1 „Mach End', o Herr, mach Ende ..." (Lore K., Jahrgang 1921)

Geboren und aufgewachsen in einer rheinisch-westfälischen Großstadt; der Vater war höherer Polizeibeamter. Besuch des Lyzeums, sehr gute Schülerin, Mitglied der Jungmädel im BDM, bald aufgrund ihrer Sportlichkeit Führerin in den unteren BDM-Rängen.

Mit 16 Jahren ein erstes Schlüsselerlebnis: Die Klasse hatte eine neue Geschichts- und Deutschlehrerin bekommen; wie erst später bekannt wurde, war diese aus politischen Gründen strafversetzt worden. Diese Lehrerin erwies sich als menschlich, pädagogisch und wissenschaftlich ungewöhnlich befähigt[2] und hatte bald das volle Vertrauen der Klasse. „Ich war

1937 als BDM-Führerin auf dem Nürnberger Parteitag gewesen und hatte die gewaltigen Aufmärsche, die Reden, den Lichterdom mit den Flakscheinwerfern erlebt und kam nach Hause, voll des großen Erlebnisses. Als ich voller Stolz vor der Klasse meine Erlebnisse darstellte, saß unsere Geschichtslehrerin in der letzten Bank, sagte kein Wort und bewegte ihre Miene kein einziges Mal. Mir war vollkommen klar, daß sie alles mißbilligte, was ich erzählte, aber ich begriff den Grund nicht. Immerhin — ich war verunsichert, machte mir meine Gedanken, warum jemand, der so unbestreitbar klug und gebildet war, meine Gefühle nicht teilte." Diese Lehrerin wurde, was die Klasse nicht wußte, überwacht, man versuchte herauszubekommen, ob sie die Klasse in einem antinationalsozialistischen Sinne beeinflußte. Eines Tages wurde Lore K. — vermutlich aufgrund ihrer Eigenschaft als Klassenbeste und zugleich als politisch zuverlässige BDM-Führerin — zu einer Zeugenaussage zur Gestapo geladen. Dort wurde sie befragt, ob die Lehrerin im Unterricht etwas Politisches gesagt habe. Lore K. sagte in aller Naivität frischweg: Nein, das sei ja grad das Tolle, Politisches habe sie nie geäußert, sie gäbe Geschichtsunterricht, und der wäre ganz außerordentlich. Zuhause angekommen, sagte ihr Vater zu ihr: „Ich wußte gar nicht, daß ich eine so dumme Tochter habe." Da erst begriff Lore K., was eigentlich gespielt wurde und wie gefährdet diese Lehrerin in Wirklichkeit war. Nun hatte sie selbst glücklicherweise nichts Belastendes vorgebracht, aber auch nichts Entlastendes. Nach einigen Monaten wurde diese Lehrerin zum zweiten Mal in eine andere Stadt versetzt, aber in dieser Zwischenzeit hatte sich bereits eine enge, sehr persönliche Schülerin-Lehrerin-Beziehung zwischen den beiden gebildet, und Lore K. fing allmählich an, auch die politische Welt, in der sie so naiv stand, mit anderen Augen anzusehen. Im Laufe der Jahre entwickelte sich aus dieser Beziehung eine enge Freundschaft, später sogar eine Lebensgemeinschaft. — Aus dem begeisterten BDM-Mädchen wurde innerhalb verhältnismäßig kurzer Zeit eine Oppositionelle. Sie studierte von 1939 an in Freiburg und Straßburg. An der Reichsuniversität geriet sie in einen Kreis von Professoren und Studenten, die sich teilweise in einer Situation befanden, die sie selbst bereits durchlaufen hatte: Aus anfänglicher Begeisterung wurde Zweifel, aus Zweifel wurde Abneigung und Ablehnung des Nationalsozialismus. Interessant ist, daß unter den Professoren dieses Kreises einige waren, die wenige Jahre vorher noch zur jungen NS-Prominenz gehört hatten. Lore K. berichtet jedenfalls, daß dort niemand ein Blatt vor den Mund zu nehmen brauchte.

Als die Amerikaner von Westen her heranrückten, wich Lore K. ins Allgäu aus und schloß sich an eben die Lehrerin an, von der oben berichtet wurde; mit ihr erlebte sie das Kriegsende. Sobald es möglich war, zog sie wieder ins Rheinland, absolvierte dort ihre Ausbildung als Gymnasiallehrerin zu Ende, wurde selbst eine außerordentlich wirkungsvolle und später auch einflußreiche Lehrerin und Seminardirektorin, die sich vor allem durch die Klarheit und das Niveau ihres frühen Eintretens für demokratische Lebensformen auszeichnete.

Aus dem Tagebuch von Lore K., damals 23 Jahre alt, geschrieben bei Kriegsende in Illertissen / Bayern:

„12. 4. Daß ich hier bewahrt bleiben sollte vor Sturm und Schrecken des Krieges, es ist mir ganz von innen heraus unwahrscheinlich, unglaubwürdig und seltsam. Und doch sitze ich noch im Frieden bei ruhiger und sinnvoller Arbeit, während sich um Wuppertal der Kessel zusammenzieht und Göttingen seit vorgestern amerikanisch ist. Dort ist man weiter — aber ob sich hinter dem Grau und Dunkel, das über allem liegt, von dort aus ein blaues Himmelszipfelchen erspähen läßt, ich bezweifle es sehr. Wann werden sich die Tore wieder öffnen, wann wird der Strom der Nachrichten uns erreichen, und was wird uns dann aufgehen werden ...? Aber wer wartet nicht so, welche Familie löste sich nicht in kleinste Teile auf? Ist die Allgemeinheit des Schicksals tröstlich? — Gewiß — und doch sieht man im eigenen Bereich die ‚Schuld' für die Trennung, kann ganz naiv Schuld und Schicksal nicht trennen ... Stimmt es, daß man abstumpft? Nach außen sicherlich und in der Notwehr des Herzens? Ob nach innen, ich weiß es nicht. Der stumme und innerlichste Schmerz ist doch der tiefste, es verträgt auch kaum Worte mehr, selbst keine wohlmeinenden, er entbehrt auch der Geste und sei es die des gemeinsamen Kirchgangs und der Begegnung ‚im Geiste'. —

14. 4. Rilke: ‚Denn wenn etwas uns fortgenommen wird, womit wir tief und wunderbar zusammenhängen, so ist viel von uns selber mit fortgenommen. Gott aber will, daß wir uns wiederfinden, reicher um alles Verlorene und vermehrt um jeden unendlichen Schmerz.' (Paris, 7. Mai 1908) ...

22. 4. Auto um Auto auf den Landstraßen: von Süden nach Norden nur wenige Militärautos, die große Zahl von Norden nach Süden — voll Fluchtgepäck, überladen mit Menschen — und von Westen nach Osten ... Dazu elendes Volk mit Leiterwägelchen und Rucksäcken, Soldaten aller Nationalitäten des Ostens in deutschen Uniformen, fremde Gesichter, die auch zu diesem Heer gehörten, seltsame ... Gestalten in langen Hosen und

Hasenfellwesten ... Krieg. Ende ... Ende und Auflösung ... Der Kanonendonner kommt näher, ist so nahe, wie nie vorher, und dazu tönen die Sprengungen in der Ferne. Der Menschen bemächtigt sich steigende Aufregung. Wird irgendwo verteidigt, geht man in den Keller, Stollen, Wälder? Rollt die feindliche Walze einfach durch? Hoffnung, Angst, Schwanken, Ungewißheit nehmen zu. Was, wenn der Krieg — plötzlich vorbei ist? Was, wenn alles Gewohnte ‚anders' geworden? — Ich stehe vor all dem wie im Panoptikum: als Zuschauer, ganz außerhalb. Ohne Absicht, ja sogar gegen den eigenen Willen kommt es zu dieser Haltung. Ich sehe alle Dinge von außen, auch mich selbst und meine traurige Trägheit und Müdigkeit.

Und doch immer noch nicht ‚ganz einfach', ganz reduziert auf das Wesentliche, immer auf Gedanken und Kummer um vorläufige und eitle Dinge .. Wie weit müssen wir denn hinausgeworfen sein, ehe das ganz Entscheidende allein noch wiegt — die reine Liebe und der Wille zur letzten Hingabe in allem Grauen für das, was uns heilig geblieben? Das schmähliche Versagen den nächsten Menschen gegenüber. —

23. 4. Der Bericht aus dem brennenden Berlin, in dem mit doppelter Front gekämpft wird, jagt kaltes Schaudern über den Rücken und ruft brennendes und wirkliches Entsetzen im Herzen auf. Die Russen im Zentrum kämpfen sich von Häuserblock zu Häuserblock, deutsche Gegenbewegungen stehen am Wedding und Soldaten aller Waffengattungen strömen ihr zu, sie kämpfen gegen Partei und SS, unterstützt von der Bevölkerung; das Zentrum der Stadt brennt, in den Kellern Frauen und Kinder, Verwundete und Sterbende. Kein Wasser, Gas, keine Elektrizität — alle Versuche, die Verwundeten gen Westen zu schaffen, scheitern, die U-Bahnen sind ohne Strom, die Straßen verbarrikadiert, der schmale Gang, der im Westen noch unbesetzt ist, unter dem Feuer schwerer Artillerie ... In Dachhöhe über den Häusern und Ruinen unablässig russische Flugzeuge, die jede Bewegung in den Straßen beobachten und die Transporte bombardieren. — Ein stumpfes und gequältes Warten über allem: Mach End', o Herr, mach Ende ... Und irgendwo sitzt nach Aussage von Goebbels Hitler und ruft zum Widerstand, putscht die Partei auf zu letzten Verzweiflungstaten ... Geht es denn noch weiter, ist der Kelch des Leidens noch nicht geleert für die gequälten Menschen dort? — Und hier fahren Lastwagen und Pferdekarren, rollen Panzer auf Panzer gen Osten, München zu. Ende, Zusammenbruch, Jammer und Elend. Was liegt hinter den ausgepumpten Gesichtern an bitterer Erfahrung, an Not und Entbehrung, was steckt in all den müden Herzen an Leid und Enttäuschung und Verzweiflung ... Ist denn dies deutsche Volk bis auf den Grund zerstört, ist es in seiner tiefsten Substanz vernich-

tet? Kommt nach allem Elend nun auch noch das langsame Siechtum der Reste einer großen Völkerkatastrophe? Oder gibt es so etwas wie Wiederaufbau? Ein Skeptizismus liegt über allem. Über das Wesen des deutschen Volkscharakters, das ‚Wie waren 12 Jahre NS-Regime möglich?' werden wir noch genug hören — Richtiges und Falsches, weil aus eigener Überheblichkeit Kommendes. Was an Besinnung folgen kann, muß von innen kommen, aus der tiefen Leiderfahrung und der Ausgesetztheit der Not — nicht von moralischen Besserwissern, deren Erfahrungsbereich nicht heranreicht an die Ränder der Abgründe, an denen zu gehen das Volk verurteilt und in die gestoßen zu sein sein unglückliches Schicksal ist.

Immer wieder Vergleiche mit 1918 — und der Rückzug der ‚unbesiegten Armee' damals steht im Lichte der Gloriole jetzt und der Zustand von damals gilt als beneidenswert. So relativ sind die Begriffe von Glück und Unglück und so vage, so ganz vage unser aller Maßstab, so abhängig vom eigenen Erleben ...

25. 4. Abends. Immer noch Kanonendonnern, wenn auch in Abständen und vereinzelt. Ein glühender Pazifismus ist in den Herzen groß geworden und nimmt jeden Schuß mit Haß und Zorn hin! Hört denn das Morden nicht auf? Wofür fallen noch Menschen, wofür kämpfen noch Soldaten, um wessentwillen wird noch zerstört?

Seit gestern abend amerikanische Soldaten im Ort, seit heute Panzer und Wagen und größere Truppenteile. Auch Schwarze. Patrouillen in den Straßen — weiße Fahnen — Ausgehverbot und Haussuchungen. Erstaunliche Sachlichkeit, Zweckmäßigkeit und Sportlichkeit des amerikanischen Auftretens. Überraschende Kühle, die Erfahrungen eines langen Zuges durch erobertes Land stehen dahinter. Im Herzen begrüßt man sie doch als Befreier — aller Schmach und Not zum Trotz, die die Zukunft bringen muß. Aber es *konnte* ja auch anders kommen und das *ist* nun die Quittung auf das Regime und sein Handeln in den vergangenen zwölf Jahren ...

26. 4. Die Polmo-Russen (befreite Kriegsgefangene) plündern. Anstehen nach Lebensmitteln. Ein Heerwurm zieht durch den Markt. Ein Panzer nach dem anderen, ein Lastwagen folgt dem anderen. Die Schießerei hört gegen Nachmittag auf. Der Widerstand scheint gebrochen. Im ganzen Landkreis. Die Alkoholbestände sind an Ausländer und Truppen verteilt, die Warenlager ebenfalls geräumt, Eisenbahnwaggons geplündert. Der Osten tritt herrisch auf und beherrscht das Straßenbild. Ausgehsperre. Nur von 7-9 und von 4-6 dürfen die Straßen betreten werden. Trotzdem gehe ich noch ins Forstamt zu allen Zeiten, auch durch den Garten. Die Häuser der Hauptstraße fast alle beschlagnahmt für Truppen. Das Benehmen der

Amerikaner nicht roh, aber ihr Auftreten das von Herren allenthalben. Weniger Plünderung als Andenkendiebstahl! Die Mentalität überhaupt die von Sportsleuten und großen Kindern. Mundharmonikas! und alles, was trinkbar und rauchbar!

Vom öffentlichen Geschehen weiß man *nichts*. Lebt Hitler noch? Sind die Russen in Berlin? Gibt es schon eine neue deutsche Regierung, brachten die Amerikaner und Engländer irgendwelche Strohmänner und Verwaltungsbeamte schon mit? Man sitzt wie auf einer anderen Weltkugel — keine Zeitung, kein Radio, denn es gibt keinen Strom, abends Dunkelheit und Kerzenlicht.

Wir lernen englische Vokabeln, erzählen Little-Stories und üben unseren Wortschatz. Nicht allein zu sein, alles teilen zu können, ist gut, sehr, sehr gut ...

27. 4. Heute in Au. Erste Nachrichten bei Forsters: Augsburg, Leipzig, Bremen englisch, zwei Drittel von Berlin russisch, die Amerikaner vor Passau, 40 km vor München. Göring gegangen, Hitler noch in Berlin. Wie lange will er denn noch leben? Ginge es doch schneller zu Ende. Neue Ausgehzeit 7-7 Uhr. Plündern mit dem Tode bestraft!

Ein Teil der Amis weiter nach Osten, München zu.

Englische Lektüre geholt: Hugh Walpole: Judith Paris.

Dienstag wollen wir Faust weiterlesen. 1. Akt II. Sollte denn der Krieg hier wirklich vorbei sein? Irgendwo löst sich langsam eine zuletzt schier unerträgliche Spannung und ein gutes Aufatmen wird spürbar. Wäre nur bald überall Ruhe! Wäre das Morden zu Ende! Aber es muß bis zum letzten Winkel in Deutschland gekämpft werden ... Muß bis zuletzt geblutet werden, bis zu allerallerletzt ...

29. 4. Zum ersten Male wieder Nachrichten, da es seit 3 Uhr wieder Elektrizität gibt: München amerikanisch, die Stadt von den bayerischen Freiheitskämpfern übergeben. Zwischen Regensburg und München kein Widerstand mehr. Überall alles zusammengebrochen, seit bekannt, daß Himmler an Amerikaner und Engländer über Schweden die Kapitulation angeboten. Abgelehnt von Stalin, da er nicht bevollmächtigt. Alle Wehrmachtskommandos legen die Waffen nieder, alle Parteistellen lösen sich auf. Endkampf in den Parteilägern — Gauleiter kontra SS — persönliche Feindschaften werden noch ausgefochten, alles, was braun war, taucht unter ... In Berlin immer noch Kämpfe — Berge von Parteiausweisen und -uniformen säumen die Straßen von Berlin. Verzweifelte letzte Kämpfe der SS-Truppen und der Gestapo. Selbstmordversuche und Kämpfe gegen solche, die ‚zuviel wissen'. — Vorstoß der Russen auf Rostock, der Engländer

auf Hamburg und Lübeck. Auflösung aller Gauleitungen, in ganz Süddeutschland die weißen Fahnen. Zusammenbruch des ganzen Parteiapparats, somit der gesamten Verwaltung und Polizei. Es kann sich nur noch um Stunden und kurze Tage handeln, daß irgendwo gekämpft wird. Anklam und Pasewalk russisch. Hitler totkrank. Mussolini am Comer See auf der Flucht gefangen, hingerichtet, in Mailand seine Leiche zur Schau gestellt. Goebbels? Himmler in Norddeutschland! Sonderregierung in Österreich. Republik, stark links! Ein grauenvoller Zusammenbruch. Das Ende, wie wir es seit langem voraussahen und nun in der Wirklichkeit noch grauenvoller, abgründiger und zuletzt auch banaler und elender noch, als wir jemals ahnten. — Hier die Truppen bis auf eine geringe Zahl von Besatzungsleuten abgerückt. Wagen auf Wagen vollgepfercht mit den Gefangenen rollen nach Norden. Das ist das Ende eines fast sechsjährigen Kampfes, der unter äußerstem Einsatz von der Truppe durchgestanden wurde. Mir tun die müden Männer mit den oft ganz erloschenen Gesichtern so bitter, bitter leid. Was folgt nun für sie: Deportation? In sehr vielen Fällen wohl.

Das Ganze zu überdenken, das abgründige Elend, das das ganze Volk heimgesucht hat, es geht ja nicht, man verliert den Verstand dabei, und ein wohltätiger Schleier senkt sich über das Bild des Grauens und die Vorstellungen des Unheils — die doch Wirklichkeit sind, Wirklichkeit!

2. 5. Widersprechendste Nachrichten über Hitler. Als Soldat auf dem Gefechtsstand der Reichsregierung gefallen? An Gehirnblutung gestorben, umgebracht, noch lebendig irgendwo untergetaucht? Jedenfalls das erwartete grausige Ende. Dönitz sucht letzten Widerstand zu halten. Aber es kann sich, da der Widerstand der gesamten Südfront so gut wie zu Ende ist, nur noch um Tage handeln. Auf der Landstraße seltsam kostümierte Männer: Soldaten in Zivilkleidung, die die Bevölkerung schenkte, da sie in der Uniform amerikanische Gefangene geworden wären, ziehen mit Kärrchen und Rucksäcken ihrer Heimat zu. Ein Elendsbild, aber sie sind oft genug vergnügt. Das Kommando hier schickt die sich meldenden Soldaten oft zurück — heim —, sie haben schon genug gefangen —.

Wir lernen Englisch. Ich gebe englische Stunden einem hiesigen Bauernmädchen gegen Nahrungsmittellieferung. Es geht ansonsten besser mit der Verpflegung, ein halbes Pfund Butter pro Woche, 300 g Fleisch, 1700 g Brot ...

Schwarze brechen in der letzten Nacht im Dorf in Häuser ein, suchten Alkohol und Eier, auch Frauen. Von Untaten nichts bekannt. Daraufhin Verstärkung der Polizei auf 17 Mann.

5. 5. Die amerikanische Besatzung heute im Schloß eingezogen. 45 Mann für den ganzen Landkreis. Es soll ein Jude dabei sein.

Zum ersten Mal im strömenden Regen heute wieder nach Dietenheim. Die Brücken über die Iller, die Niederungen über den Kanal gründlichst zerstört. Bötchenverkehr!"

An den Schlüsselerlebnissen dieses jungen Mädchens, das durch ein starkes Gefühlsleben und durch hohe Intelligenz gleichermaßen gekennzeichnet war, ist nicht nur der Einfluß einer persönlichen Beziehung zu einer verehrten Lehrerin für das politische Denken auffallend, sondern mehr noch der Zeitpunkt, zu dem die „Konversion" von einer BDM-Führerin zu einer Gegnerin des Nationalsozialismus erfolgte. Dieser Prozeß begann 1937/38 und war 1940/41 im wesentlichen abgeschlossen. Er lief mithin gegen den großen Strom genau in dem Zeitraum ab, in dem Hitler seine außenpolitischen Erfolge, zunächst die unblutigen, dann die blutigen, errang und in dem die Mehrheit der deutschen Bevölkerung genau entgegengesetzt reagierte wie Lore K., nämlich mit Zustimmung, Bewunderung und Enthusiasmus. Am Anfang stand die Erfahrung, in eine Bespitzelung hineingezogen zu werden, die sie als menschlich belastend oder einfach als unzumutbar empfand. Danach setzte sich eine lange, gleichmäßige, vorwiegend intellektuelle Erschließung der sie umgebenden Wirklichkeit fort unter der Ägide der älteren Lehrerin und Freundin, die dazu führte, daß sie am Unrechtscharakter des Regimes keinen Zweifel mehr hatte, ohne deshalb unter dem Zusammenbruch des Deutschen Reiches weniger zu leiden. Gegenüber denjenigen Gleichaltrigen, die erst bei Kriegsende oder noch später den Charakter des Nationalsozialismus erfaßten, hatte Lore K. einen „Erkenntnisvorsprung" von sieben oder acht Jahren, der sie in ihrem Berufsleben in Stand setzte, bereits ab 1945 als Deutsch- und Geschichtslehrerin demokratische Impulse von besonderer Entschiedenheit zu geben.

3.1.2 „Da ging etwas vor in denen ..."
(Erhard D., Jahrgang 1925)

Geboren in Gleiwitz/Oberschlesien als Sohn eines Arbeitsamtsbeamten. Sehr katholisches Elternhaus, aber ohne Bildungsimpulse für den Jungen. Der Vater stand dem Zentrum nahe und war im Reichsbanner, zwei Onkel, die aber weit entfernt wohnten, waren SA-Leute. In der engeren Familie wurde nie über Politik gesprochen. 1944 wurde der Vater in Schutzhaft genommen, später nach dem Russeneinmarsch wurde er nach Rußland deportiert und starb in der Deportation.

Das Gymnasium war sehr wichtig für den Jungen, vor allem der Deutsch- und Geschichtsunterricht. Das Geschichtsbild, das vermittelt wurde, war nationalistisch, wie überhaupt die oberschlesische Bevölkerung nationalistisch war, doch hatte dieser Nationalismus starke probritische und antifranzösische Züge, was aus dem Verhalten der französischen und britischen Truppen während der Abstimmungen in Oberschlesien herrührte. Das Verhältnis zu den Polen war gebrochen — es gab in fast allen Familien enge Beziehungen zu polnischen Familien, man schätzte die Polen als liebe Menschen, die aber faul und unordentlich seien.

Erst 1937 nach Inkrafttreten des Jugenddienstpflichtgesetzes trat Erhard mit zwölf Jahren in das Deutsche Jungvolk ein. Zwei Jahre später wurde er Jungzugführer. Man hatte in seiner Einheit eine gewisse Freiheit von Befehlen von oben, für ihn war die Jungvolkzeit hauptsächlich mit Fußballspielen verknüpft.

Stärker haben sich in seiner Erinnerung die Schwierigkeiten bewahrt, die er als Gymnasiast mit den Kindern von Bergarbeitern hatte, die in der Nähe wohnten. Man trug damals noch eine seidene Gymnasiastenmütze; die Folge war, daß er des öfteren Prügel einstecken mußte, wenn er in die Bergarbeitersiedlung kam. Es gab nur ein Mittel, wie er sich einen gewissen Status erwerben konnte: gutes Fußballspielen.

„Es gab in meiner Kindheit vieles, was ich nicht auf die Reihe bringen konnte und über das ich mit meinen Eltern nicht sprechen konnte. Ich kam nicht klar mit der katholischen Kirche. Es gab Priester, die schimpften offen: ‚Heute ist es ja Mode, da werden Kinder Horst genannt nach einem beschissenen Vogelnest und nicht mehr nach einem Schutzpatron.' Gleichzeitig gab es Priester mit dem Parteiabzeichen an der Soutane. Ich erinnere mich an unsere Firmung bei Kardinal Bertram, der offensichtlich politisch auf etwas aufmerksam machen wollte, es aber so zurückhaltend tat, daß wir das einfach nicht begriffen. Ich erinnere mich dann später, als ich bei der Marine war, an das Marinegebetbuch, das mit Gebeten für den Führer ausgesprochen anbiedernd war. Dann wieder bekam ich mit, daß ein Junge meines Alters große Schwierigkeiten in der Schule bekam, weil er sehr katholisch war."

Es gab Beobachtungen und Widersprüche, die unaufgelöst stehenblieben. Nach dem Novemberpogrom 1938 zeigt der nationalsozialistische Direktor des Gymnasiums offen sein Entsetzen über das Geschehene. In der

Volksschule war Erhard gelegentlich von seinem Lehrer als Ariertyp vorgeführt worden, er wußte also, wie Arier auszusehen hatten. Während des Krieges sah er junge, hübsche Mädchen bei schwerer Straßenarbeit mit dem Judenstern, die genauso blond und arisch aussahen wie er, und er hatte das Gefühl, daß da „irgendetwas nicht stimmt". In derselben Zeit nahm ihn sein Freund, der Kraftfahrer bei einer Brotfabrik war, im Auto mit in ein Arbeitslager der Gleiwitzer Grube. Dort sah man abgemagerte Häftlinge arbeiten. „Heute weiß ich, daß von den 39 Außenkommandos des Konzentrationslagers Auschwitz ca. 8 um Gleiwitz herum lagen." Im Jahre 1942 fuhr er einmal mit der Eisenbahn auf der Strecke Breslau-Oppeln-Gleiwitz. Der Schaffner rief die Stationsnamen aus und fügte hinzu: „Über Kattowitz nach Auschwitz", und ein Mitreisender im Abteil sagte trocken: „Da wollen wir nicht hin, da kommen wir zum Schornstein wieder raus." Das dunkle Gefühl, daß schreckliche Dinge geschahen, war seit 1941/42 in Erhard D. vorhanden.

Noch eine Einzelheit: Die Wohnung der Familie D. lag in der Tarnowitzer Landstraße, etwa 100m vom Gleiwitzer Sender entfernt, der ja eine berüchtigte Rolle beim Ausbruch des Zweiten Weltkrieges spielte. Nach den Erinnerungen von Erhard D. wurde am 31. August 1939 im laufenden Radioprogramm abends gegen 7 Uhr auf einmal polnisch gesprochen, und später seien Meldungen gekommen, daß ein Überfall stattgefunden habe. Unter den Leuten habe man sich bald darauf erzählt, es seien in Gleiwitz Leute in KZ-Kleidung gesehen worden, da sei wahrscheinlich etwas inszeniert worden. Solche Gespräche seien aber verstummt, wenn Kinder in die Nähe gekommen wären.

1943 wurde Erhard nach der Reifeprüfung zum Reichsarbeitsdienst eingezogen. Er meldete sich dann freiwillig zur Kriegsmarine. (In dieser Zeit kam er einmal nach Berlin, wo ihm einer seiner ehemaligen SA-Onkel die Stadt zeigte mit den Worten: „Jetzt wollen wir dem Jungen mal zeigen, wo Horst Wessel seine Nutten laufen ließ.") Ende 1943 wurde er zur Kriegsmarine eingezogen und im Jahre 1944 in Frankreich gegen die vorrückenden Invasionstruppen eingesetzt. Seine Haltung damals beschreibt er so: „Man kämpfte für Deutschland, für das Vaterland. Gegen Schluß wurde immer mehr ein Kampf ums Überleben daraus. Der Krieg mußte ja einfach gut gehen, und zwar wegen der Russen. An die Engländer und Amerikaner dachte man dabei weniger. Die Amerikaner waren in meinem Weltbild überhaupt nicht vorhanden, dagegen spielten die Engländer eine große Rolle, sie galten als ‚fair', und bei der Kriegsmarine waren sie ohnehin Vorbilder gewesen."

Im September 1944 wurde er in Belgien von der französischen Resistance gefangengenommen. Mitgefangene SS-Soldaten wurden sofort erschossen, die Marinesoldaten kamen in eine Art Lager im Morast auf offenem Feld. Erhard wurde krank, und die Franzosen lieferten ihn an die Engländer aus, die ihn nach England schickten. Erstes kleines Erlebnis auf dem Schiff, das Kriegsgefangene nach England brachte: Bei schwerer See ging er an Deck hinauf, und ein englischer Marinesoldat sprach ihn an: „You navy?“ und auf die bejahende Antwort gab es Cornedbeef und Zigaretten. Alle Kriegsgefangenen wurden mit dem Zug nach Kempton Park gebracht, wo die allgemeine Registrierung der deutschen Kriegsgefangenen stattfand.

Erstes Schlüsselerlebnis von Erhard D.:

„Wir wurden in einen riesigen Saal geführt, das war das ehemalige Wettbüro der Pferderennbahn, wir waren dreckig, hungrig, ängstlich. Irgendwo war ein großes Schaubild aufgestellt, auf dem in deutscher Schrift groß geschrieben stand: ‚Wir werden ihre Städte zerschlagen! Göring‘, und das las ich gerade, als ich von einem Sergeant angesprochen wurde, der grüne Streifen auf den Schultern hatte, also zum Intelligence Corps gehörte. Er sprach normales und akzentfreies Deutsch: ‚Na, was halten Sie davon?‘ — Schulterzucken. — Erneute Frage: ‚Na, das ist wohl alles Propaganda?‘ — Ich etwas patzig: ‚Bei Ihnen gibt's wohl so etwas nicht, was?‘ Neue Frage: ‚Sie sind wohl Abiturient? Da wissen Sie sicher auch, wer Karl Marx war?‘ Ich gab ihm sehr unsicher eine Antwort, da ich fast gar nichts von Karl Marx wußte, aber daß er der Begründer des Kommunismus war, das wußte ich doch. — ‚Und jetzt lebt er wohl in Moskau?‘ — ‚Nein, der dürfte wohl tot sein.‘ — Neue Frage: ‚Wer war der letzte Reichskanzler vor Hitler?‘, und das konnte ich nun genau sagen, weil wir das im Geschichtsunterricht behandelt hatten. Einige Tage später wurden wir zum Zwecke der Aufteilung auf Lager wiederum verhört, diesmal saßen dreißig bis vierzig Leute in einem großen Raum, alle mit diesen grünen Streifen. Es waren fast ausschließlich Emigranten, sie sprachen alle ein normales Deutsch. Ein Major begann ein Gespräch: ‚Mir hat der Sergeant Reynolds gesagt, daß Sie ein kluger Junge sind. Es interessiert uns, was das für Menschen sind, die in Hitlers Reich groß geworden sind, ohne daß sie jemals etwas anderes gekannt haben. Aus begreiflichen Gründen wissen wir nicht, wie diese Leute wirklich denken und was sie wissen. Wir möchten uns mit Ihnen unterhalten. Wollen Sie etwas essen?‘ — Ich nahm nichts zu essen an, weil ich dachte, die wollen irgendetwas Schreckliches. Dann stellte man mir zeitgeschichtliche Fragen: ‚Was wissen Sie vom Einmarsch in die Tschechoslowakei? Was wissen Sie vom Anschluß Österreichs?‘ Schließlich kam das Gespräch auf Literatur, ich weiß noch genau, daß absurderweise das Gespräch auf den ‚Goldenen Topf‘ von E.T.A. Hoffmann kam, man las mir Gedichte vor, ich sollte sagen, ob ich sie gut finde oder nicht. Ich kannte die meisten überhaupt nicht und fühlte mich sehr blamiert. Und dann kam eins, das lautete:

‚Nach Frankreich zogen zwei Grenadier,
die waren in Rußland gefangen.
Und als sie kamen ins deutsche Quartier,
sie ließen die Köpfe hangen.'

Ich kannte das Gedicht und kriegte sogar die zweite Strophe einigermaßen zusammen:

‚Da hörten sie beide die traurige Mär:
daß Frankreich verloren gegangen,
besiegt und zerschlagen das große Heer —
und der Kaiser, der Kaiser gefangen.'

Der Major freute sich und fragte: ‚Wissen Sie denn auch, von wem dieses Gedicht ist?', und ich antwortete wie aus der Pistole geschossen: ‚Von einem unbekannten Dichter!' — Da ging etwas vor in denen, das merkte ich. Aber einen Reim konnte ich mir noch nicht darauf machen. Dann fragten sie mich, ob ich nicht im Lager bleiben wolle, ich käme zwar in eine Art Gefängniszelle, aber es wäre kein Gefängnis, und ich bekäme auch etwas zu lesen. Ich sagte zu, und dann bekam ich Hofmannsthal zu lesen, Tor und Tod, und das warf mich völlig um. Und wenig später bekam ich ‚Die 40 Tage des Musa Dagh' und eine Menge von weiteren Büchern deutscher Emigranten, die ich nicht einmal dem Namen nach kannte. Ich lernte andere Kriegsgefangene kennen, und zwar Leute, die aus politischen Gründen in die berüchtigte Strafdivison 999 gekommen waren. Einer der Engländer nahm mich im Dezember 1944 in das vom ‚Zweiten Blitz' heimgesuchte London mit. Ich sah, wie London brannte, und schrieb in einer Kriegsgefangenenzeitschrift einen Artikel darüber. Wenig später kamen wir alle in ein normales deutsches Kriegsgefangenenlager in der Nähe von London. Wir hatten uns inzwischen die Pleitegeier von den Uniformen abgemacht und waren daran sofort kenntlich. Dort wurde noch stramm mit ‚Heil Hitler' gegrüßt. Wir wurden sofort als Verräter behandelt, mußten beinahe täglich Spießrutenlaufen, d.h. durch zwei Gassen von Soldaten laufen, die auf uns einschlugen. Als besonderer Prügler tat sich dabei ein hochadeliger Oberfähnrich hervor, der einen großen Namen aus dem wilhelminischen Reich trug. Wenn eine V 2 in London einschlug, wurde die Explosion mit lautem Beifall bedacht. Auf den Latrinen gab es damals eine Reihe von ‚Selbstmorden' — jeder wußte, das waren die sogenannten Feme-Morde. Unter der dauernden Todesangst, in der wir standen, gingen einige von unserer Gruppe wieder zur Mehrheit des Lagers über. Schließlich griff der englische Lagerkommandant ein, ein älterer Oberst mit Reitstöckchen. Er sagte: ‚Ich schäme mich für Euch — englische Kriegsgefangene in Deutschland würden ungeachtet ihrer politischen Meinungsverschiedenheiten nie ein solches Bild bieten!' ".

Die Gruppe der Antinazis wurde dann wieder herausgezogen und kam in ein anderes Lager. Im Januar 1946 wurde Erhard D. gefragt, ob er nicht nach Wilton Park gehen wolle, es sei eine Art Lageruniversität, und man könne sich dort hervorragend weiterbilden. Er sagte zu und kam als einer der jüngsten in dieses Lager. Hier fiel er dem Spiritus rector und Leiter von

Wilton Park, Heinrich Koeppler, auf und konnte als sogenannter ‚senior student' auch nach Ablauf der normalen Kurszeit dort bleiben. Er übernahm dann die Bibliothek, blieb bis zum Ende seiner Kriegsgefangenschaft 1948 dort und dann noch weiter bis 1949 als Zivilangestellter. Die Jahre in Wilton Park waren lebensentscheidend für Erhard D. „Koeppler lehnte eine ‚Reeducation' ab. Er gab uns stattdessen Zeit für uns selbst. Er nannte das ‚priming the pump' — ‚die Pumpe angießen': wenn man eine Pumpe angegossen hat, arbeitet sie von selbst. Koeppler war sich klar darüber, daß das Deutschland der Zukunft nicht einfach eine Imitation der englischen Verhältnisse sein könne. Aber er wollte uns zeigen, daß es eine Reihe von selbstverständlichen Grundsätzen gebe, die für die Lebensfähigkeit einer Demokratie notwendig seien: Unterschiedliche Meinungen waren lebensnotwendig. Wissen allein genügt nicht, man muß auch handeln. Nur in einem Staat, der keine Helden braucht, kann man leben. Es liege im wohlverstandenen Selbstinteresse der Deutschen, aber auch der Engländer, ein vernünftiges Deutschland zu bekommen."

Offensichtlich hatte Koeppler auch eine Vorstellung davon, daß es galt, tief eingefleischte, unbewußte Einstellungen und Haltungen aufzubrechen. In Wilton Park wurde kein Unterschied zwischen einem Gefreiten und einem General gemacht, es war selbstverständlich, mit Polen zusammenzuarbeiten. Erhard D. spielte Fußball in einer normalen englischen Vorortmannschaft. Koeppler war in der Auswahl seiner Referenten von größter Weitherzigkeit, es machte ihm überhaupt nichts aus, Professoren referieren zu lassen, die ausgesprochen kontrovers zu ihm standen. Er war der Meinung, die Leute müßten selbst herausfinden, was für sie das richtige sei.

Alle diese Dinge waren für Erhard D.'s Neuorientierung nicht nur von größter Bedeutung, vielmehr muß man sagen, daß er hier in gewisser Weise überhaupt erst zu sich selbst fand.

Als er 1949 nach Deutschland ging und in Göttingen das Studium von Geschichte und Englisch aufnahm, hatte er bestimmte Vorstellungen davon, wie ein zukünftiges demokratisches Deutschland aussehen könnte. Wie war seine Reaktion, als er mit der politischen Wirklichkeit der Bundesrepublik konfrontiert wurde? „Ich war entsetzt über die Wiederbewaffnung, ich war entsetzt darüber, daß es kein Ahlener Programm gab, besonders tief eingeprägt hat sich mir die ‚Oberländer'-Erfahrung. Ich hätte es schlechthin nicht für möglich gehalten, daß man Leute wie Oberländer, Globke und ähnliche zurückgeholt hätte. Ich war entsetzt, als ich nach Abschluß meines Studiums Vorträge in der Lehrerfortbildung hielt und feststellte, daß die deutschen Geschichtslehrer weiterhin noch vom ‚Diktat' von Versailles, aber vom ‚Vertrag' von Brest-Litowsk sprachen. Ich könnte hier lange fortfahren. Die Tatsache, daß man mit der historischen Aufarbeitung noch gar nicht recht begonnen hatte, hat mich außerordentlich verstört. Ein Gutes hat es vielleicht gehabt: ich wußte, was meine Arbeit sein müsse."

Erhard D. ist das klassische Beispiel für den tiefgreifenden Sinneswandel, den junge deutsche Kriegsgefangene in England erleben konnten, wenn sie das Glück hatten, in die richtigen Hände zu kommen. Die Regel war das nicht. Aus einem nicht sehr festgelegten, noch unfertigen jungen Mann wird jemand, der seine Lebensaufgabe begriffen hat, der sich für die Zukunft neu definiert, und dies weder aufgrund von neuem Zwang noch von Indoktrination, vielmehr aus einer Erfahrung demokratischer Freiheit — mitten in der Gefangenschaft.

3.1.3 „Alles für Deutschland, und Deutschland für Christus!" (Heinz F., Jahrgang 1925)

Heinz F. wuchs in einer rheinischen Kleinstadt auf und wurde stark geprägt durch das katholische Milieu und durch die katholische Jugendbewegung, die der Nationalsozialismus nicht zum Erliegen gebracht hatte. 1942 wurde er zum Reichsarbeitsdienst eingezogen, 1943 zur Wehrmacht einberufen (Freiwilligenmeldung, Reserveoffiziersbewerber). 1944, mit 19 Jahren, kam er zur Frontbewährung an die Ostfront an den Baranow-Brückenkopf, später zurück zur Kriegsschule und im Januar 1945 als Leutnant erneut an die Ostfront nach Küstrin. Er wurde eingeschlossen und geriet, bis zum letzten Augenblick kämpfend, 1945 verwundet in sowjetische Gefangenschaft. Heinz F. beschreibt seine Einstellung so: „Erzogen im katholischen Glauben, großgeworden in der katholischen Jugend, haben wir das getragen, was man mit dem Wort ‚nationales Erbe' bezeichnen könnte: Heimat, Volk, Reich. ‚Alles für Deutschland, und Deutschland für Christus!'. Wir haben alles, was mit der Partei zu tun hatte, z.B. die NS-Führungsoffiziere, an der Front lächerlich gemacht. Auf der anderen Seite habe ich versucht, wahnsinnig tapfer bis zum Tode an der Front meine Pflicht zu erfüllen … Nazis habe ich an der Front nicht erlebt, in Kriegsgefangenschaft nur ganz wenige bei SS-Leuten. Aber an den Führer haben die meisten Kameraden geglaubt. Es gab so etwas wie: ‚Dieser unheimliche Mensch, der wird es ihnen noch einmal zeigen'. Interessanterweise wurde Hitler in Gefangenschaft gar nicht mehr erwähnt."

Er erlebte die Kriegsgefangenschaft in verschiedenen Lagern der Sowjetunion bis 1949, darunter waren Waldlager und Straflager unter extremsten Lebensbedingungen. Zeitweise war Heinz F. Dystrophiker und kam nur dank der Hilfe einer russischen Ärztin mit dem Leben davon.

Das beherrschende Gefühl in der sowjetischen Kriegsgefangenschaft war für ihn das der Entwürdigung, angefangen vom Kahlscheren und der Ungezieferplage bis zum Gefühl vollständiger Wehrlosigkeit.

„Einmal erklärte uns ein russischer Offizier, die Deutschen hätten die Läuse nach Rußland gebracht. Die tausend zerlumpten Kriegsgefangenen, denen wahrlich nicht nach Lachen zumute war, brachen in ein nicht unterdrückbares Gelächter aus. Aber schlimmer waren andere Dinge. Man wurde ins Gesicht geschlagen, immer mit dem Schimpfen dabei: ‚Faschist!'. Das Schlimmste war die Veränderung der eigenen Kameraden. Wenn die Lage völlig aussichtslos ist und dann die Menschen ehrlich werden und ihre Masken verlieren, dann werden sie brutal ehrlich. Ich bin dankbar für die Zivilisation, dankbar, daß wir Masken tragen, sonst wäre ein zivilisierter Verkehr zwischen Menschen nicht möglich."

Die Feindschaft auch der nächsten Kameraden, wenn es ums Überleben ging, dazu das unerträgliche Spitzelsystem und der Zusammenbruch der Fassade gerade auch vieler höherer Offiziere, die der junge Leutnant mit größtem Respekt zu betrachten gewöhnt war, waren die sich tief einprägenden Grunderfahrungen der Kriegsgefangenschaft.

Er las in der Kriegsgefangenschaft auch marxistische Literatur.

„Die erste große Überraschung für mich war, daß dieser Marxismus wirklich eine Art von Wissenschaftstheorie war, was ich gar nicht wußte. Ich dachte, es wäre eine Art primitiver Propaganda, so etwas wie der Nationalsozialismus. Mir ist damals seine Gefährlichkeit als Atheismus klargeworden; die Gefahr, daß ich Marxist geworden wäre, hat es absolut nicht gegeben."

Er wurde Weihnachten 1949 aus sowjetischer Kriegsgefangenschaft entlassen. *„Wir hatten immer nur Angst, es könnte wieder zurückgehen."* Seine erste Erfahrung mit den Amerikanern beschreibt er mit freundlicher Ironie:

„Wir waren in den letzten vier Jahren nie ohne Läuse gewesen, wir wurden immerzu entlaust, und immer hatten wir neue Läuse, und als wir nun durch die Grenze gingen bei Kassel, kamen zwei große Amerikaner, hatten eine Tüte in der Hand und streuten uns was in den Halskragen. Da haben wir gefragt, was das denn wäre und da hieß es, das wäre etwas gegen Läuse. Da haben wir die Leute ausgelacht. Die Erfahrung der Überlegenheit der westlichen Welt ist bei mir, so komisch das klingt, vielleicht dadurch entstanden, daß wir nach drei Tagen tatsächlich läusefrei waren."

Heinz F. kehrte in seine Kleinstadt an den Rhein zurück, begann mit dem Studium der Ökonomie, später der Soziologie. Seine ersten Eindrücke:

„Ich war natürlich froh, im Westen zu sein, habe das auch genossen, aber enttäuscht war ich über das, was man Demokratie nannte. Ich kam in meine Heimatstadt, meine Freunde waren Mitglieder einer politischen Partei, und die haben mich, ohne mich quasi zu fragen, angemeldet als Mitglied, und ich habe dann die erste Wahlversammlung miterlebt, und da wurden die Kandidaten aufgestellt, wir mußten ankreuzen, die Zettel wurden eingesammelt, und der Vorsitzende tat sie in die Tasche und nahm sie mit nach Hause, um sie auszuzählen. Da bin ich aufgestanden und hab gesagt: ‚Ich hab zwar nur Faschismus kennengelernt und Nationalsozialismus, aber ich weiß, daß das nicht üblich ist'. Das war für mich der Grund, wieder auszutreten. Das heißt, ich war enttäuscht, weil ich mir vielleicht auch eine Vorstellung von Demokratie machte, die es anscheinend nicht geben kann."

Die wichtigsten Autoren in der Zeit des Studiums waren für ihn auf fachlichem Gebiet Max Weber und Nell-Breuning und auf theologischem Gebiet, das ihn weiterhin besonders stark interessierte, Karl Rahner. Unmittelbar nach der Rückkehr aus der Kriegsgefangenschaft las er Max Frischs Roman ‚Stiller'; dieses Buch beschäftigte ihn bis zur Schlaflosigkeit, und ähnlich ging es ihm wenig später mit Hermann Hesses ‚Glasperlenspiel'. Die Frage, wie er diese Merkwürdigkeit wohl deute, daß nach den Extremerfahrungen der Kriegsgefangenschaft nun gerade zwei hochartifizielle Romane so stark auf ihn wirkten, beantwortet er so: Das Bedürfnis nach Subtilität, die Entdeckung des Ich und die Wiedereinarbeitung in die Verästelungen der Kultur seien ein tiefes Bedürfnis gerade nach der Kriegsgefangenschaft gewesen, hier sei eine Art aufgestauten Nachholbedarfs mit einem Schlage befriedigt worden, nur so sei es zu erklären, daß er über der Beschäftigung mit diesen Werken buchstäblich Fieber bekommen habe.

Für den Leser von heute ist vermutlich das bruchlose Nebeneinander von tiefem Katholizismus und fast metaphysischem „Deutschland"-Gefühl nicht ohne weiteres verständlich. Es war aber gerade die katholische Tradition des Reichsgedankens, die junge Katholiken zu einer mystisch-überhöhten Opferbereitschaft für Deutschland führen konnte und sie auf diese Weise de facto wenigstens in eine gewisse Nähe zu Hitler brachte, obwohl der Nationalsozialismus und auch die einzelnen Nazis überhaupt nicht ernst genommen, sondern geradezu verachtet wurden. Alles im Krieg Erlebte wird bei Heinz F. aber durch die sowjetische Kriegsgefangenschaft überlagert, die er mit knapper Not überlebt. Die Haupterfahrung, noch stärker als Hunger und erniedrigende Behandlung, ist die der radikalen Auflösung aller menschlichen Bindungen in den Extremsituationen der Waldlager: homo homini lupus. Die Erfahrung der ungeschminkten Brutalität der Menschennatur wird für sein weiteres Leben in doppelter Weise bestimmend: erstens in Form eines Wissensimpulses, mehr zu erfahren über die Art und Weise, wie Menschen miteinander leben, auf welchen Bedingungen überhaupt zivilisiertes Miteinanderleben beruht — Heinz F. wird später Soziologe —, und zweitens in einem sehr persönlichen Bedürfnis nach Sublimierung und der Versicherung der Sinnhaftigkeit der eigenen Existenz. Eine gewisse intellektuelle Attraktivität der marxistischen Lehre, der er in der Kriegsgefangenschaft begegnet, wird durchaus wahrgenommen, aber sie kann nicht einmal momentweise zu einer „Versuchung" für ihn werden, weil sie atheistisch ist. Hier wird ganz deutlich, daß die Verwurzelung im Christentum dasjenige Element in seinem Leben ist, das die persönliche Kontinuität über die schlimmen Erfahrungen von Krieg und Gefangenschaft hinweg aufrechterhält.

3.1.4 „Nach diesem Tag gibt es nichts mehr ..." (Dore H., Jahrgang 1924)

Dore H. wurde in einer rheinischen Großstadt geboren und wuchs dort in gesicherten bürgerlichen Verhältnissen auf. Der Vater war von deutschnationaler, militärischer Denkungsart, die Mutter wurzelte stark im evangelischen Milieu. Der Vater, geliebtes und bewundertes Vorbild des Mädchens, trat 1933 in die NSDAP ein, er war ein überzeugter Nationalsozialist, der sogar seine Privatbriefe mit Heil Hitler unterzeichnete. Ab 1936 wurde er als Reserveoffizier reaktiviert und war vom ersten Kriegstag an Soldat. Das Mädchen trat in den BDM ein, wurde begeistertes Mitglied, später Führerin, ohne jedoch ein deutliches Bewußtsein für die politischen Inhalte des BDM zu haben. Der Dienst in der BDM-Schar sei ganz unpolitisch gewesen, aber die Gruppe habe sich so wunderbar verstanden, daß es großen Spaß gemacht habe. Oft habe sie mit ihren Mädchen Kuchen gebacken, und die Ideologie habe darin bestanden, daß sie als Führerin den Mädchen Geschichten aus den Kolonien vorgelesen habe. Die Mutter wirkte in eine andere Richtung, wenn auch nicht sehr entschieden. Sie machte vom Hitler-Gruß keinen Gebrauch und sorgte dafür, daß ihre Kinder regelmäßig in den Kindergottesdienst gingen, was bei Dore H. zu Gewissenskonflikten führte, da sie die Widersprüchlichkeit zwischen BDM und Kirche empfand.

Im Laufe des Krieges änderte sich die Haltung des Vaters: Er machte alle wichtigen Feldzüge an der Front mit und identifizierte sich immer stärker mit der Wehrmacht, was gleichbedeutend war mit einer größeren Distanz der Partei gegenüber. 1942 fiel er als Bataillionskommandeur vor Leningrad. Das Mädchen war tief erschüttert, die Bindung zum Vater war stärker als zu irgendeinem anderen Menschen. Sie hatte das Gefühl, daß sich im Osten etwas Furchtbares zusammenbraue. Eine Geschichtslehrerin, die übrigens den Ruf hatte, eine überzeugte Nationalsozialistin zu sein, machte ihren Schülerinnen klar, der Krieg sei vermutlich verloren und man solle sich keine Illusionen über die Lage an der Ostfront machen. Das führte bei Dore H. zu dunklen Vorgefühlen:

„Ich kriegte es mit der Angst zu tun, aber ich hatte immer eine jugendliche, idealistisch-vage Hoffnung. Übrigens war ich an die Figur Hitlers irgendwie gebunden. Das habe ich gemerkt 1944 beim Attentat. Das hat mich furchtbar aufgebracht."

Dreiviertel Jahr später, beim Tode Hitlers, war diese Bindung aber bereits nicht mehr fühlbar: „Man hat dann doch gespürt, daß er derjenige war, der uns in dieses Unglück hineingeführt hatte." Zwischen dem Sommer 44 und dem Frühling 45 liefen wichtige Bewußtseinsprozesse in Dore ab. Einen Anstoß gab die Tatsache, daß sie damals durch ganz Deutschland reisen mußte und die ungeheuren Zerstörungen überall mit eigenen Augen sah. Noch stärker wirkte aber, daß sie als Krankenschwester in ein Lazarett eingezogen wurde und dort handgreiflich dem Sterben der jungen Soldaten ausgesetzt war.

„Ich war ja bis zum zwanzigsten Lebensjahr ein völlig unbeschriebenes Blatt und wurde da in diese Pflege reingestellt ohne irgendeine Vorbereitung. Ich wurde immer Schwesterchen genannt, und sie machten sich über mich lustig, die Leutnants, die da auf der Chirurgischen Station lagen, und dann bekam ich noch solche Aufgaben, ich mußte den Vorbefund aufnehmen, mußte den Soldaten den Bauch abtasten, um Verwundungen festzustellen — das war für mich damals eine Zumutung. Die Soldaten kamen alle aus Ostpreußen, waren vierzehn Tage im Lazarettzug gewesen, und ich hatte keinen Menschen, mit dem ich darüber sprechen konnte. Die Landser hatten die Front überlebt und starben dann in unserem Lazarett. Ich mußte dann auch noch die Obduktionsberichte aufnehmen, das war für mich noch der letzte Schock. Die Leute, die ich frisch und fröhlich gesehen hatte auf der Station, waren wenig später tot. — Andererseits: Den Einmarsch der Engländer habe ich im Lazarett erlebt, und das ist eigentlich ganz reibungslos über die Bühne gegangen. Ich hatte eine Schwesternbinde, und ich konnte auch Tag und Nacht mit dieser Binde ausgehen und habe überhaupt keine Schwierigkeiten gehabt, auch nicht, als z.B. die Fremdarbeiterlager aufgelöst wurden. Mir hat man nichts getan."

Das Kriegsende wurde als ungeheure Erschütterung erlebt.

„Ich habe auf diesen Punkt immer nur gestarrt und gedacht: von dem Tag an, nach diesem Tag gibt es nichts mehr. Nichts mehr für mich persönlich, nichts mehr für meine Familie, ich habe vor einem Abgrund gestanden, auf den ich zulaufe."

Der „Zusammenbruch" von 1945 führte auch bei ihr zu einem persönlichen Zusammenbruch; sie verfiel in schwere Depressionen, die monatelang andauerten, hatte Wachträume und war nicht fähig, irgendeiner Beschäftigung nachzugehen. Die Depressionen wurden dann durch einen weiteren Schock geheilt, durch den Tod ihrer Mutter, die Ende 1945 starb. Dore H. begann das Studium der Theologie, und hier fand sie wieder einen neuen Halt.

„Die Theologie war für mich etwas völlig Neues, ich hatte eigentlich trotz Kindergottesdienst keine Voraussetzungen für dieses Studium. Ich mußte das Latein auffrischen, Griechisch und Hebräisch lernen, das hat mich aber fasziniert, obwohl ich das Gefühl hatte, du bist zu dumm, um solch ein Studium zu machen, das schaffst du niemals. Man weiß ja im Studium zuerst einmal gar nicht, was man alles tun soll und wie man sich entscheiden soll, und ich habe den ganzen Tag nur unsere Theologen gehört in Bonn, Karl Barth, Stauffer, Noth. Vor allem Gollwitzer hat einen enormen Eindruck auf mich gemacht, und gleichzeitig fand ich in den Studentengruppen, z.B. in unserem Madrigalchor, wieder menschlichen Halt."

Von der politischen Welt der endvierziger und fünfziger Jahre nahm sie nicht viel wahr.

Ein verwickeltes psychisches Bild ergibt sich, wenn sich Dore H. ihre Kindheitserinnerungen an die Judenverfolgung vergegenwärtigt.

„Meine Mutter hat mich damals nach dem 9. November 1938 an die Hand genommen und über die Königsallee geführt zu der verbrannten Synagoge hin. Sie hat nichts dazu gesagt. Sie hat nur bei Ausbruch des Krieges gesagt: „Gottes Mühlen mahlen langsam, die Schuld wird auf uns alle zurückfallen." — 1942 erfuhr Dore H. durch eine Freundin etwas über die Konzentrationslager in Deutschland. „Aber es war für mich einfach undenkbar, daß es Menschen gäbe, die so etwas tun können. Ich hielt es nicht für menschenmöglich, weil ich in so einem behüteten Raum aufgewachsen war. Aber es war mir unheimlich, ich meine, ich habe irgendwie eine Gefahr gespürt, die auf uns zukam. Nach dem Kriege hörten wir dann mehr, und das ist bis auf den heutigen Tag nicht abgerissen. Ich kann mich heute noch nicht davon erholen, von dem Schrecken. Es gibt im Alten Testament so eine Geschichte, wo ungefähr 1 000 Leute getötet und dann die Leichen übereinandergestapelt werden. Dieses Bild hab ich immer vor Augen. Das war für mich ein Schock und ist heute noch ein Schock. Damit kann ich niemals im Leben fertig werden."

Der seelische Gesundungsprozeß nach 1945 nahm viele Jahre in Anspruch. Dore H. lebte in dieser Zeit im Grunde in einem Innenraum, in den wenig Außenwelt eindrang. Die Theologie übernahm die Rolle des Wegweisers, die politische Welt lag ganz am Rande. Dennoch öffnete sich nach 1945 für sie auch die Außenwelt. Als ihre wichtigste Erfahrung nach 1945 benennt sie:

„Das Eingesperrtsein hat sich nach 1945 völlig geändert. Man konnte alles lesen, was man lesen wollte, und die Vorstellung, daß man endlich überall hin konnte, war ganz entscheidend. Man hat plötzlich die ganze Welt wieder geöffnet vorgefunden. Wir sind 1954 zu acht Leuten mit einem VW-Bus nach Frankreich gereist über Marseille und dann weiter nach Italien. Das war ein neues Leben für mich, wirklich ein neues Leben."

Kennzeichnend für die Kindheit von Dore H. ist das Nebeneinander zweier Grundpfeiler in der Persönlichkeitsentwicklung: nationalsozialistische Gläubigkeit und Zuhausesein in einem evangelischen Milieu. Das eine wird durch den Vater, das andere durch die Mutter repräsentiert. Dieses Nebeneinander wird aber nicht eigentlich als Konflikt erlebt, allenfalls als Unstimmigkeit, als etwas, was irgendwie im Letzten nicht zueinander paßt, im Alltagsleben aber doch meist zu vereinen ist. Der verlorene Krieg und zugleich der Tod des Vaters führen bei Dore H. vorübergehend zu einer tiefreichenden Orientierungslosigkeit mit psychischen Auswirkungen, aber dann wird die persönliche Kontinuität wiedergewonnen, indem der durch den Zusammenbruch nicht berührte zweite Grundpfeiler, die Bindung an die evangelische Kirche, zur existenzbestimmenden Mitte wird und zum Studium der evangelischen Theologie führt. Die Kenntnis der nationalsozialistischen Verbrechen übt eine außerordentlich starke Wirkung auf sie aus. Interessanterweise werden diese Verbrechen anthropologisch (und nicht politisch oder zeitgeschichtlich) gedeutet — selbst das Alte Testament macht schon auf diese äußerste Verderbtheit der Menschennatur aufmerksam: Menschen sind einfach so, damit gilt es fertig zu werden.

3.1.5 *„Eine Lebenswendung von jener Kraft, die einzig fähig war, den Faschismus radikal auszurotten"* (Franz F.[3], Jahrgang 1922)

„Ich gehöre einer Generation an, die über Auschwitz zum Sozialismus gekommen ist. Jahrgang 1922; rüde nationalistisch-faschistische Lebenssphäre (Sudetenland, Vater Begründer der Ortsgruppe der NSDAP in meinem Heimatdorf); Kindheit im ‚Deutschen Turnverein'; ‚Wir wollen heim ins Reich'; nach der Okkupation SA; ‚Führer befiehl, wir folgen!'; Angst, zum Kriegseinsatz zu spät zu kommen; Freiwilligmeldung, nach dem Abitur 1941 RAD, Wehrmacht, Osten, Süden, Lazarett, Kapitulation, fünf Jahre Kriegsgefangenschaft … unbedingte, kritiklose Gläubigkeit; Bejahung von Krieg und Weltherrschaftsstreben; Umspielen aufkommender Zweifel in noch fanatisiertere (fanatisch war damals ein durch und durch positives Wort) Hingabe als moralisches Selbstexerzitium; kritikloses, dümmliches Hoch- und Herrengefühl; Berauschung an ‚Mission', ‚Sendung', ‚Schutzwall Europas'; zum Kriegsende absurde, aus wahnsinniger Angst, verdrängtem Schuldgefühl, völliger Perspektivlosigkeit und beinahe perfekter Denkentwöhnung aufgeschossene Wundergläubigkeit im wörtlichen Sinn.

Zusammenbruch; Marsch in die Kriegsgefangenschaft. Dort, von der ersten Stunde an durch Monate sich steigernd, zum größten Teil einander überlappend, vier Erschütterungen, die insgesamt eine Lebenswende herbeiführten:

1. Tatsache des Kriegsverlustes überhaupt. Die NS-Führung hatte den Glauben an sie und den Nationalsozialismus mit dem Glauben an den kommenden schließlichen Endsieg identifiziert: ‚Wir werden siegen, weil wir siegen müssen.

   Wir hatten uns mit dieser Identifizierung identifiziert. Darum Umschlag der Wundergläubigkeit in absoluten Zukunftspessimismus in bezug auf das individuelle wie das nationale Schicksal.
2. Zusammenbruch der Goebbels-Propaganda über die Sowjetunion und den Bolschewismus. Eine Demagogie, die man sich nicht wahnsinnig und absurd genug vorstellen kann (‚Machen keine Gefangenen'; ‚Untermenschen bar der geringsten Kultur'; ‚Kannibalismus' usw.).
3. Wahrheit über Auschwitz, wobei Auschwitz hier als Sammelbegriff zu verstehen ist = Totalität von Theorie und Praxis der Menschheitsverbrechen des Nationalsozialismus, die eben als Totalität vor 45 einem großen Teil der Nation nicht bekannt war.
4. Als geistiges Erlebnis ohnegleichen die Begegnung mit dem dialektischen Materialismus, der klassischen Sowjetliteratur (genauer: einem Teil davon) und die tief beeindruckenden alltäglichen Beweise humanistischer Gesinnung und Haltung beinahe aller Sowjetbürger, mit denen man zusammentraf, vom Wachposten bis zum Nebenmann am Arbeitsplatz.

Die Summe all dieser Komponenten: Ein gütiges Geschick hatte mich während des Krieges in die Lage versetzt, keine Greueltaten und auch keine der alltäglich geübten Kriegsgrausamkeiten begehen zu müssen. Ich wurde nicht nach Auschwitz kommandiert, ich bekam aber auch keinen Befehl, einen Partisanen zu erschießen, ein Bauernhaus niederzubrennen, zu requirieren u.ä. Auf die Frage, wie ich auf einen entsprechenden Befehl reagiert hätte kann die Antwort nur lauten: mit allergrößter Wahrscheinlichkeit genauso wie die anderen meiner Generation, denn dazu waren wir ja erzogen. Mit diesem Bewußtsein individueller Schuldlosigkeit kam ich in die Kriegsgefangenschaft (und gab überall und sofort meine Mitgliedschaft in der SA u.ä. zu Protokoll). Meine erschütternde und schließlich lebensverändernde Erfahrung wurde nun, daß ich, der meiner Meinung nach individuell Schuldlose, Auschwitz verteidigt habe, daß nicht irgendwer in einer fernen polnischen, lettischen, französischen usw. Ortschaft an irgendeinem fernen Schreibtisch in einem von mir nie betretenen Zimmer irgendwelche Greueltaten begangen hatte, die mich eigentlich nichts oder höchstes metaphysisch angingen, sondern daß Auschwitz ohne mich und meinesgleichen nicht möglich gewesen wäre, daß ich ein Teil der nationalsozialistischen Totalität war, ja genau so funktionierte, wie er funktionieren sollte, und daß damit der Unterschied zwischen Höß und mir nur graduell war; juristisch, aber nicht moralisch-existentiell. Das Problem wurde, wie man mit dieser Erkenntnis leben konnte, und die Lösung dieses Problems war eine Lebenswendung zu jener Kraft, die einzig fähig war, den Faschismus radikal, von der Wurzel her, auszurotten, und das war der Sozialismus, der das Privateigentum an den großen Produktionsmitteln vernichtet hatte. So kam ich, wie viele, zum Sozialismus, und zwar nicht zu irgendeinem Sozialismus der Haltung oder der Idealität, sondern zu eben dem in staatlicher Gestalt existierenden Sozialismus, dessen entscheidende Leistung eben jene Eigentumsumwälzung gewesen ist. Sie ist das Primäre, und in diesem Sinn ist der schlechteste Sozialismus besser als der beste Kapitalismus."[4]

Der Lebenslauf von Franz F. unterscheidet sich bis 1945 von den bisherigen Lebensläufen durch die nachdrückliche Totalidentifikation mit dem Nationalsozialismus. Franz F. war der klassische Typ des sogenannten „Hundertfünfzigprozentigen", und weil seine NS-Gläubigkeit die stärkste, fast möchte man sagen, die einzig tragende Säule seiner Identität war, mußte sein gesamtes bisheriges Ich 1945 zusammenbrechen. Eine irgendwie geartete Anknüpfung an andere Stränge seiner Persönlichkeit, wie wir sie bei anderen Personen unserer Lebensläufe sahen, konnte es hier nicht geben. Wenn er überhaupt weiterleben wollte, mußte es einen vollständigen Neuanfang geben. Dieser Neuanfang wird so total wie nur möglich in Angriff genommen: Im Ideologischen findet die vollständige Umkehr des bisher für wahr Gehaltenen statt. Interessant ist, daß bei Franz F. das Schuldthema nicht ins Anthropologische oder Religiöse abgedrängt wird, sondern die Überlegungen sich sofort aufs Politische richten, freilich in der marxistischen Definition und durch Anleitung von Antifa-Dozenten in sowjetischer Gefangenschaft. Bei einem so tiefreichenden Bruch der Persönlichkeit ist es schwer, kontinuierliche Elemente der personalen Entwicklung festzustellen. Im Inhaltlichen sind sie nicht zu erkennen, aber die Neigung zu Totalidentifizierungen scheint bestehen zu bleiben, und der Aktivitätsschub durch den Nationalsozialismus wird nicht einfach abgebaut, sondern läuft unter anderen Vorzeichen weiter.

Franz F. hat sich an anderen Stellen[5] sehr viel ausführlicher als in der zitierten Kurzfassung geäußert. Das Bild seiner inneren Entwicklung, die im einzelnen mit besonderer Dramatik ablief, gewinnt an Farbe und Genauigkeit. Vor allem wird der akt der „Konversion" vom glühenden Nationalsozialisten zum engagierten Kommunisten ausgeleuchtet, auch der weitere Lebensweg mit seinen Widersprüchen kommt in den Blick, vor allem wird der Eindruck des „Musterkommunisten", den man aus dem zitierten Abriß gewinnen kann, stark differenziert.

Man kann, etwas vereinfachend, folgende Stationen der geistigen Neuorientierung fixieren:

— In der sowjetischen Kriegsgefangenschaft völlige Zermürbung und Erschöpfung durch Hungern, Schlamm, Frieren. Gleichzeitig: „Was zuerst in einen Abgrund stürzte, war das begrifflich-kategorische Denken (soweit ich darüber überhaupt verfüge); was aus ihm brach, war eine wahnsinnige Neugier, Gier nach dem Neuen, Unerhörten."
— Alles überlagernd das „Auschwitz"-Bewußtsein: Mitschuldig zu sein.
— Erster Bewältigungsversuch: „Sollte es mir noch einmal gegeben sein,

über mich frei bestimmen zu können, würde ich im Bauch der Erde hausen, in irgendeinem Ruinenloch der Thebais Deutschland, bettelnd und mich von Abfällen ernährend, um der Welt nichts mehr zu schulden und nichts mehr zu verschulden: kein Urteil fällen, keinen Rat geben, nicht Partei ergreifen, mich keiner Sache verdingen, niemanden an mich binden, auch kein Kind zeugen: verflucht sei alles, was etwas bewirkt!"

— Begegnung auf der Antifa-Schule mit einem hochbegabten Dozenten für dialektischen und historischen Materialismus, der den neuen Weg weist. „Es gab Selbstmorde nach seinen Lektionen und das tiefe Glück ob des gefundenen Pfades. Ich empfand sie als Sinngebung meines künftigen Lebens." Aus der „Schicksalsgefährtschaft verfluchter Vergangenheit" wird die „Aktionsgefährtschaft des Menschheitsmorgens". „Damals begriff ich jäh die Märchen: der aus dem Wolfssein erlöste Held. Aber die Märchen sind ja auch Schwarz und Weiß."
— Er wird sich bei allem Engagement für den Kommunismus bewußt, daß er in einem dualen Weltbild eingesperrt ist. Das Lieblingswort des bewunderten Dozenten lautete: „Tertium non datur" — d.h.: es gab in der ganzen Weltgeschichte nur den Kampf von Fortschritt gegen Reaktion, kein Drittes. Franz F.'s Problem: Gibt es wirklich kein Drittes?
— Ihm wird in einem langen Prozeß bewußt, daß es für ihn immer sehr wohl ein Drittes gegeben hatte, das nicht in die Kategorien des dialektischen Materialismus hineinpaßte — die Dichtung, konkret: die Gedichte von Georg Trakl, die sein Leben begleitet haben. „Der Konflikt zwischen Dichtung und Doktrin war unvermeidlich; beide waren in mir verwurzelt, und beide nahm ich existentiell. Es war mir ernst mit der Doktrin, hinter der ich noch durch die verzerrtesten Züge das Gesicht der Befreier von Auschwitz sah, und es war mir ernst mit der Dichtung, in der ich jenes andere ahnte, das den Menschen auch nach Auschwitz nicht aufgab, weil es immer das andere zu Auschwitz ist."

Mit diesem Konflikt lebte Franz F. bis zu seinem Tod 1984.

3.1.6 „Die Existenz ist das was bleibt, wenn du alles verloren hast" (Dieter W., Jahrgang 1925[6])

Dieter W. kam nach dem Reichsarbeitsdienst als 18jähriger Soldat an die Ostfront. Er beschreibt die Grundstimmung:

„‚Heilig Vaterland, in Gefahren/deine Söhne sich um dich scharen./Eh der Fremde dir/deine Krone raubt, Deutschland fallen wir/Haupt bei Haupt.' Es war uns ernst damit, wenn auch nicht ohne heimliche Beklommenheit. Doch darüber wurde nicht gesprochen. Die Stimmung war unternehmerisch und erwartungsvoll."

Vor dem Fronteinsatz lagen zwei desillusionierende Erlebnisse: Der Reichsmarschall Göring hielt in der Rominter Heide eine kurze Ansprache an die Truppe:

„Er stapfte in seiner weißen Operettenuniform schwerfällig an uns vorbei und sah uns mit seltsamen glasigen Augen an, die mir völlig blicklos und leer erschienen. Dann stellte er sich vor die Front und brüllte eine kurze Ansprache heraus, die aus lauter Schimpf- und Kraftworten bestand ... Es war eine Demonstration von Ohnmacht, Lüge, Selbstbetrug und popanzhafter Wut ... Diskutiert wurde nicht darüber. Aber einige unter uns spezialisierten sich darauf, ihn zu karikieren, und lösten allgemeines Gelächter aus. Es war ein Versuch der Abgrenzung, mit dem wir tiefergreifende Zweifel abwehrten."

Als die Einheit in die dünnen Frontlinien von Litauen einrückte, lösten sie eine abgekämpfte Truppe ab, von der sie als Kriegsverlängerer beschimpft wurden.

„Was kam auf uns zu? Eine tiefe Bedrückung erfaßte alle. Das Kriegsspiel, der Heldentraum waren vorbei, die blutige Erfahrung begann."

Die Einheit wurde an der Front rasch aufgerieben, Dieter W. wurde verwundet und durch einen glücklichen Zufall gerettet. In dieser Phase gingen alle Propagandaparolen der Führung bereits ins Leere. Nach der Genesung wurde er im Frühjahr 45 wieder an die Ostfront kommandiert, die sich jetzt in voller Auflösung befand. Es folgten Wochen und Monate der Versprengung und des Sich-Durchschlagens nach dem Westen. Er erreichte sein Ziel, die amerikanische Kriegsgefangenschaft.

„Ich bin nicht im geringsten mit all dem fertig was passiert. Ich kann es in Wirklichkeit überhaupt nicht fassen. Es ist aus mit Deutschland, das ich so sehr geliebt habe." Der Tod Hitlers wurde bekannt. „Ich habe niemanden gesehen, der nicht völlig gleichgültig gegenüber diesem Tod war."

Im Kriegsgefangenenlager folgten Hungerwochen und die Erfahrung, daß die Kameraden zu Tieren wurden. Dann erfolgte rasch die Übergabe an die Engländer und die Entlassung aus der Kriegsgefangenschaft.

Dieter W. äußert sich zur Zerstörung der alten Identifikationen:

„Eine Niederlage ist ja nicht nur ein militärischer Prozeß, sondern findet auch innen statt, in den Köpfen der Menschen, als ein kollektiver Sinnverlust ... Wenn solche Fragen erst einmal auftauchen, zunächst wohl nur stumm, im verborgenen Bewußtsein vieler einzelner oder allenfalls im heimlichen Gespräch, dann erscheint es merkwürdig, daß sie jahrelang anscheinend beantwortbar waren: Man hatte teil an der Macht und den Erfolgen des Kollektivs und fühlte sich davon erhoben und gestärkt. Außerhalb des Kollektivs war man nichts. Und sich dagegenzustellen, war für die Mehrheit undenkbar. Die Symbole der Macht: die Landkarten der eroberten Gebiet, die Fanfaren der Sondermeldungen, die Waffen, die Orden, die heldischen Vorbilder, die entrückten Autoritäten, die Rituale, in denen das alles zelebriert wurde, begründeten eine wahnhafte Identität, die an das Versprechen der Unbesiegbarkeit gebunden war. Die fürchterlichen Dementis der Niederlagen konnte sie nicht überstehen. Die wankende Macht, die ihre Armeen jahrelang in jede Schlacht schicken konnte, hatte auf einmal alle ihre Motivationskraft verloren, und sie gestand das ein, indem sie die Soldaten mit der Todesdrohung der Exekutionskommandos noch in den Stellungen zu halten versuchte. Es half nichts mehr. Es zerstörte den letzten Rest an positiver Identifikation."

Dieter W. holte 1946 in einem Sonderkurs für Kriegsteilnehmer die Reifeprüfung nach und studierte vom Winter 1946 an in Bonn. Er gehörte zu den ersten Studienjahrgängen an der neu eröffneten Universität und mußte noch Wiederaufbauarbeit leisten, um immatrikuliert zu werden.

„Eine allgemeine Sorglosigkeit erfüllte uns. Alles konnte immer nur noch besser werden. Krieg würde es in unserem Leben nie mehr geben. Der neue Staat, der aus den drei westlichen Besatzungszonen entstand und Bonn zu seiner Hauptstadt wählte, fand unsere Zustimmung, weil wir in seiner Verfassung die Rahmenbedingung für ein ungestörtes privates Leben sahen."

In den Semesterferien verdiente er Geld als Nachtwächter oder Hilfsarbeiter.

Als wichtige geistige Orientierung spricht Dieter W. die Existenzphilosophie an. Sie sei ein Mittel der Welterkenntnis gerade für die jüngeren Kriegsjahrgänge gewesen, die sich in dieser Philosophie hätten wiederfinden können.

„Einer der Fortgeschrittenen erklärte es mir so: Die Existenz ist das, was bleibt, wenn du alles verloren hast, was zu deiner sozialen Person gehört. Du hast ein Haus, es brennt ab, du hast eine Familie, sie wird erschossen, du wirst aus deiner Heimat vertrieben, du verlierst Arme und Beine, schließlich erblindest du — und immer noch hast du eine feste, unberührbare Gewißheit, daß alles Verlorene äußerlich ist. Dieser reduzierte Kern ist die Existenz ... Man war nicht geborgen in einer vernünftigen, wohlgeordneten Welt, nicht bei den allgemeinen Ideen, nicht im behaglichen bürgerlichen Besitz, sondern in der Freiheit, die aus der Berührung mit dem Tod entsprang. Das war eine passende Philosophie für die Stunde Null."

Als ein zweites Moment starker seelischer Wirkung hebt er etwas hervor, was gerade nicht auf den eher düsteren Ton der Existenzphilosophie gestimmt ist:

„Die moderne Literatur, die Kunst, die Philosophie, der internationale Film, das Theater und vor allem, als eine vitale Stimulierung, die uns eine Art äußere und innere Bewegung lehrte, der Jazz. Es war eine neue Zivilisation mit neuen Umgangsformen und Lebensreizen. Jitterbug und Boogie-Woogie trieben uns den Marschtritt aus dem Leib, und es war einleuchtend nicht nur im Bewußtsein, sondern eben auch im Körper, im vitalen Selbstgefühl, daß der politische Rahmen dieses neuen Lebens nur die Demokratie sein konnte."

Das Interesse am Politischen, an der neu entstehenden Demokratie, konzentriert sich für Dieter W. zunächst deutlich auf zwei Momente, auf das Recht zur Selbstbestimmung und das Recht zur Privatheit. Als unmittelbare Konsequenz aus dem Erlebten kommt die Entschlossenheit hinzu, nie wieder eine Uniform anzuziehen, „auch keine innere Uniform mehr, keine kollektiv verordnete Weltanschauung, keine Ideologie". Er erwähnt in diesem Zusammenhang auch die Hoffnung auf ein neutralisiertes Deutschland, das ganz aus seinen besten kulturellen Traditionen heraus leben würde, einer Hoffnung, die in der Nachkriegsgeschichte rasch zusammenbrach und dazu führte, daß die Teile des Restdeutschland „als künftige Musterprovinzen der feindlichen Großreiche" ihren Weg in die Nachkriegsgeschichte nahmen.

3.1.7 „Augen, in denen man fast versank" (Doris K.[7], Jahrgang 1924)

Das Mädchen, aus einer westfälischen Kleinstadt stammend, wurde in einem nationalistischen Milieu groß. Der Vater war Offizier im Ersten Weltkrieg, ging später in die Brigade Ehrhardt und wurde dann Polizeioffizier. Die Mutter hielt krampfhaft einen großbürgerlichen Rahmen aufrecht, auch als die Familie nach dem Ersten Weltkrieg verarmte. Erste politische Kindheitseindrücke beschreibt Doris K. wie folgt:

> „Die Kommunisten waren überhaupt schlimmer als der Teufel, und die Sozis, das waren die wüstesten Schweine, die sich der Mensch vorstellen kann. So bin ich aufgewachsen."

Ihr erstes Selbstgefühl erwarb sich das kleine Mädchen, als sie bei Feiern des ‚Stahlhelm' vaterländische Gedichte aufsagen mußte. Das sensible Kind war stark beeindruckt von der Sprache dieser Gedichte:

> „Dieses Unbekannte, Gewaltige, Dunkel-Lockende, füllte mich ganz an, schwer und schmerzhaft, nichts anderes hatte mehr Platz in mir."

Mit zwölf Jahren begann sie, selbst Gedichte zu schreiben, die im Ton völlig auf die damals gängige NS-Lyrik gestimmt waren, im Grunde handelte es sich um Imitationen von vorliegenden Mustern, die aber geschickt gemacht waren und durch eine perfekte Beherrschung sowohl des Sakral- wie des Naturtons auffielen. Früh trat sie in den BDM ein. Sie erlebte die „neue Zeit" mit tiefer Ergriffenheit. Es bildete sich in ihr ein Hang zum

Mystizieren heraus. Vor allem die Reichs-Mystik wurde für sie zu einer bestimmenden Größe. Feiern, Aufmärsche, Fahnen, Reden, Dichterworte — das ganze nationalsozialistische Ritual ging ihr ins Blut und formte sie durch und durch. Sie wurde zum Prototyp des verinnerlichenden, idealistischen BDM-Mädchens. Der Nationalsozialismus wurde von ihr als tiefer Glaube erlebt. Ihre Haltung zu Hitler war schlechtweg religiös.

„Da war der Erntedanktag auf dem Bückeberg bei Hameln. Hitler erschien. Ich hatte einen Blumenstrauß in der Faust und meine Jungmädeluniform an. Ich stand mit meiner Mutter an der Straße, der Wagen mit dem Führer kam angefahren, meine Mutter gab mir einen kleinen Schubs, das Auto hielt, ich gab dem Führer die Hand. Ich habe nur noch die Erinnerung an die Augen, die dieser Mann gehabt hat. Augen, in denen man also fast versank ... Dunkelblaue Augen, manche sagen, sie seien schwarz gewesen, ich habe sie aber als blau empfunden! Der gab mir also die Hand, und ich habe mir drei Tage danach die Hand nicht gewaschen. Ein unerhörtes Erlebnis. Ganz faszinierend. Manche Leute sagen, er wäre dämonisch gewesen, manche sagen, er habe sonst welche Schwächen gehabt. Er war schon ein Ausnahmemensch, dieser Adolf Hitler."

Doris K. blieb gläubig bis gegen Kriegsende, von Judenverfolgungen und KZs wußte sie nichts, sie hatte das einfach nicht wahrgenommen, wie sie glaubwürdig berichtet. Während des Krieges erfuhr sie aber von Frontsoldaten, daß es im Osten „Ausschreitungen" gegeben habe, und es ist aufschlußreich, daß dies die ersten Flecken auf dem Bild der „Reinheit", der Heiligkeit und Vorbildhaftigkeit des Nationalsozialismus für sie waren.

Ein wirklicher Einbruch in ihr festes Weltbild fand erst in den letzten Kriegsmonaten statt, und zwar spielte ein kriegsverwundeter Medizinstudent, den sie kennenlernte und liebte, dabei eine Schlüsselrolle.

„Er war auch derjenige, ... der mich fragte, ob ich denn an den Endsieg glaube und mir erklärte: ‚Merkst du denn gar nicht, daß du auf der falschen Seite stehst?' Ich war naiv. Konkretes über die Realität des NS-Systems wußte ich nicht. Er sagte es mir, soweit er es wußte, ohne die Vernichtungslager. Das war auch so schon genug."

Erst dann fing sie allmählich an, selber anders zu „sehen".

„An einer Stelle sahen wir Schreckliches. Da hingen an einem Alleebaum zwei Hitlerjungen, die waren höchstens fünfzehn. Tot. Ein Bauer in der Nähe erzählte uns, die seien — das ‚letzte Aufgebot' — vor der Feldgendarmerie davongelaufen. Gnadenlos waren die Jungen aufgehängt worden."

Das Kriegsende erlebte sie in Stuttgart, wo französische Kolonialtruppen entsetzlich hausten.

„Als die erste Welle der Rache verebbte, konnte man Photos aus den befreiten Konzentrations- und Vernichtungslagern überall an Litfaßsäulen und Trümmermauern angeschlagen finden. Leichenberge, an Zäunen hängende verhungerte Gestalten, skelettartige Menschen. Unter den Fotos war der Aufruf zu lesen: ‚I, Dwight D. Eisenhower ...'. Ich stand davor. Ich weiß nicht, ich kann mich nur an ein furchtbares Elendsgefühl erinnern, das mich befiel. Ich kam nach Hause, habe kein Wort mit meinen Eltern gewechselt. Ich hatte einen Schock. Ich traf eine Freundin am nächsten Tag und fragte sie, glaubst Du das? Sie sagte, ja sicher, guck doch! Bezeichnend, diese Freundin ist nachher Ami-Liebchen geworden. Die hat sich gesagt, mir ist alles Wurst, ich will jetzt einfach wieder zu essen haben für mich und meine Mutter, ich geh jetzt mit jedem Ami ins Bett, ist mir doch egal. Daß inzwischen Hitler tot war und Deutschland kapituliert hatte, erfuhren wir bruchstückweise von französischen Soldaten. Man sagte uns aber auch, unsere Männer würden wir nicht mehr wiedersehen, in Deutschland dürfe es keine Kinder mehr geben und nichts würde wieder aufgebaut werden. Eine primitive Auslegung des Morgenthau-Plans, aber das sah ich erst später so."

Doris K. stand vor einem Trümmerhaufen.

„Meine Mutter lag mit einem Nervenzusammenbruch in der Klinik. Sie hatte ihre großbürgerlichen Ideale von Vaterlandsliebe und Treue in die nationalsozialistische Weltanschauung eingebracht und den Zusammenbruch ihres Weltbildes nicht verkraftet. Mein neunzehnjähriger Bruder war vermißt. Ich bin gegangen und in ein Stuttgarter Krankenhaus als Schwesternschülerin eingetreten. Ich dachte, studieren kann ich nie wieder, wer so dumm ist wie ich und auf alles hereinfällt, eignet sich nicht für die Wissenschaft der Geschichte und der Germanistik."

„Einige Zeit später wurde ich auf die Militärbehörde in Stuttgart zitiert. Entnazifizierung. Ich hatte den Fragebogen ausgefüllt, alles angegeben. Ein junger Amerikaner, Sohn deutscher Juden, fragte mich, wieso. Wir kommen ins Gespräch. Er meint zynisch, *Sie* waren natürlich *immer* dagegen. Nein, sage ich, Sie sehen doch, mein Fragebogen! Auf einmal sagt er, nehmen Sie doch Platz. Wollen Sie einen Cognac? Wir haben uns unterhalten, zum Schluß sagt er: du liebe Güte, das schlimmste Verbrechen war an uns, und das zweitschlimmste war an Ihnen."

Hier fällt ein neues Stichwort: Doris K. vermochte sich jetzt selbst als Gegenstand eines Verbrechens zu begreifen. Dieses Motiv spielte auch weiterhin eine große Rolle. Sie erzählt, wie ihr zukünftiger Schwiegervater sie in die Arme nahm und sagte:

„Aber Kind, Ihr könnt doch nichts dafür, Ihr seid doch auch die Opfer." —

Doris K. wurde erst als ältere Frau wieder aktiv in der Politik:

„Ich kämpfe gegen eine Politik, die das Bewußtsein ausschaltet."

Doris K. bietet ein hervorragendes Beispiel für eine besondere Spielart der Totalidentifikation mit dem Nationalsozialismus — schwärmerische Verinnerlichung bis hin zu religiöser Inbrunst. Man hält es kaum für möglich, daß eine solche Haltung ohne einen psychischen Zusammenbruch aufgegeben werden konnte. Entscheidend — und ganz zur Mentalität dieses gefühlsbetonten Mädchens passend — ist die Begegnung mit einem geliebten Menschen; nur menschliches Vertrauen konnte an die seelischen Tiefenschichten heranreichen. Es ist schwer, sich etwa vorzustellen, Doris K. hätte auf dem intellektuellen Wege politischer Einsicht ihre Haltung schon während des Dritten Reiches ändern können. Daß dieser Wandlungsprozeß allerdings bis tief in die Nachkriegszeit andauerte und nicht ohne Ambivalenzen war, geht eher indirekt aus ihren Darstellungen hervor: Die Freundin z.B., die den Informationen der Alliierten über die Konzentrationslager glaubte, ist für sie „bezeichnenderweise" ein Ami-Liebchen. In auffallender und zugleich problematischer Form wird bei Doris K. das Motiv des Betrogenwordenseins maßgebend. Es wirkt als Schlupfloch. Offenbar ist die Verarbeitung des Nationalsozialismus bei ihr aber damit noch nicht an ein Ende gekommen. Interessant ist, daß sie sehr viel später wieder politisch aktiv wird unter einem Motto, das geradezu aufklärerisch zu nennen ist und in dem aller Wahrscheinlichkeit nach die Aufarbeitung ihrer eigenen Jugend verborgen liegt.

3.1.8 „Mutti, mach mich bloß tot"
(Marie M.[8], Jahrgang 1929)

Marie M. war bei Kriegsanfang zehn Jahre, bei Kriegsende fünfzehn Jahre alt. Sie wuchs in Berlin-Wannsee auf als einziges Kind eines berufstätigen Ehepaares, der Vater war Ingenieur, die Mutter technische Zeichnerin. Die Eltern traten 1933 beide in die NSDAP ein; die Mutter betätigte sich bei der NSV. Der Führer wurde ins Nachtgebet des kleinen Mädchens eingeschlossen:

> „Und dann faltete ich die Hände und rasselte runter, lieber Gott, beschütze unseren Führer, äh, Opa, Omi, Vati, Mutti und mich. Das wurde runtergerasselt, wurde überhaupt nichts dabei gedacht."

Die Erziehung des Kindes war geprägt durch preußische Tugenden, durch die Ideale Tapferkeit, Pflichterfüllung und Gehorsam. Eintritt in den BDM 1939. Der Dienst in der Jungmädelgruppe wurde teils als unangenehm, teils als erfreulich erlebt: Als unangenehm wurden die Uniform und der Zwang zum Gehorsam empfunden, als angenehm die gemeinsamen Spiele, das Singen und Vorlesen an den Heimabenden. Interessant ist es, was sie aus der nationalsozialistischen Propaganda übernahm und was nicht. Sehr selbstverständlich war es ihr, daß das deutsche Volk den anderen überlegen sei, und daß „uns nie etwas schiefgehen konnte. Und allesandere waren, na ja, so niedere Untertanen." Dagegen erinnerte sie sich deutlich an ihre widersprüchlichen Empfindungen, wenn sie von den deutschen Luftangriffen auf England hörte; sie dachte dann an die Kinder in den Luftschutzkellern in Coventry und Birmingham und wie es wohl wäre, wenn das in Deutschland passiere. Ähnlich zwiespältig reagierte sie auf Menschen, die den Judenstern trugen. Sie wußte, daß sie diese Leute eigentlich als böse und gefährlich ansehen müßte, war dazu aber nicht in der Lage:

„Es wurde einem gesagt, das ist so ein böser Buhmann, aber der Buhmann sah so traurig aus, und dann guckte man schnell weg."

Auch entwickelte sie jetzt eine Aufmerksamkeit dafür, daß nicht alle Lehrerinnen Nationalsozialistinnen waren, sondern manche durchblicken ließen, daß sie sich die Welt auch anders vorstellen könnten. Überhaupt fing sie im Alter von 12 - 13 Jahren an, ohne direkte Anleitung von außen die Welt differenzierter zu sehen. Sie erlebte z.B., wie ein abgeschossener englischer Flieger, den sie sich als einen waffenstrotzenden Soldaten vorgestellt hat, in der Wirklichkeit doch eher Mitleid erregte, oder sie wurde Zeuge davon, wie das Gutsfräulein auf einem Gut sich mit einem polnischen Fremdarbeiter einließ, was doch strikte verboten war. Auch sah sie KZ-Häftlinge bei der Arbeit, konnte nichts „Böses" an ihnen entdecken und empfand Mitleid mit ihnen. Ihr Kriegsbild änderte sich: Auf den Endsieg hoffte sie zwar noch, sie beschäftigte sich aber zunehmend mit dem Gedanken, daß es auch anders kommen könnte — ganz im Gegensatz zu ihren Eltern, die solche Versuchungen nicht aufkommen ließen. Das Attentat auf Hitler fand sie entsetzlich, ohne in der Lage zu sein, nach den Motiven zu fragen. Sie lernte Menschen kennen, die eine antinationalsozialistische Einstellung hatten:

„Und da habe ich also ganz, also mächtig gestaunt. Plötzlich eröffneten sich mir ganz neue Perspektiven. Ich zweifelte plötzlich irgendwas an. Also, ich hab nicht etwa dagegen geredet, hab auch nicht dafür geredet."

Noch war es für sie ein unfaßbarer Gedanke, daß Deutschland von den Russen erobert werden könnte. Aber 1944/45 mußte sie sich an diesen Gedanken gewöhnen.

„Und gleichzeitig war diese, äh, Versammlung in Jalta wohl gewesen, wo die Deutschland aufgeteilt hatten, wo es das erste Mal hieß, daß also, Polen nach Westen rückt und ... Ostpreußen von Deutschland bekommt, und das war also ein so unfaßbarer Gedanke, weil das ja doch praktisch, naja ... unser Land war, daß das nun also plötzlich weg sein sollte und jetzt also von da an Russen sein sollten.'

Es dauerte bis zum April 1945, also bis zum Beginn der letzten russischen Offensive auf Berlin, daß die Familie M. sich damit abfand, daß der Krieg verloren sei. Die Russen marschierten ein. Es begannen die Plünderungen und Vergewaltigungen. Marie war 15 Jahre alt, hatte noch nie etwas mit einem Jungen zu tun gehabt, und wurde von russischen Soldaten vergewaltigt, ebenso ihre Mutter.

„... ich habe immer nur geheult und immer nur meine Mutti angefleht: ‚Mutti, mach mich bloß tot'. Ich hatte keine Angst, daß jetzt jemand kommt und mich totschießt oder so, ich hatte nur Angst vor diesen Soldaten. Mach mich doch bloß tot. Also meine Mutter war nun auch schon in so 'ner Verfassung, die hätte das wahrscheinlich auch getan, aber wir hatten nichts, wir hatten kein Messer, wir konnten nicht ins Haus, wir hatten überhaupt nichts, wir konnten einfach nicht ... Aber dieses Gefühl, also das ist noch in mir existent. Also daß auf der ganzen Welt kein Plätzchen ist, wo man sicher ist. Ja ... dieses plötzliche Gefühl, so aus der Kindheit herausgerissen sein."

Hinter dem Überlebenskampf der nächsten Monate rückte alles fern, was nicht die eigene Existenz anging. Zu einer Auseinandersetzung mit dem jüngst Erlebten kam es nicht, die Überlebensprobleme waren einfach zu groß dafür. Die Zerstörung des Deutschen Reiches, die Besetzung durch die Russen, später durch die Amerikaner (in Berlin) wurden hingenommen.

„Also wenn es so is, dann muß man das eben durchstehen. Also so wie ich erzogen war. Ja, tapfer sein und man muß. Es blieb einem ja auch gar nichts weiter übrig."

Das Leben normalisierte sich wieder, die Schule begann; sie lernte einen jungen Mann kennen, eine erste Jugendliebe stellte sich ein. Angesichts dieser zaghaften Versuche, aus dem Tumult des Kriegsendes heraus ein bißchen Lebensglück zu retten, blieb wenig Raum für eine innere Auseinandersetzung mit dem Geschehenen. Die Filme der amerikanischen Militärbehörden von der Befreiung der KZs bewirkten einen außerordentlichen Schock, aber keine langdauernden Denkimpulse. Marie M. erinnert sich an die Nachkriegszeit, vor allem an ihre erste Liebe, als an eine Zeit des Glücks — ungeachtet aller Trümmer und Überlebensschwierigkeiten. Offenbar war es auch gerade diese wiedergewonnene Normalität des Lebens, die wesentlich dazu beitrug, den Schock ihrer Vergewaltigung zu überwinden.

Der Lebenslauf von Marie M. ist ein Beispiel dafür, daß ein nationalsozialistisches Milieu zwar eine vage nationalsozialistische Orientierung bewirkt hat, daß die Prägungen jedoch nicht tief gingen. In den letzten

Kriegsjahren, also bereits im Alter von 12, 13 und 14 Jahren, macht sich eine Wirklichkeitssicht breit, in der auch das wahrgenommen wird, was nicht ins offizielle Bild paßt. Von einer wirklichen „Formung“ durch den Nationalsozialismus kann keine Rede sein. In den Extremsituationen des Kriegsendes wird das Wenige, was sie allenfalls übernommen hatte, einfach durch die Erlebnisse, die das Mädchen hatte, zerrieben, so daß nichts mehr übrig bleibt. Zu einer bewußten, auf begrifflicher Ebene geführten Auseinandersetzung ist es bei Marie M. nie gekommen; das war auch nicht nötig — man darf sagen, daß durch den ungeheuren Einschnitt und die Schocks bei Kriegsende das kindliche Leben vorher in eine tiefe Vergangenheit abtauchte. Von politischen Schlüsselerlebnissen mag man dabei kaum reden. Was mit ihr geschah, war schlimmer als bloße Erkenntnisschocks sein können.

3.1.9 „Die nationalsozialistische Idee, diese erhebende Schöpfung unseres Führers, sinkt in den Staub“
(G.N., Jahrgang 1928)

G.N. wuchs als Sohn einer verhältnismäßig wohlhabenden Kaufmannsfamilie in Nürnberg auf. Die Mutter war völlig unpolitisch, der Vater war Mitglied der NSDAP. 1943 wurde die Familie ausgebombt und kam dann nach Celle, wo sie vom Krieg wenig merkte und auch mit Luftangriffen nichts zu tun hatte. Das Milieu zu Hause war nicht nationalsozialistisch, sondern immer evangelisch gewesen mit Sympathien für die Bekennende Kirche, was aber ein Sympathieverhältnis für den Nationalsozialismus überhaupt nicht ausschloß. G.N. spricht von einer ausgesprochen „bürgerlichen Kirchennähe“ ohne pietistische Züge. Er erinnert sich an ein Gespräch mit dem Vater, das um Niemöller ging, der im KZ saß, wie allgemein bekannt war. Der Vater kritisierte das: „Eigentlich ist das nicht richtig, denn im KZ sitzen ja Verbrecher.“ Der Sohn verteidigte es: „Der gehört doch ins KZ, da wird das Volk vor einer Ansteckung bewahrt.“

Aufgrund einer schweren Erkrankung wurde G.N. vom Dienst in der Hitlerjugend befreit, meldete sich aber 1943 zur Spielschar der Musik-HJ. Das war eine verhältnismäßig kleine Gruppe musikalischer Jungen und Mädchen, deren Führer gleichzeitig der Studienrat für Musik am Gymnasium in Celle war. Man ging in die Lazarette und sang vor den Verwundeten, dabei konnte man das Gefühl haben, tätig zu sein in der großen geschichtlichen Stunde. Hinzu kam, daß G.N. eine Freundin hatte, die ebenfalls in der Spielschar war; er freute sich auf jeden Dienst, er freute sich auch über die Fliegeralarme, weil er dann mit seiner Freundin zusammen sein konnte. Gleichzeitig war er im Bibelkreis (BK), ohne auch nur im geringsten etwas von der möglichen Gegensätzlichkeit seiner Aktivitäten zu ahnen. Er war ein ebenso braver HJ-Junge wie ein braver BKler. Er gehörte zu denjenigen, die auf alles „Meckern" über die Verhältnisse im Dritten Reich hochempfindlich reagierten. So z.B. erzählte einmal sein Onkel die bekannte Geschichte, Göring habe gesagt, er wolle Meier heißen, wenn ein englisches Flugzeug die Reichsgrenze überqueren würde; G.N. schrieb darauf einen empörten Brief an seinen Vater, der Onkel falle der kämpfenden Front in den Rücken. Der Vater reagierte seinerseits sehr vorsichtig und brachte den Sohn davon ab, irgendwelche Schritte gegen den Onkel zu unternehmen. — Seinem älteren Bruder gegenüber, der Theologie studierte, reagierte er allerdings nachgiebiger: Als er eines Tages einmal von der Hausmeisterfamilie ein Exemplar des „Stürmer" mit in die Wohnung brachte, wurde der Bruder energisch, rief: „Dieses Schweineblatt gehört nicht hierhin" und warf es weg. G.N. mußte zu dem Hausmeister hinunter und ihm das erklären, was ihm aber keine Schwierigkeiten eingebracht habe, weil das Hausmeisterehepaar ausgesprochen lieb gewesen sei. Er selbst habe damals das Gruselige und Sexistische, das in den Stürmerbildern zum Ausdruck kam, deutlich empfunden, aber dabei sei es dann auch geblieben, irgendeinen Ansatzpunkt, selber zu einer, wenn auch bescheidenen, oppositionellen Haltung zu kommen, habe es nicht gegeben — der Gedanke sei ihm gar nicht gekommen.

In Celle blieb das Leben „eine Idylle, aber eine kaputte Idylle". Als die Fronten allmählich näherrückten, begann in G.N. keineswegs ein Umdenken, vielmehr kam er sich vor wie Teja in Felix Dahns „Ein Kampf um Rom". Die ununterbrochene Wagnermusik im Radio habe das Gefühl bestärkt, daß sich Deutschland in einem tragischen Untergang befände. Das waren gewissermaßen die letzten Tage Roms, und er bedauerte sehr, nicht in der Lage zu sein, den Führer in Berlin befreien zu können.

Die Amerikaner marschierten von Norden her auf Celle, nachdem sie Bergen-Belsen befreit hatten. Die Hausbewohner saßen im Keller und tranken ihren letzten Cognac aus, G.N. schlich sich nach draußen und beobachtete von dort die einrollenden amerikanischen Panzer durch ein Fenster. Am Tage vorher war er noch in HJ-Uniform ostentativ durch Celle marschiert, um den Spießbürgern zu zeigen, daß es noch aufrechte Deutsche gab. Sein Tagebuch aus dieser Zeit, überschrieben mit: „Die letzten Tage des Dritten Reiches", beginnt mit dem Satz, den er am 3. Mai 1945 niederschrieb:

„Die nationalsozialistische Idee, diese erhebende Schöpfung unseres Führers, sinkt in den Staub. Aber sie wird nicht untergehen, solange noch ein vaterlandsliebender Deutscher lebt.“

Dieses Tagebuch, das dann ausschließlich aus minutiös festgehaltenen Ereignisberichten über die Frontlage besteht, endet am 1. Juli 1945 mit dem Satz:

„Ergänzung über den Tod Adolf Hitlers: Heute wurde bekannt, daß Adolf Hitler mit seiner ihm vor zwei Tagen angetrauten Gattin Eva Braun auf einem mit Petroleum überschütteten Holzhaufen ‚den Heldentod‘ starb. Dies wurde von zweien ihn begleitenden Männern eidlich ausgesagt.“

Die Anführungszeichen, in die er die Worte „den Heldentod starb“ setzte, machen darauf aufmerksam, daß zwischen der ersten und der letzten Eintragung dieses Tagebuchs einschneidende innere Prozesse abgelaufen sein müssen.

Während er den Einmarsch der Amerikaner noch mit einer tiefen Opferbereitschaft erlebte, bewegten sich am nächsten Tag Gruppen von befreiten KZ-Insassen aus Bergen-Belsen durch Celle. Es waren diejenigen, die gerade noch auf eigenen Beinen laufen konnten, völlig am Ende ihrer Kräfte, dem Tode näher als dem Leben. In seiner Erinnerung bewahrt er das Bild, wie sie umfallen und sterben. Er ist sich heute bei kritischer Befragung seiner Erinnerung nicht mehr sicher, ob er sie wirklich hat sterben sehen, aber der Eindruck äußersten Elendes war außerordentlich, er bezeichnet dies als sein eigentliches Schlüsselerlebnis, als den Augenblick, in dem seine bisherige Naivität zerbrochen sei und das neue Denken eingesetzt habe.

Die Neuorientierung war aber ein langdauernder Prozeß. Den Sommer 1945 hat er in strahlender Erinnerung wegen seiner Verliebtheit und wegen des schönen Wetters, das damals herrschte — damals sei er glücklich gewesen. In dieselbe Zeit fällt eine intensive Zuwendung zur Kirche. Mit einigen Freunden hält er fast jeden Morgen eine Morgenandacht.

Die Familie zog nach Essen, wo G.N. in den Bibelkreis des einflußreichen Jugendpfarrers Wilhelm Busch geriet, den er als einen faszinierenden Menschen beschreibt, dessen Zuwendung für ihn außerordentlich viel bedeutet habe. Das Gesamtklima sei stark pietistisch gewesen, merkwürdigerweise sei neben der Bibel auch der Faust gelesen worden, und ein Gutteil der Vermittlung idealistischer Kulturwerte der damaligen Zeit habe er aus dem BK. „Politik kam nicht vor“. Der Nationalsozialismus wurde als Dämonie betrachtet, Hitler konnte nur im Gedankenbild des Teufels verstanden werden. „Man war eben verführt worden", wie man auch von anderen Dingen verführt werden konnte. „Das hatte etwas mit der Sündhaftigkeit der Existenz zu tun. Daß man blind war, das war eben Sündhaftigkeit."

Erst während des Studiums, also nach einer langen Latenzzeit, kam das Politische in den Blick. G.N. war Mitglied der Studentengemeinde, und hier machte sich der Einfluß Gustav Heinemanns sehr stark bemerkbar. Dieser Einfluß führte zu einem Ausbruch aus dem pietistischen Rahmen und erschloß zum erstenmal Gesellschaft und Politik. G.N. wurde sich auf diesem Wege der politischen Verantwortung des Christen voll bewußt; sie wurde und blieb eine Leitidee seines zukünftigen Lebens.

An dieser Lebensgeschichte fallen drei Momente besonders auf: zunächst der extrem lang anhaltende nationalsozialistische Idealismus, der erst im Augenblick des Einmarsches der Amerikaner an sein Ende kam und der autobiographisch vermutlich mit der Bravheit des Jungen und vielleicht auch mit seinem gesundheitlichen Handicap zu tun hatte, das bei ihm das Bestreben, nicht ausgeschlossen zu sein, besonders verstärkte. Wichtiges Schlüsselerlebnis war die heftige Erschütterung beim Anblick der gerade befreiten KZ-Häftlinge, der eine christliche Wende, oder genauer, eine Fortsetzung des christlichen Stranges seines bisherigen Lebens folgte. G.N. blieb dabei aber unpolitisch; die Leitkriterien kamen aus einer protestantisch-pietistischen Welt — die eigene Verführung durch den Nationalsozialismus wurde der Sündhaftigkeit des Menschen zugerechnet. Erst nach einer langen Zwischenphase setzte die eigentlich politisch-historische Verarbeitung des Nationalsozialismus ein, die aus den Diskussionen in der evangelischen Studentengemeinde heraus erfolgte und die ohne Gustav Heinemanns Wirkungen auf evangelische Gruppen nicht denkbar gewesen wäre.

3.1.10 „Mir gehen die Augen auf" (A. Josef W., Jahrgang 1928)

Sohn einer Lehrerfamilie im westlichen Ruhrgebiet, Mutter ausgeprägt deutsch-national, nicht nationalsozialistisch: „Die Nazis waren ihr nicht deutsch genug." Der Vater, der aus einer alten sozialdemokratischen Familie stammte, machte 1919 sein Lehrerexamen, wurde 1928 aber erst angestellt und schlug sich bis dahin mehr oder weniger durch. Er trat nach Hitlers „Machtübernahme" in die NSDAP ein („Märzgefallener"). In der Folgezeit entwickelte er sich zu einem strammen Nazi auf der unteren

Ebene der „politischen Leiter". 1939 wurde er Soldat, kam später zum Afrikakorps, und sein Verhältnis zur NSDAP wurde erheblich distanzierter.

Der Sohn A. Josef hatte im Alter von zehn Jahren einen schweren Sportunfall, der ihn vier Jahre lang an einen Gehapparat fesselte. Auf diese Weise kam er um das Deutsche Jungvolk herum, was ihm allerdings bitter war. Er hatte das starke Bedürfnis, mitmachen zu wollen:

„Zwei in meiner Klasse waren ohne Uniform, der eine war ich. Das hat weh getan. Dafür war ich hervorragend beim Altmaterial sammeln. Ich bekam Bücherpreise für gute Sammelergebnisse. Außerdem war ich ein sehr guter Schwimmer und war als solcher in der Bann-Staffel, obwohl meine Mitgliedschaft beim Jungvolk ruhte."

Im September 1943 wurde er Lagermannschaftsführer bei der Kinderlandverschickung in Süddeutschland. Er war damals gerade 15 Jahre alt und fühlte sich ständig überfordert, die Verantwortung für die 10- und 11jährigen im Lager zu tragen. So war es für ihn eine Erleichterung, im Januar 1944 als Luftwaffenhelfer eingezogen zu werden, von nun an lebte er wenigstens wieder mit seinen Klassenkameraden zusammen, und das Gefühl der Überforderung ließ nach. Auch bei ihm setzte in dieser Zeit die bei allen Luftwaffenhelfern zu beobachtende[9] Identifikation mit der Wehrmacht und die Ablehnung der HJ ein. In seiner Wirklichkeitswahrnehmung gab es Unstimmigkeiten und Brüche: Die Russen waren die Feinde schlechthin, aber in der Flakbatterie gab es Russen als Hilfswillige, zu denen die Luftwaffenhelfer das beste Verhältnis hatten.

„Wir gaben denen Brot und Kartoffeln, sie taten für uns kleine Dienste."

Ähnlich zwiespältig waren seine Wahrnehmungen in Hinsicht auf die Engländer: Solange sie in den Bombern saßen, waren sie die Feinde, aber wenn man abgeschossene Engländer oder Australier von Nahem sah, waren sie als Personen ganz sympathisch.

„Zerrbild und Bild, das lag nahe beieinander und wurde als Unstimmigkeit erlebt, aber nicht analysiert."

Der NS-Einfluß in der Schule war sehr unterschiedlich; es gab einen Biologielehrer, der grundsätzlich nur in SS-Uniform auftrat und auch noch zum Flakhelferunterricht in der Batterie so erschien, es gab auch ganz anders eingestellte Lehrer, so z.B. einen Englischlehrer, der bis zuletzt englische Literatur und englische Lebensart hochschätzte, und es gab einige Lehrer, von denen man wußte, daß sie z.B. ehemalige Freimaurer waren, die sich sehr zurückhielten. Der Geschichtsunterricht war nicht nationalsozialistisch.

Ende 1944 kam Josef zum Reichsarbeitsdienst nach Oberschlesien und geriet sofort in den Rückzug. Die konkreten Erfahrungen von der hoffnungslosen Unterlegenheit der deutschen Verteidigung gegenüber den Unmassen von russischen Panzern war so, daß er von nun an keinen Zweifel mehr hatte, daß der Krieg verloren sei. Er wurde dann noch einmal zur Marine nach Flensburg eingezogen und dann zur Ausbildung nach Esbjerg in Dänemark verlegt. Dort erlebte er das Ende des Zweiten Weltkriegs auf eine fast groteske Weise.

Aus seinem Tagebuch:

„Esbjerg, den 26. 4. 45.

Zum Glück haben wir noch einen guten Gruppenführer. Ein Bayer, tadellos und militärisch gemütlich. Die militärische Lage hat sich empfindlich zugespitzt, der Führer ist Festungskommandant von Berlin, das sogar von Frauenbataillons verteidigt wird. Heute wurden wir vereidigt. Die Feier war tadellos, Musikkorps, Ehrenzug mit Fahne und anschließend Vorbeimarsch, dazu ein tadelloses Wetter, windstill, wie man es hier selten findet.

Solches Heimweh, wie ich zur Zeit habe, hatte ich noch nie. Die Lage ist doch so bedenklich; wer weiß, wie es zu Hause aussieht. Hunger und Not soll ja überall herrschen. Wenn ich zu Hause wär, könnt ich bestimmt gut im Garten arbeiten und hungern würden wir nicht.

3. 5. 46.

Nun scheint's zu Ende zu geh'n. Dönitz scheint Einsicht zu haben, Hamburg und Prag sind freie Städte, Speer und der neue Außenminister Schwerin-Krosigk redeten ans Volk ... Wir leben tadellos nochmal in Hjerting. Mitten in der Nacht werden wir leider abberufen, wir haben gedacht, das Schlemmerleben noch ein paar Tage fortzusetzen.

26. 5. 46.

Wie haben die Nazis uns betrogen, mir gehen die Augen auf. Bisher hatte ich ja etwas für die NSDAP übrig, nun ist Schluß. Prien und Moelders leben noch, sie saßen im KZ! Hoffentlich wird da aufgeräumt."

Josef W. wurde dann bald aus englischer Gefangenschaft entlassen und kam nach Mühlheim zurück, wo sich die Familie einigermaßen heil wieder zusammenfand.

Für Josef W. begann politisches Interesse überhaupt erst Anfang der 50er Jahre, und zwar unter dem Einfluß von Gustav Heinemann und der Gesamtdeutschen Volkspartei. In den Jahren vorher hatte er dem BK (Bibelkreis) angehört, war dort zwar auch schon mit kirchlich-politischen Fragen in Berührung gekommen, aber die wichtigen Impulse waren theologische und literarische. Man las Dostojewski und Camus. Englische Erziehungsoffiziere hatten 1946 einen Englischen Club gegründet, auch hier nahm Josef W. teil. Er nennt noch einen dritten Einfluß außerhalb der

Schule, der ihn damals beschäftigte, ohne daß das aber viel Eindruck auf ihn gemacht hätte: Ein alter Sozialdemokrat in der Nachbarschaft hatte einen kleinen Kreis gegründet, in dem der Versuch gemacht wurde, das Kapital von Karl Marx zu lesen. — Josef W. erinnert sich noch daran, daß er sich gegen die Nürnberger Prozesse sehr verschlossen hat. Andererseits war er in seiner evangelischen Heimatgemeinde recht aktiv in der Wendung gegen drei Pfarrer, die sich in der NS-Zeit so braun gebärdet hatten, daß die Gemeinde sie später ablehnte, und die dann versuchten, einen „Evangelischen Bund" zu gründen. Diese kirchenpolitischen Aktivitäten hingen mit seiner starken Parteinahme für einen von ihm verehrten Gemeindepfarrer zusammen.

Punktuelle Schlüsselerlebnisse, die für das politische Bewußtsein einschneidend gewesen wären, findet man in diesem Lebenslauf nicht. Die Entwicklung verläuft undramatisch, sie ist eher durch gleitende Übergänge als durch scharfe Wendungen gekennzeichnet. Natürlich muß auch hier das Lebensalter in Rechnung gestellt werden — schon 1943 im Alter von 15 Jahren hörte für den Jungen das Leben in Elternhaus und Schule auf. Als Luftwaffenhelfer kam er dann etwas später wenigstens wieder in ein engeres Bezugsfeld zu seinen Klassenkameraden, wurde dann aber bereits als 16jähriger im Reichsarbeitsdienst und als Soldat in den Wirbel des Kriegsendes und des Kampfes um das eigene Überleben hineingezogen. Für politische Gespräche blieb da gar keine Zeit, außerdem fehlte es an engen Vertrauenspersonen, mit denen er über solche Themen sprechen konnte. Wo solche Bezüge fehlen, hält sich das eigene politische Bewußtsein meist in den Bahnen einer gewissen Übereinstimmung mit der jeweiligen sozialen Umgebung. Immerhin: Am 26. April 1945, als Deutschland bereits so gut wie vollständig besetzt ist, spielt seine militärische Einheit in Dänemark noch heile Welt mit Musikkorps und Vorbeimarsch, aber einen Monat später ist dann doch die Einsicht da: „Wie haben die Nazis uns betrogen!" Das war keine besonders schnelle Erkenntnis, aber es war auch kein Sich-Sperren, kein Trotz, keine Verdrängung der Tatsachen dabei. — Besondere Probleme machte die Neuorientierung nach 1945 offenbar nicht; er wuchs als 17jähriger einfach in eine neue Wirklichkeit hinein. Die Kirche freilich wirkte abdämpfend, neues Vertrauen gebend, und in gewissem Maße — jedenfalls im Kreise solcher Pfarrer, die mit der Staatsbindung und dem „natürlichen" Konservativismus der protestantischen Tradition gebrochen hatten — auch förderlich für ein modernes Bewußtsein. Erst sieben bis acht Jahre nach Kriegsende wird dann so etwas wie politisches Denken „entdeckt".

Solche Entwicklungen waren gerade bei den jüngeren der hier untersuchten Jahrgänge gar nicht selten. Dramatische Mentalitätsprozesse wie z.B. bei Franz F. oder auch bei Erhard B. und Carola S. dürfen nicht als die Regel angesehen werden.

3.1.11 „Die Firma ist bankrott" (Carola S.[10], Jahrgang 1925)

Geboren und großgeworden in einem Fischerdorf in der Nähe von Swinemünde, wächst Carola S. in einem preußisch-vaterländisch geprägten Dorfmilieu gewissermaßen von allein in den Nationalsozialismus und die Hitlerjugend hinein, mehr aufgrund von Sympathiebeziehungen zu einzelnen Verwandten und Bekannten als aufgrund von Entscheidungen oder Entschlüssen. Im Dorf gab es seit je einen starken Antisemitismus und Antikommunismus. Das Mädchen ängstigte sich:

> „Jetzt fängt dich die Kommune, jetzt ist's um dich geschehen! Kommunisten ... schrecken nicht davor zurück, Kinder umzubringen. Ist es deshalb nicht ganz richtig ..., diese Leute ins KZ zu bringen?"

Das Mädchen trat in den BDM ein und rückte rasch zur Führerin auf. Man war auf eine selbstverständliche, nie infrage gestellte Weise nationalsozialistisch. Die Familie bekam viele Einzelheiten über die Verfolgung von Juden aus dem weiteren Bekanntenkreis mit, aber sie hatte „dem Faschismus so gut wie nichts entgegenzusetzen. Für sie existierte keine Gegenwelt, aus der sie hätte lernen können, Abstand zu gewinnen, andere, eigene Maßstäbe zu entdecken und Abscheu zu empfinden. Für sie sah es so aus, als sei die Geschichte immer nur auf jenen Zustand zugelaufen, in dem sich die Deutschen als Siegende befanden". Die starke Bindung an den Nationalsozialismus lockerte sich während des Kriegsverlaufs nicht, eher wurde sie noch stärker. Das junge Mädchen — 1945 immerhin 19 bzw. 20 Jahre alt — war bis zur letzten Minute ungebrochen hitler- und endsieggläubig; selbst als sich die Familie in wilder Flucht vor den Russen befand und die ersten Panzerkolonnen gesichtet wurden, glaubte die Mutter noch, das sei ein deutscher Gegenschlag. Die Nachricht von Hitlers Tod berührte das Mädchen indes kaum noch: „Also hat er sich davongestohlen", denkt sie und: „so etwas tut man nicht." Zu weiteren Emotionen fehlt ihr auf der Flucht die Kraft.

Wie sahen die ersten Reflexionen unmittelbar nach Kriegsende aus? Sie war

„in ihren Gefühlen hin- und hergerissen. Sie möchte gerne treu sein und weiß nicht mehr, was das bedeutet. In Erinnerung an den großen Preußenkönig und die Kolonistensippe war sie immer überzeugt gewesen, es käme darauf an, Reich, Volk und Führer treu zu dienen — und ‚im Unglück nun erst recht'. Aber warum waren preußische Offiziere ... denn nicht treu geblieben? Wollten sie etwas anderem als dem Führer Treue halten? Und was war das? Der 20. Juli 1944 hatte sie und ihre Mutter nachhaltig verwirrt. Dann wieder fragt sie sich, ob eigentlich der Führer, von dessen Selbstmord sie nun weiß, treu geblieben ist."

Hinzu kamen Gedanken ganz anderer Art. Sie bemerkte,

„wie sich ihrer der kühle Geschäftssinn Ahlbecker Fischerfrauen bemächtigt, und sie beginnt, die Rechnung aufzumachen ... Die Firma ist bankrott. Ihr Gründer hat sich davongemacht und sie im Dreck zurückgelassen ... Das war nicht die Geschäftsgrundlage! Unvermittelt verwandelt sich Trauer in Zynismus, die Ausdrucksform von Betrogenen und Hoffnungslosen."

Bei ihrer Mutter liegt die Argumentation wiederum auf einem anderen Gleis. Für sie

„sind schlechte Berater in der Umgebung des Führers, Männer wie der versoffene Ley und dieser Streicher, der alles übertreiben mußte, an dem Ende schuld, und sie bleibt dabei, daß Hitler viel von dem, was nicht gut gewesen sei, überhaupt nicht wußte. Der Gedanke an Mitschuld kommt nicht auf."

Nach kurzem Aufenthalt in der britischen Besatzungszone kehrte Carola S. wieder in die Sowjetzone zurück, arbeitete an verschiedenen Arbeitsplätzen, z.B. bei der Erntehilfe, dann am „Institut Rabe", einem Unternehmen, in dem deutsche Raketenspezialisten für die Russen arbeiteten, verdiente sich auch das Geld als Hausgehilfin und ergriff die Chance, Lehrerin zu werden.

„Auf einem Schloß in der Mark Brandenburg werden Geschichtslehrer ausgebildet; Unpolitische und Unparteiische soll es unter ihnen nicht mehr geben ... Was sie bisher freiwillig getan hat, tut sie nun gezwungenermaßen: sie paßt sich an, sie organisiert sich wieder und kommt dabei in eine ihr bisher ganz unbekannte neue Welt ... Ein verehrungswürdiger Studienrat, der zum väterlichen Freund der Vaterlosen wird, ein konsequenter Hitler-Gegner, lehrt Geschichte nach den Grundsätzen des historischen Materialismus ... Und da sie all dem wieder nichts oder doch nichts Ausreichendes entgegensetzen kann und auch nicht entgegensetzen will, gewöhnt sie sich an die neuen Kategorien. Während an Stellwänden neue Losungen aufleuchten, verblassen gleichzeitig die alten, werden abgetan, vergessen und verdrängt. Treibt Belzebub den Teufel aus? ... Doch ihre bisherige Geschichte wiederholt sich nicht. Nicht noch einmal schwört sie blindlings Treue, ersetzt Vernunft durch Glauben, tötet Zweifel durch Unterwerfung."

1951 ging Carola S. in die Bundesrepublik, studierte in Berlin, wurde später Lektorin und dann eine bekannte politische Journalistin. Im Rückblick bringt sie das, was sie in ihrer Jugend politisch erlebt hat, auf einen Nenner:

„Bis sie fünfundzwanzig wurde, hatte sie nur die Hitler- und Stalinwelt erlebt. Was politische Verführbarkeit, unbedingte Gläubigkeit bedeuten, hatte sie an sich selbst in der Nazizeit erfahren. Auch sie gehört zu den Kindern des 20. Jahrhunderts, die, aufgewachsen inmitten der totalitären Bewegungen seiner ersten Hälfte, verführt durch Ideologien und Ideologen, glaubenssüchtig wurden, des eigenen Denkens entwöhnt, andere für sich denken und entscheiden ließen. ‚Kinder' — mitgerissen von schrecklichen und schönen Weltveränderungsplänen, sich einer Elite zugehörig fühlend und zugleich fasziniert davon, Teil einer Gemeinschaft, Mitglied eines Kollektivs zu sein. Menschen in Gehäusen; des Geflechts aus Dogmen und festen Ordnungen beraubt, zynisch oder hilflos oder verzweifelt. Den Rest ihres Lebens brauchen solche Kinder des Jahrhunderts, um ihre ‚Kindheit' zu verarbeiten."

Sie sieht als Konstante ihres Lebens bis in die Mitte ihres dritten Lebensjahrzehnts ihre politische Glaubensbereitschaft und ihre Faszination durch Gemeinschaftsgefühle an. Die Abwendung vom Nationalsozialismus erfolgt im Grunde genauso „selbstläufig" wie ihre Hinwendung erfolgt war — als der Nationalsozialismus nicht mehr existent ist, ist er auch für sie hinfällig geworden. Bei der Wendung zum Marxismus spielen deutlicher fixierbare Momente eine Rolle: die neuen, überlegenen Verständniskategorien für geschichtliche Prozesse und die Vermittlung durch einen vertrauenswürdigen Menschen. Dies alles war aber nur Vorfeld ihrer politischen „Ichwerdung". Der politische Mensch Carola S. kommt im Grunde erst zu sich selbst Anfang der fünfziger Jahre mit dem Willensentschluß, zur eigenen Identität zu finden und sich nicht mehr von oben definieren und benutzen zu lassen. Diese Wendung in ihrem Leben ist durchgreifender als die bisherigen Entwicklungen. Ihr wichtigstes politisches Schlüsselerlebnis hat weniger den Charakter eines von außen kommenden Geschehnisses als den eines Willensentschlusses, den das Ich mit sich selbst verhandelt und in dem es das Verhältnis von eigener Person und Obrigkeit, welche es auch immer sei, ein für allemal neu regelt. Damit ist eine neue Ebene ihrer politischen Existenz erreicht.

3.1.12 „Schuld bin nicht ich, und wenn schon, das bißchen." (Erich L.[11], Jahrgang 1926)

Erich L. wuchs in einer sächsischen Kleinstadt in einer kleinbürgerlichen Familie auf, in der bis 1931 demokratisch gewählt wurde, später nationalsozialistisch. Auch in seinem Freundeskreis waren die meisten Familien nationalsozialistisch,

„manchmal klang Unbehagen über Rüdes und Lautes der frischen Machthaber durch, aber neue Besen kehren eben manchmal etwas heftig. Was gegen die Juden geschah, war gewiß hart und geschmacklos über jedes Maß, aber, wendete der Vater ein, hätten nicht jüdische Kaufhäuser den Einzelhandel schwer geschädigt?"

Mit zehn Jahren trat Erich L. dem Deutschen Jungvolk bei. Eine anschauliche Momentaufnahme von der feierlichen Aufnahmezeremonie:

„Schon einige Wochen vorher, an seinem 10. Geburtstag, hatte der künftige Pimpf dies auf dem Gabentisch gefunden: Braunhemd und schwarze Hose von den Großeltern, Koppel und Schulterriemen von Tante Lucie, Halstuch und Knoten und Jacke von Mutter und Vater. Er machte sich uniform damit, bevor er sich am Morgen des 20. April mit wimmelnden Scharen anderer Jungen auf dem Platz der SA einfand und unter überlaut wiederholten und nicht verstandenen Befehlen in Reih und Glied geschubst wurde. Da merkte er schon, daß er pinkeln mußte und wagte nicht, sich ein Stückchen davonzumachen und in einen Winkel zu stellen; der Druck der Blase verstärkte sich beim Marsch durch die halbe Stadt zum Schützenhaus hinauf, im Saal traute er sich erst recht nicht, einen Schnurträger um Erlaubnis zum Austreten zu bitten. Fahnen wurden hineinzelebriert, Reden gehalten, und im Pimpfanwärter L. wuchs die Scham, im heiligsten Augenblick, der ihm bislang vergönnt gewesen war, entlaufen zu müssen zur teergestrichenen Wand neben der Bühne, und es wuchs die Angst, er pißte sich in die Hosen. Als die Not am höchsten war, quälte er sich doch aus der Reihe und auf einen Geschnurten zu, der sah ihm die Bedrängnis an und wartete keine Frage ab und zeigte eilfertig den Weg, der Gequälte erreichte die Teerwand mit Müh und Not und schiffte in panischer Angst durchs Hosenbein; das Glück dabei war größer als jedes andere an diesem Tag."

Hat ein Zehnjähriger so etwas wie ein politisches Weltbild, wenigstens in groben Zügen oder in ersten Ansätzen? L. versucht, seine politische Sicht von damals zu rekonstruieren:

„Er sah sein Volk als einen monolithischen Block, umstellt von neidischen Engländern, Franzosen und Russen, später kamen Tschechen und Polen hinzu."

Der körperlich eher kleine und zarte Pimpf tat drei Jahre seine Pflicht, trat in der Regel pünktlich seinen Dienst an, ohne besonders aufzufallen.

„Aber er war kein begeisterter Hitlerjunge, und heute ist der Chronist geneigt zu sagen, daß es begeisterte Hitlerjungen, daß es ein Glück im dritten Glied überhaupt nicht gab. Es gab nur begeisterte Hitlerjugendführer."

Mit 13 Jahren wurde er von seinem Fähnleinführer gefragt, ob er nicht eine Jungenschaft anführen wolle. (Der Jungenschaftsführer war der unterste Führerrang im Deutschen Jungvolk, er trug eine kleine, rotweiße Kordel und hatte etwa 10-15 kleinere Jungen zu „führen".)

„Er sagte sofort Ja, und in diesem Augenblick war sein Verhältnis zur HJ gewandelt, jetzt war er nicht mehr Masse, sondern ein Führerchen, trug Verantwortung und Schnur, hatte den Fuß auf die unterste Sprosse der Himmelsleiter gesetzt, an deren Spitze der Führer stand."

Der Vater wollte seiner Familie einmal etwas Besonderes bieten und fuhr mit ihr am 20. April 1939, Hitlers 50. Geburtstag, nach Berlin. Hier wurde der Junge Zeuge des gewaltigen Vorbeimarsches der Waffengattungen vor Hitler, dem vermutlich eindrucksvollsten Propagandazeremoniell, das es während des Dritten Reiches gegeben hat. Der Eindruck auf den Jungen war überwältigend, er erfuhr sich als Teil einer ungeheuren Macht, er nahm voller Stolz wahr, wie ihn unbekannte Pimpfe grüßten, weil er ja doch an seiner Schnüre als Führer erkennbar war, und er stand mit unter dem Balkon vor der Reichskanzlei, als Hitler sich am Abend sehen ließ, er brüllte „Heil, Heil, Heil!". *„Und die Tausende, die da jauchzten, fühlten sich als Teilhaber dieser Erfolge, auch das dünne L'chen mit seiner rotweißen Schnur."*

Seine Jungvolkführerkarriere ging folgerichtig weiter, er wurde Jungzugführer (grüne Schnur), dann Fähnleinführer (grün-weiße Schnur). 1943 wurde ein Stimmungsumschwung spürbar, es ging mit den Siegen nicht mehr weiter, die ersten Niederlagen waren nicht mehr länger zu verbergen. Wie viele andere, hörte jetzt auch L. Feindsender.

„An klaren Abenden hörte L. wieder und wieder verbotene Sender; was er für sich entnahm, war Angst vor einem ungeheuren Strafgericht, das nach einer Niederlage auch über ihn hereinbrechen würde ... Für L. ergab sich aus der Summe der Sendungen, die er hörte, die Gewißheit: Es bleibt uns ja gar nichts übrig, als immer weiterzukämpfen. Nie hatte er das Gefühl: Da ist jemand, der will dich, Erich L., befreien."

Er meldete sich freiwillig als Reserveoffizier zu den Panzergrenadieren und wurde im März 1944 als Achtzehnjähriger einberufen. Er gehörte zu den wenigen, die eine spezielle Wehrwolfausbildung im März 1945 erhielten, als Deutschland schon zum großen Teil von Alliierten erobert war. Sein Fronteinsatz fand in der Slowakei in einem Stadium statt, als die Fronten sich schon in Auflösung befanden. Er versuchte mit wenigen anderen noch, seinen Wehrwolfbefehlen nachzukommen, wurde versprengt, kam mit genauer Not mit dem Leben davon und wurde von den Amerikanern gefangengenommen.

Er beschreibt die Stimmung in amerikanischen Gefangenenlagern:

„Sie waren beschissen worden, so hörte er es rechts und links, waren schwer angeschissen worden, vonwegen neue Waffen, gleich nach Stalingrad hätte Hitler aufgeben sollen. Sie alle fühlten sich als Opfer von Hitler, Göring, Goebbels ab Stalingrad, die Zeit davor ließen sie im Dunkel. Ihre Taten ließen sie im Vergessen und ihren Anteil am Krieg, sie zogen nicht einmal diesen Krieg in Zweifel, sie hatten Schuldige gefunden und fühlten sich als die armen Schweine, die nun im Dreck lagen. Die Amis mit ihrer Übermacht, für die war es ja kein Kunststück gewesen. Und der Iwan, hundert T 34 gegen einen Tigerpanzer. Nun mußten sie die Scheiße ausbaden. Ihnen sollte keiner wieder kommen. Friedfertig fühlten sie sich von einem Tag auf den anderen, Lämmer, nun solle der Ami sie mal schnell nach Hause zu ihren Frauen und an ihre Arbeit lassen, aufzubauen gab es ja wahrlich genug."

Die Amerikaner entließen ihn bald, er kehrte in seine Heimatstadt zurück, die zunächst noch amerikanisch besetzt war, dann aber der sowjetischen Besatzungszone zugeschlagen wurde.

Seine innere Haltung bei Kriegsende beschreibt er aus der Retrospektive so:

„War er noch Nazi? Er wurde nicht danach gefragt. Eine Kruste bildete sich: Schuld bin nicht ich, und wenn schon, das bißchen. Als Fähnleinführer hier und da strafexerzieren lassen, das bißchen. Die anderen hatten gesiegt, kein Wunder bei der Überlegenheit ... Also ich hab keinen umgebracht, wir haben alle bloß unsere Pflicht ... Jetzt wurde Brot gebraucht. Was denn, wir arbeiten von früh bis spät, was denn."

Zunächst arbeitete er in der Landwirtschaft und wurde dann im Leuna-Werk dienstverpflichtet. 1946 legte er in einem Lehrgang für Kriegsteilnehmer die Reifeprüfung ab und versuchte sich im Anschluß daran als Journalist für lokale Kulturveranstaltungen bei einer kleinen Zeitung in seiner Heimatstadt. Hier sah er sich zum ersten Mal gedruckt, das machte ihm Freude, er bewährte sich, stürzte sich kopfüber in eine neue Geschäftigkeit, und wieder ging alles gewissermaßen seinen natürlichen Gang. Er trat in die SED ein.

„Es ging um den Frieden, alles andere war zweitrangig. Der Imperialismus hatte die Welt in zwei Kriege gestürzt, der dritte drohte, nun mußten alle Gegner des Faschismus und des Imperialismus zusammenstehen. Am energischsten im Friedenskampf, im Aufbaukampf war die SED."

Des raschen Wandels seiner Haltung vom Jungvolkführer zum SED-Mitglied war er sich bewußt und gab sich auch Rechenschaft darüber:

„Jetzt sagt er: ‚Politik, die richtige'. Mit diesem Schritt bewies er, daß er kein Nazi mehr war, daß nun auch für ihn der Weg frei war für friedliches Wachsen. Einer, der einer Karriere wegen seine Gesinnung verleugnete, war er nicht. Aber genausowenig war er sich der Tragweite dessen, was er da tat, bewußt. Februar 1945: Wir werden siegen, weil wir den Führer haben! Februar 1946: Nie wieder Politik! Februar 1947: Brüder, in eins nun die Hände! Verwirrend genug."

Zu seiner raschen politischen Wendung erzählt Erich L. noch eine kommentierende Geschichte: einer seiner ehemaligen Unterführer in der Hitlerjugend, der auch beim Wehrwolf gewesen war und zwei Jahre hinter Stacheldraht gesessen hatte, besuchte ihn, offenbar mit der stillschweigenden Erwartung, sich bei seinem ehemaligen Führer eine Bestätigung dafür zu holen, daß doch nicht alles ganz falsch gewesen sei. Erich L. erklärte ihm, daß er jetzt in der SED sei, und stümperte — nach seinen eigenen Worten — ein Kurzreferat hin, wie das alles gekommen sei. Der Heimkehrer verabschiedete sich und ließ sich nie wieder sehen.

Erich L. rückte im Zeitungsbetrieb langsam weiter auf und arbeitete in einer SED-Redaktion in Leipzig, die aus lauter ehemaligen Nazis bestand. Die Welt fiel für ihn in Kapitalismus und Sozialismus auseinander. Wer für den Sozialismus war, war für den Frieden, der ideologische Kampf ging ohne Atemholen weiter, nur mit umgekehrten Vorzeichen, wie Erich L. nachträglich mit leiser Ironie feststellte. Zum ruhigen Nachdenken blieb kaum Zeit.

„Er wäre so gern ein ganz anderer geworden, fürchtete, es wäre nicht damit getan, daß die grün-weiße Schnur verbrannt war. Nach einem alles durchdringenden Wandel suchte er und war betroffen, daß sich alte Bausteine noch immer fügen ließen … Jeder der Weltkriegssieger riß, kaum war die Asche kalt, nach grober Sichtung auf seine Seite, was gegen die anderen verwendbar schien."

Er begann mit eigenen schriftstellerischen Versuchen und galt um 1950 als aufstrebendes Talent der jungen DDR-Literatur.

In den späten 50er Jahren gab es einen schweren Konflikt mit der Parteilinie der SED, und Erich L. kam wegen „konterrevolutionärer Gruppenbildung" ins Zuchthaus Bautzen. 1981 verließ er die DDR und lebt in der Bundesrepublik.

Erich L. — auch ein deutsches Schicksal im 20. Jahrhundert: Zwei Versuche politischen Totalengagements mit entgegengesetzten Vorzeichen. Beide scheiterten. Was nicht gescheitert ist: der Prozeß der Selbsterkenntnis, das Herausarbeiten dessen, was in einem ist.

Zu seiner kindlichen Sympathiehaltung zum Nationalsozialismus findet der Junge als Teil seiner Umwelt, noch nicht eigentlich als Individuum. Eine deutlichere Identifikation mit dem Dritten Reich bringt der Aufstieg zum Jungvolkführer. Das Hauptmotiv ist klar auszumachen: Teil eines „großen Ganzen" zu sein, auch: an der Macht teilzuhaben. Es scheint sich zu wesentlichen Teilen um eine Art Selbstfaszination zu handeln („Zu welch großen Dingen bin ich, der kleine, schwächliche L., denn doch fähig!"). Auch bei ihm werden von 1943 an Zweifel wach; er hört regelmäßig die Feindsender, seine Reaktion darauf ist: Uns bleibt einfach nichts anderes übrig als zu siegen. Das ist eine vergleichsweise „argumentative" Schlußfolgerung: Nicht einfach aus purer Gläubigkeit und Naivität kämpft er bis zum letzten Augenblick, sondern aus einer Art Einsicht in die Notwendigkeit.

Der 1945 verbreiteten Vorstellung, einer „beschissenen" Generation anzugehören, steht er eher distanziert gegenüber, wie überhaupt der Zusammenbruch des deutschen Reiches für ihn überraschenderweise nicht mit besonders großen Gefühlen verbunden zu sein scheint. Das Leben geht einfach weiter. Auch sein neues Engagement als SED-Journalist in der DDR scheint, soweit zu erkennen ist, nicht von bestimmten, punktuellen Schlüsselerlebnissen bestimmt zu sein. Das Hauptmotiv ist jedoch deutlich auszumachen: Der Kommunismus stellt sich als *der* wahre Gegenspieler des Faschismus dar — wer also seinen Antifaschismus durch die Tat beweisen will, muß konsequenterweise Kommunist werden. Gerade die unpathetische Weise, in der L. diese neue Verpflichtung übernimmt, scheint mir ein Beweis dafür zu sein, daß er die Irrtümer seines früheren Lebens wieder gutmachen will. Sein SED-Engagement gestaltete sich in der Folgezeit schwierig, weil es reflektiert und selbständig war.

Die Frage, ob man seinen Konflikt mit der SED-Führung auch aus generationenspezifischen Motiven erklären darf, scheint mir schwer zu beantworten zu sein. Es spricht aber vieles dafür, daß viele Intellektuelle in der DDR, die sich nach 1945 aus Überzeugung dem Sozialismus zur Verfügung gestellt hatten, in den 50er und 60er Jahren merkten, daß sie das nicht erreichen konnten, was ihnen 1945 als das Wichtigste im Leben erschien: unentfremdet sie selbst zu sein.

3.2 Beobachtungen aus Tagebüchern

Meiner ursprünglichen Absicht nach sollte die Auswertung von Tagebüchern im Mittelpunkt dieser Untersuchung stehen. Der größte Teil der Tagebücher, die mir zur Verfügung standen[12], erwies sich jedoch für Fragen politischer Bewußtseinsbildung als unergiebig. Zunächst macht man als Leser die allgemeine Erfahrung, daß Tagebücher entweder zu dem Pol „Lebenschronik" oder zum anderen Pol „Seelenroman" neigen. Mit Lebenschronik ist hier das genaue Festhalten der äußeren Stationen des eigenen Lebens gemeint, und das kann im Extremfall bis zum völligen Überspringen eigener seelischer Prozesse bei buchhalterischer Genauigkeit im Festhalten von Ereignissen gehen. „Seelenroman" bezeichnet den anderen Pol: Das Ich mit seiner inneren Geschichte wird entdeckt, das Tagebuch wird wichtigstes Instrument, sich der eigenen Probleme zu vergewissern, die Außenwelt tritt in den Hintergrund, politische Ereignisse werden, falls sie überhaupt wahrgenommen werden, in der eigenen Seelengeschichte aufgelöst. Hinzu kommt, daß es in hohem Maße eine Sache von Sprachfähigkeit, Vorbildung und geistigem Niveau ist, ob die Produkte einen Erkenntniswert für Dritte haben. Ich verwerte die Tagebücher deshalb nur als Ergänzung des vorigen Kapitels, um bestimmte, in das Generationenspektrum gehörige Entwicklungen anzuführen, die noch nicht zur Sprache gekommen sind.

3.2.1 „Dann geht solch ein Kribbeln durch meinen Körper" Politische „Empfindungen" im Rahmen der Konformität

Die Tagebücher des damals 16jährigen Mädchens (Geburtsjahrgang 1923) beginnen im Jahre 1939 und enden 1946. Sie handeln fast ausschließlich von den eigenen Gefühlen; das Mädchen bringt seine Nöte zu Papier und hält in einer sehr katholischen Grundhaltung auch Zwiesprache mit Gott.

Die Tagebücher sind ganz ohne Begriffe. Die Lektüre des jungen Mädchens sei mit Autorennamen wie Ludwig Ganghofer, Walter Flex und Agnes Günther wiedergegeben. Hin und wieder wird auf die Kriegslage Bezug genommen, und gegen Ende des Krieges werden die Zukunftsnöte zum Hauptthema.

„Pfingsten, 12. Mai 1940

... Mir wird immer mehr bewußt, daß es einen Kampf um Leben und Tod gibt. Ich glaube aber felsenfest an unseren Sieg, denn es wäre einfach undenkbar, daß dieses nicht der Fall wäre ... Wie unsagbar viele Menschenleben kostet doch ein Krieg. Die niederländische Provinz Groningen ist besetzt und Luxemburg. Eine gewaltige Leistung unserer Wehrmacht ist das. Ob unsere Pferde, der Mond, der Peter, die Quelle, die Selma, der Hans und die Hilde noch leben? Und unsere Soldaten, der Fritz und der Helmut? Die sind jetzt nach Holland. Aber mir fehlen sie so sehr, wie oft standen wir doch im Büro und sahen zu, wie der Peter die Zunge rausstreckte oder die Selma gähnte oder der Mond so wüst war und sich bald den Hals abdrehte und sowas alles.

Dienstag, 20. Mai 1940

Das muß ich unbedingt aufschreiben, das kommt mir heute alles so vor, wie es wohl im Weltkrieg war. Ein direkter Siegesmarsch ist das ja jetzt mit unseren Soldaten; in Holland sind sie schon so sehr weit durch, daß die Festung Holland bald genommen ist. Lüttich, die größte Festung Belgiens, ist gefallen, gestern , am 19. Mai 1940. Eben wurde eine Sondermeldung gegeben. Deutsche und französische Panzerkräfte sind zusammengestoßen, es war ein harter Kampf, die Franzosen wurden geschlagen und flüchteten. Ich glaube, wir ahnen nur, in welch einer gewaltig großen Zeit wir stehen.

Sonntag, 30. Juni 1940

Zuletzt schrieb ich, die Festung Holland sei bald genommen. Heute ist Holland, Belgien, Luxemburg längst geschlagen. Frankreich fragte am 17. 6. 1940 den Führer um die Bedingungen eines Waffenstillstandes und schon am 24. 6. war der Vertrag nicht nur von Deutschland und Frankreich, sondern auch von Italien unterschrieben. In der Nacht vom 24. Juni zum 25. Juni 1940 um halb zwei ruhten die Waffen in Frankreich. Dort ist der Krieg beendet, gegen England wird er mit aller Kraft weitergeführt.

Montag, 4. November 1940

Italien kämpft gegen Griechenland, unsere Flieger erfüllen ihre Pflicht vollauf gegen England, wir leben in einer Zeit — sie muß wohl sehr groß sein, manchmal kommt mir's so zum Bewußtsein, ich glaub aber, wenn alles vorbei ist, dann erst werden wir's richtig ausmessen können.

Mittwoch, 20. November 1940

Heute trat Ungarn dem Dreimächtepakt Japan-Deutschland-Italien bei. Es sollte ein ganz gewaltiger Schlag für England sein. Als Vergeltung für München griff unsere Luftwaffe Coventry an, und zwar muß die Vergeltung hundertfältig gewesen sein. Einmal steht in der Zeitung ‚besonders schwere Treffer auf London', ein andermal, ‚wichtige Verkehrsknotenpunkte oder Rüstungsbetriebe wurden getroffen', kurz und gut, England ist nahe der völligen Vernichtung. Heute hörte ich mal wieder Berichte der Propagandakompanien, also das ist unbeschreiblich, wenn die das all so erzählen, dann denk ich so oft, und dann bin ich eigentlich etwas stolz, daß ich eine Deutsche, ein deutsches Mädel bin, ist doch sehr schön. Wenn das Lied gespielt wird: Bomben auf England, da ist vorher solch eine Musik, als wenn unsere Stukas heruntersaußen (sic), und dann hören wir Bomben fallen, da geht solch ein Kribbeln durch meinen Körper, ich weiß selbst nicht wie. Molotow, ein Abgesandter Rußlands, war am 12. 11. rum beim Führer, es sind allerlei wichtige Gespräche geführt worden. Am 18. November sprach der Duce: ‚Bis zur Vernichtung des Gegners.' ‚Dieser Block hat schon den Sieg in der Faust', so stand es in der Zeitung. Und dann hat der Führer, trotz seiner vielen politischen Fragen und Probleme, die er zu lösen hat, auch noch Zeit gefunden, einen Erlaß zur Vorbereitung des Wohnungsbaues herauszugeben. ‚Nach dem Siege wird das Reich ein gewaltiges Wohnungsbauprogramm durchführen', schreibt die Nationalzeitung. Italien versetzt Griechenland recht heftige Schläge. Graf Ciano und Suñer in Salzburg und Berchtesgaden, sie trafen sich mit Rippentropp (sic). Es ist alles unsagbar aufregend, die Ereignisse überstürzen sich buchstäblich.

Dienstag, 13. Mai 1941

Kinder nein, das muß ich unbedingt aufschreiben, mir kommt's nicht aus dem Sinn, ich kann gar nicht sagen, wie mich das berührt. Von wem hab ich eigentlich das starke Gefühl der Vaterlandsliebe geerbt? Aus mir selbst kann's doch gar nicht kommen. Wenn jemand auch nur im geringsten etwas über den Führer, überhaupt über unser Vaterland spricht, etwas Nachteiliges, dann ist mir so, als wenn jemand meinem Herzen einen Stich gäbe, da sitz ich manchmal und komm nicht los davon. Warum gibt es immer nur noch Menschen, die nicht ihr Vaterland glühend lieben, oh ich liebe es, ja ich kann es im wahrsten Sinne des Wortes schreiben, ich liebe mein deutsches Vaterland über alles. Und ich möchte mich auch sehr gern persönlich einsetzen, aber — nun ja, aber, erstens bin ich kein Junge und zweitens — ein zweitens gibt es in diesem Fall ja nicht. Ich kann doch nur als Junge mein Leben einsetzen. Aber was schreib ich denn alles, ich wollte doch nur das schreiben, was mich so erschüttert. Rudolf Heß, der Stellvertreter des Führers, ist in Schottland gelandet. Stelle sich das nur mal einer vor. Ausgerechnet Rudolf Heß, den ich immer so gut leiden mochte. Ja hat der Mensch denn nun wirklich keinen Verstand mehr? Wie konnte er das nur tun, wie konnte er nur. — Mein Gott, ich finde es einfach fürchterlich. Wenn dies mal einer lesen sollte, vielleicht viel später mal, will ich auch noch aufschreiben, daß dem Rudolf Heß vom Führer verboten wurde zu fliegen, im Radio wurde gesagt, er wäre geistig umnachtet. Wegen einer immer fortschreitenden Krankheit dürfte er nicht mehr fliegen und nun tut er's doch. Er fährt nach Schottland und, so wird gemeldet, will sich dort bei ihm persönlich bekannten Engländern für den Frieden einsetzen. Ist das nicht fürchterlich? Für unsere Feinde wird das natürlich eine moralische Stärkung sein. Und wer glaubt das alles vom geistig umnachtet sein, vom Hypnotisieren? Das ist das schlimmste. Es wird gesagt, wie kann ein … nach Schottland fliegen usw. Es wird aus dieser Sache eine mystische Geschichte gemacht, da stimmt was nicht, sagen welche. Wenn jemand so empfände wie ich, der wird mich verstehen, wie es in mir brodelt. Sollen sie's ruhig denken, aber nicht aussprechen, ach was hat das für einen Sinn, sich hier Gedanken zu machen, ich kleines Menschenkind im großen deutschen Reich, ob ich mich nun aufrege oder nicht, da kräht kein Hahn nach. Und doch kann ich nicht anders, ich kann auch nichts dazu."

Die Tagebücher der Jahre 41, 42, 43 und 44 erwähnen weder Politisches noch die Kriegslage. Hier stehen einzig und allein seelische und berufliche Probleme im Mittelpunkt.

„Utrecht, 11. 3. 1945

Gerade sind die Nachrichten, du lieber Gott, wie lange soll denn nur dieses grausame Ringen noch anhalten? Es wird immer, immer schlimmer. Ich habe manchmal doch etwas Angst.

Sonntag, 15. 4. 45

Warum wird denn nicht Schluß gemacht? Es muß nun ja aussichtslos sein. All die vielen Menschenopfer umsonst? Mir ist wieder einmal so schwer. Ist das denn wirklich das Leben? Und ich darf doch gar nichts sagen, weil ich es ja doch so gut habe. Wir haben nun Hochbetrieb hier im Lazarett, Zugänge und nochmal Zugänge. Verwundete. Es ist doch alles ganz unsagbar. Sind wir nicht wirklich um unsere Jugend betrogen? Wir jungen Menschen all. Vor kurzem sagte Hauptfeldwebel V. zu mir: ‚Wenn jetzt Frieden wäre, wären Sie gewiß zu Hause, verheiratet, hätten vielleicht schon ein Kindchen und so weiter.' Ob das nie kommt? Wie unsagbar gern möchte ich doch Mutter werden, eine ganz richtige, die dem Mann helfen kann in vielen Dingen. Sollte ich mich nicht doch schämen? Immer wieder kommt trotz der großen Not draußen das kleine unscheinbare Ich zum Vorschein. Es wird aber doch bei allen Menschen so sein. Für die, die noch leben, geht das Leben weiter. So manche Wunden heilen, ohne Narben zu hinterlassen.

Delft, 22. 4. 45

Was wird die Zukunft bringen? Wie mag es wohl in Gefangenschaft sein? ... Heilig Vaterland! Wie unsagbar ist doch alles. Heimatland, man kann es wirklich bald alles nicht glauben. Kann man jemals wieder froh werden? Aber weiter geht das Leben, immer weiter, weiter ohne Frage, wo es drüber wegschreitet.

Delft, 2. 5. 45

Eins möchte ich nicht vergessen, der Führer ist gefallen, gestern um vier. Denk bitte keiner, es ginge mir nicht nahe, es ist nur unbeschreiblich.

Delft, 13. 5. 45

Ich weiß nicht, aber wie es in letzter Zeit wieder in mir aussieht, das ist direkt verheerend. In der Welt ist nun nach außen Frieden oder sagen wir besser Waffenstillstand. Blut wird nun nicht mehr in so rauhen Mengen fließen. Heimatland, mein geliebtes Vaterland. Was wird mit meinen Idealen in dieser Hinsicht? O Heiland im Himmel, ich möchte weinen und ich kann nicht. So dumpf und schwer ist es in mir.

Haldensleben, 5. 7. 45

Es ist so unsagbar vieles passiert in der letzten Zeit. Seit dem 1. 7. 45 sind die Russen hier. Es ist ein namenloses Elend in vieler Hinsicht. Manchmal kann ich es einfach nicht begreifen, daß es so kommen mußte. Und immer dankbar werde ich für die mir vom lieben Gott geschenkte Zeit in Utrecht / Delft in Holland sein. Ach, es war ein kurzer Trunk, den ich vom Leben trinken durfte, vom großen, weiten und schönen Leben.

Ich selbst habe nicht zu klagen, aber ich weiß, warum ich dieses hier niedergeschrieben habe, es soll keinen ironischen Beiklang haben. Ich sage nur: Deutschland! Vaterland! Unausgesprochen, ungeschrieben muß alles andere bleiben, es muß es.

Haldensleben, 28. 8. 45

Dieses Elend, es ist ja so schlimm. Wie laufen unsere Soldaten herum, wie kommen sie nach Hause! Da könnte man aufschreien. So viele Jahre gekämpft und gelitten — für uns! Und nun? Ich komme einfach nicht klar damit, ich kann nicht glauben, daß all ihre Opfer umsonst sind. Und wie verhält es sich nun mit meinem eigenen Deutschtum. Schau ich mir die Geschichte, die Kunst oder die Wissenschaft an, wer stand an erster Stelle? Deutschland! Deutschland. Wie lieb ich dieses Vaterland, und wie stolz war ich, eine Deutsche zu sein.

Haldensleben, 8. 9. 45

Den jungen Mann im Zug möchte ich doch noch erwähnen, ich mocht ihn so gern, er war so, wie ich mir einen wirklichen deutschen Menschen vorstelle. Aber auch er fragte: ‚Wofür haben wir gekämpft?‘ Doch das schlimmste wäre, daß Deutsche vergessen würden, daß sie Deutsche wären. Ja, leider hat er recht, und ich hätte ihm doch sagen mögen, nein, es ist nicht wahr, es darf nicht wahr sein.“

Man kann das politische Empfinden des jungen Mädchens mit dem Wort „konform“ bezeichnen, denn sie leistet sich an keiner Stelle ihres Tagebuchs politische Empfindungen, die von den stummen Erwartungen oder von den Gefühlen der Mehrheit der Bevölkerung abweichen. In den Anfangsjahren des Krieges erfüllt sie die Erwartungen von oben, legt die geforderte Siegeszuversicht an den Tag, empfindet, wenn auch manchmal mit einigen Anläufen, die Größe der Zeit und erlebt die angebliche Vernichtung Englands aus der Luft mit einer Begeisterung, die in auffälligem Gegensatz zu der auf weitesten Strecken des Tagebuchs zum Ausdruck kommenden gefühlvollen Seelenhaltung steht. Das war nicht untypisch für weite Bevölkerungskreise. Vollständig anders ist der Ton bei Kriegsende. Auch hier ist er nicht origineller geworden, denn er gibt nur wieder, was die meisten dachten: „Warum wird denn nicht Schluß gemacht?“. Die Heilig-Vaterland-Gefühle werden zwar noch mitgeschleppt, sind aber hohl geworden; die Verfasserin bemerkt selbst auf eine verschwommene Weise, daß da etwas in ihrem Gefühlshaushalt nicht mehr ganz stimmt: „Der Führer ist gefallen, gestern um 4 Uhr. Denk bitte keiner, es ginge mir nicht nahe, es ist nur unbeschreiblich.“ Mehr kann sie dazu nicht sagen, und was eigentlich unbeschreiblich ist, wird gar nicht mehr ausgedrückt. Bis zum Schluß bleibt aber „das Deutsche“ ein sakraler Wert, wenn auch nur in der Weise, daß man jetzt, wo das Deutsche Reich nicht mehr besteht, das Deutschtum im Inneren bewahren muß.

Wenn das Wort Auseinandersetzung bedeutet, Empfindungen und Gefühle in Begriffe zu fassen, sie in geistige Zusammenhänge zu bringen und — etwa in Form von Argumenten — gegeneinander abzuwägen, so findet hier eine Auseinandersetzung nicht statt. Es bleibt alles im Gefühligen stecken. Vermutlich hat für viele Menschen die politische Welt, wie in diesem Falle, eine marginale Rolle gespielt. Insofern kann man davon ausgehen, daß die in diesem Tagebuch gespiegelte Haltung für eine nicht geringe Zahl von Menschen charakteristisch war.

Leider liegen mir weiterführende Tagebücher nicht vor, es sind also keine Aussagen darüber möglich, ob in der Folgezeit irgendetwas „aufgearbeitet“ wurde.

3.2.2 „Das Dritte Reich geht seinem Untergang entgegen“ Frühe Entschiedenheit eines Dreizehnjährigen

So unscharf das politische Bewußtsein des oben geschilderten jungen Mädchens war, so entschieden und früh ausgeprägt war es bei einem Jungen aus Dortmund, der zum Geburtsjahrgang 1931 gehört und von dem mir 27 Tagebücher allein aus den Jahren 1944-47 vorliegen. Der Junge begann mit dreizehn Jahren Tagebuch zu schreiben und hat dieses Geschäft geradezu exzessiv betrieben, bis zu zehn Kladden pro Jahr. Zwar gehören diese Tagebücher auch zum Typ „Seelenroman", denn sie handeln hauptsächlich von den Pubertätsnöten eines Jungen, der von den ersten erotischen Gefühlen nicht schlecht gebeutelt wurde. Das Auffällige liegt jedoch in zwei anderen Momenten, die ein durchgehendes Motiv durch alle Kladden hindurch bleiben: eine ganz ungewöhnliche, tiefe Frömmigkeit und eine ebenso ungewöhnliche, mit äußerster Schärfe vorgetragene Gegnerschaft zum Nationalsozialismus. Ich verwende den Terminus „ungewöhnlich" nicht deshalb, weil die Kombination dieser Haltungen an sich etwas Ungewöhnliches gewesen sei, sondern weil sie es bei einem Jungen von dreizehn Jahren war. Woher diese frühe Entschiedenheit stammte, wird aus den Tagebüchern selbst nicht klar, die entscheidenden Weichenstellungen müssen schon früher geschehen sein; ob sie aus dem Elternhaus stammen, bleibt ganz im Ungewissen. Eine Entwicklung ist in diesen Haltungen überhaupt nicht festzustellen, weil beide Positionen bereits von Anfang an mit einer solchen Eindeutigkeit da sind, daß sich eine Steigerung nicht mehr denken läßt. Natürlich wirken die Tagebücher deshalb, vergleicht man sie mit den Hervorbringungen anderer 13- oder 14jähriger, ausgesprochen frühreif, hin und wieder sogar verklemmt. Aber als politisches Phänomen sind sie beachtenswert: Bei der Generation, die fast von Beginn ihres Lebens an der nationalsozialistischen Beeinflussung offengestanden hatte, bilden sich, und zwar keineswegs beeinflußt von einem geschlossenen antinationalsozialistischen Milieu, die entschiedensten, kompromißlosesten Gegenorientierungen — und dies schon in einem Alter, in dem man oft noch mit Modellautos spielt und Indianderbücher liest.

„Dortmund-Hörde, 12. April 1945

... Soeben erfahre ich aus zuverlässiger Quelle, daß der Gauleiter Albert Hoffmann verschwunden ist und der Dortmunder Polizeipräsident sich im (unleserlich) erschossen hat. Gauleiter Albert Hoffmann war der Mann, der die Bevölkerung seines Gaues aufforderte, unermüdlich weiterzukämpfen und ist jetzt selbst geflüchtet. Wir wissen also jetzt, was wir von einer NSDAP zu halten haben, was wir übrigens schon früher wußten.

18. April 1945

Das Dritte Reich geht seinem Untergang entgegen ... Die amerikanischen Truppen drangen in Leipzig, Dresden, Magdeburg und Nürnberg ein. Adolf Hitler erließ einen Aufruf an die noch verbliebene deutsche Wehrmacht, in dem es heißt, daß alle Offiziere, die sich ohne Befehl ergeben wollen, rücksichtslos umgelegt werden sollen. Ein Beispiel, wie große Ausmaße der Rückzug ohne Befehl annimmt. Die Untergrundbewegungen und Aufstände in Berlin nehmen täglich zu ... Je weiter die Alliierten nach Deutschland hineinkommen, desto mehr Konzentrationslager werden identifiziert. Die berüchtigtsten der gefundenen befinden sich in Nordhausen, Buchenwald und Belsen. Die Zustände in diesen Lagern sind nicht zu beschreiben. Die politischen Gefangenen, Frauen, Kinder, Greise und unschuldige Männer wurden auf die bestialischste Weise von den Nazis, der Gestapo und SS zu Tode gefoltert. Tagelang ließ man sie hungern. Schwer mußten sie arbeiten und waren immer den Mißhandlungen der SS ausgesetzt. Täglich starben ca. 200 KZ-Insassen. Weimarer Bürger wurden unter alliiertem Zwang aufgefordert, sich die Opfer dieses Naziterrors anzusehen. Einige Frauen fielen in Ohnmacht bei dem Anblick der zu Tode gequälten und geschändeten Leichen. Diese Morde an unschuldigen Menschen stellen den Nationalsozialismus in das richtige Licht. Wer weiß, wieviel KZ-Lager noch aufgefunden werden, die die Schandtaten des Dritten Reiches an das Licht bringen.

19. April 1945

Wie ich heute morgen erfahre, wurde im (unleserlich) in Brüminghausen ein Massengrab von 132 Personen aufgefunden. 23 Personen, darunter Frauen und Kinder, konnten bisher identifiziert werden. Weitere Bombentrichter, in denen sich die Leichen befinden, in völlig verstümmeltem Zustand, sind noch nicht geöffnet worden. Die alliierte Presse ist voll von den nazistischen Greueltaten, deren Abbilder täglich in Deutschland aufgefunden werden. Eine britische Parlamentsdelegation wurde zur Inspizierung nach Deutschland entsandt. Mein Vater überzeugte sich heute nachmittag persönlich von den Gestapo-Mordtaten an unschuldigen Menschen. Die Nazimitglieder werden jetzt exemplarisch an die Arbeit gestellt. Das beste Beispiel ist Doktor Jo Philippi, der allein die Schutthaufen vor seinem Hause im Schweiße des Angesichtes wegfahren mußte, während er in den vergangenen zwölf Jahren keine Handarbeit mehr leistete ... Heute abend sprach um 20.15 Uhr Dr. Goebbels am Vorabend des Hitler-Geburtstages. Er sagte, daß Deutschland ohne Adolf Hitler nicht existieren könne und vieles andere mehr. Im übrigen ist es immer der gleiche Tratsch. Er versprach uns eine schöne Zukunft, die nie (unleserlich) werden kann und klagte die angeblichen Verbrecher anderer Länder an und hat doch selbst die eigenen vergessen oder will sie nicht wissen.

22. April 1945

Stockholm meldet heute, daß der Gauleiter von Ober(unleserlich) namens Eihecker (?) (schwer leserlich) einige österreichische Freiheitskämpfer von den SS aufhängen ließ, und zwar an Laternenpfählen. Die Erhängten wurden nachts von starken SS-Wachen bewacht. Am anderen Morgen waren die Erhängten verschwunden, und statt dessen baumelten die SS-Wachen an den Laternenpfählen. Wie London meldet, wurden im KZ-Lager Dachau 1 300 Priester ermordet. Die Priester waren hauptsächlich an kirchlichen Feiertagen, wie am Karfreitag, den unmenschlichsten Mißhandlungen der SS ausgesetzt. Hunderte von Geistlichen wurden gequält und an den Händen aufgehängt. Ein Priester aus Mayen mußte tagelang im KZ-Lager Dachau mit erhobener Hand umhergehen, wie zum Heil-Hitler-Gruß. Als er völlig erschöpft war, wurde er mißhandelt und starb bald. Täglich häufen sich diese oder ähnliche Nachrichten, die deutlich den satanischen Nationalsozialismus zeigen.

25. April

Der Endkampf um Nazi-Deutschland geht mit unverminderter Schnelligkeit weiter. Ganz Berlin ist eingekesselt ...".

In dieser Weise geht der Bericht von Tag zu Tag weiter. Aufschlußreich daran ist, daß die Meldungen von den Greueltaten in den Konzentrationslagern fast vom ersten Tag der alliierten Besetzung an die Runde machten und, wie man an diesem Fall sehen kann, eine außerordentliche Wirkung taten. Der dreizehnjährige Tagebuchschreiber benutzt nicht nur die Bezeichnung „Nazis" — das wurde ja in breiten Bevölkerungskreisen getan, wenn Parteifunktionäre gemeint waren —, sondern übernimmt auch ohne weiteres und mit großer Selbstverständlichkeit den Begriff Nazi-Deutschland im Zusammenhang mit dem Endkampf um Berlin. Gerade angesichts des noch beinahe kindlichen Alters des Tagebuchschreibers darf man sagen, daß alles, was von einer Erziehung im nationalsozialistischen Deutschland überhaupt vorhanden war, in Blitzesschnelle völlig abgestoßen wurde und für die weitere Entwicklung der Persönlichkeit keine Rolle mehr gespielt haben kann.

3.2.3 *„Laß dich nicht mit schlechten Frauen ein"* Evangelisch-nationales Glaubenspathos

Ein weiteres, sehr ausführliches Tagebuch (488 Seiten) soll hier nur unter einem speziellen Aspekt beleuchtet werden. Es stammt von einem Jungen des Geburtsjahrgangs 1926, der 1943 im Alter von 16 Jahren zunächst als Luftwaffenhelfer eingezogen wurde, dann zum Reichsarbeitsdienst kam und schließlich als Flieger bei Kriegsende in Gefangenschaft geriet. Nicht der Lebenslauf selbst ist in unserem Zusammenhang von Interesse, sondern der dem Tagebuch beigegebene Briefwechsel zwischen dem Jungen, seinen Eltern und Großeltern und dem älteren Bruder, der auch Soldat war. An diesem Briefwechsel läßt sich studieren, wie sich eine bestimmte Spielart des deutschen Nationalismus, der deutlich in der evangelischen Kirche beheimatet war, in zwei verschiedenen Generationen, bei Vater und bei Sohn, auswirkte. Der Vater, Arzt im Ruhrgebiet, war — jedenfalls soweit das aus den Briefen zu erkennen ist — ein Musterbild nationalistisch-gläubiger Haltung, die so entschieden das Leben der Familie bestimmte und bei jeder Gelegenheit vorgetragen wurde, daß die Grenzen zum Nationalsozialismus völlig aufgehoben erschienen, obwohl das nationalsozialistische Glaubensbekenntnis — Rasse, Lebensraum, völkische Einheit — in diesem Briefwechsel nicht vorkam. Ich führe nur einige wenige Briefstellen von Vater und Mutter an, weil diese nicht zu der Generation gehören, die Gegenstand unserer Untersuchung ist. Immerhin mögen sie als wichtigste Sozialisationsinstanzen des heranwachsenden Jungen weitgehend sein Weltbild geformt haben.

Zur Frontlage schreibt der Vater im September 1943:

„Wenn auch schon früher die Kampfesweise der Italiener für uns unverständlich war und uns furchtbare Verluste und Niederlagen (Afrika, Stalingrad) eingetragen hat, so ist doch dieses Maß an römischer Falschheit für Menschen unseres Schlages schlechthin unverständlich. Ich glaube auch nicht, daß sich der Italiener aus dieser Niederung und Gemeinheit zu einem brauchbaren Kombattanten erheben wird. Die ganze Last des Kampfes wird auch dort auf unseren Schultern liegen, wie bisher, mit dem Unterschied, daß wir über die Qualitäten des Bundesgenossen genauestens unterrichtet sind. Ein wahres Heldenepos von antikem Ausmaß läßt sich über die Befreiungstat des Führers und seiner Männer anstimmen. (Gemeint ist hier die Befreiung Mussolinis auf dem Gran Sasso, d.Hrsg.). Das war endlich mal wieder etwas, worüber man sich herzlich freuen konnte, nachdem so wenig Anlaß zur Freude und Aufmunterung durch die ganzen Ereignisse gegeben war. Nun heißt es einfach, klipp und klar, so lange aushalten, bis die Gegenseite ihre wütenden Angriffe einstellen muß aus Mangel an Menschen und Material und auf der Hut zu sein vor neuen trojanischen Pferden. Unsere Sache ist jedenfalls nicht hoffnungslos, sonst wären wir in den letzten Tagen vom Schicksal nicht so offenkundig begünstigt worden."

Brief des Vaters vom 26. 9. 1943:

„Unser Vertrauen ist unerschüttert. Unser Glaube gleicht dem Glauben dessen, dem keine Wahl gelassen ist zwischen Sieg oder Untergang. Unsere Hoffnung ist auf Gott gesetzt, der unsere Feinde mit ihrer eigenen Waffe, der des Hasses und Vernichtungswut schlagen wird ... Sursum corda!"

Der Vater gratuliert seinem älteren Sohn zur Verleihung des Kriegsverdienstkreuzes 2. Klasse[13]:

„Aus besonderem und stolzem Anlaß nimmt ein Extrabrief seinen Weg zu Dir. Wir sind stolz auf unseren Jungen und gratulieren ihm und uns. Es ist ein schönes und befriedigendes Gefühl, durch Tapferkeit vor dem Feinde zur Anerkennung und Dekorierung zu den hohen Vorgesetzten kommandiert zu werden. Vielen ist die Ausfüllung des Knopfloches so wichtig, daß sie meinen, ihre ganze Seeligkeit hinge davon ab, und hinterher können sie nicht genug angeben damit. Aber auch hier weißt Du die klassische Würde, die den Verdienst mit Stolz, aber ohne Überheblichkeit trägt, zu wahren."

Brief des Vaters vom 23. 10. 1943:

„Für uns ist es das Schönste, daß Du Dich selbst in unmittelbarem Schutz Gottes weißt. Auch wir haben dies Vertrauen. Wir leben in einer so aufrüttelnden und furchtbaren Zeit, daß man ohne dieses Vertrauen gar nicht leben könnte. Dieser Glaube greift über unsere Vorstellungswelt hinaus in die metaphysische Sphäre und widerspricht allen vernünftigen Erwägungen. So können wir uns schlechterdings nicht vorstellen, daß Gott alle Dinge, die größten und die kleinsten, in seiner schirmenden Obhut hat. Wir wüßten nicht, wie er das anstellen sollte, weil wir nur mit unseren Verstandesmitteln darüber nachdenken können. Daß es auch andere Mittel einer umfassenden und doch das Kleinste im Auge behaltenden Schau gibt, darüber kann uns unser Verstand keine Auskunft geben, weil er seiner Struktur nach an das principium individuationis (Schopenhauer) gebunden ist."

Brief vom 18. 11. 1944. Der Vater berichtet dem älteren Bruder davon, daß der Jüngere zur Luftwaffe eingezogen worden ist.

„Dann haben wir zwei Söhne, die dem Vaterland dienen, dem grimmigen Feind entgegenzutreten und ihm alles heimzuzahlen, was er an unserem friedliebenden Volk verbrochen hat. Wir haben durch unseren Zusammenbruch die letzte Läuterung des Schicksals erfahren ... Glauben unbedingt, auch ohne des Sieges sicher zu sein, ist echter Lutherglaube. Wir glauben ja nicht an einen *lieben* Gott, auch nicht an eine Welt, in der wir berufen sind, das Böse zu vertilgen, dazu ist in uns selbst viel zuviel Böses, als daß wir uns pharisäerhaft über andere erheben könnten. Wir glauben an einen Gott, der furchtbar sein kann und unerforschlich in seinen Wegen, der seine gläubigsten Anhänger, und gerade die, in wildeste Zweifel und furchtbare Qualen stürzen kann und doch unentwegtes Vertrauen verlangt."

Nach einem schrecklichen Luftangriff am 25. Februar 1945 schreibt der Vater:

„Das Losreißen von der Heimaterde ist schwer, besonders wenn man ziellos in die Ferne schweifen soll. Mit uns haben natürlich in der gleichen Nacht Tausende und Abertausende das gleiche Schicksal erlitten und viele werden es noch erleiden müssen, bis endlich einmal dieser furchtbare Krieg ein Ende nimmt. Es darf aber kein Ende mit Schrecken sein, darum wollen wir lieber weiterkämpfen und weiter aushalten, damit unser ganzes Volk nicht einem Feind ausgeliefert wird, der mit herkömmlichen Maßstäben nicht zu messen ist ... Gewaltiger als das Schicksal ist der Mensch, der es unerschüttert trägt."

Bei seiner Einberufung als Luftwaffenhelfer schreiben ihm die Eltern einen Brief:

„Ein Mensch ohne Religion gleicht einem Schiff ohne Steuer und Tiefgang. Der Augenblick und der Genuß ist seine Richtschnur und niemals kann er sich aus Sturm und Wellen des Lebens zu einem klargerichteten Kurs erheben. So ist er auch den Versuchungen nicht gewachsen, die an ihn herantreten und schwerer zu überstehen sind, als Du jetzt denkst. Schon die Reinhaltung des eigenen Körpers von Selbstbefleckung ist ein Gebot der sittlichen Sauberkeit, aber damit sind noch keine gesundheitlichen Gefahren verbunden. Die lasche Auffassung der meisten Deiner zukünftigen Kameraden in sexuellen Dingen ist eine Gefahr für Gesundheit und Zukunft. Laß Dich nicht verführen, um keinen Preis, wenn die Versuchung auch noch so groß ist. Viele haben eine schwache Stunde mit einem Leben voller Krankheit und Selbstvorwürfen bezahlen müssen. Erschütternde Beispiele zerrütteter Existenzen stehen mir zu Dutzenden zur Verfügung. Darum laß Dich nicht mit schlechten Frauen ein... Denke in jeder Stunde, die Dich in Versuchung führt, daran, ob Du Deinen Eltern klar ins Auge sehen könntest, wenn Du nicht widerständest. Wie mit den Eltern, so ist es auch mit Gott. Wir alle haben unser Gewissen, auch das will gepflegt und gehört werden, und wenn es sich nicht mehr meldet, dann sind wir schon verloren. So geh mit Gott."

Bürgerliche Wohlanständigkeit, lutherischer Glaube und nationale Selbstgerechtigkeit sind bei dem Vater zu einer klassischen Einheit verschmolzen. Man ist geneigt zu sagen: Man brauchte gar kein ‚Nazi' zu sein, um dennoch ganz und gar bruchlos in das Musterbild eines Nationalsozialisten hineinzupassen. Interessant ist der beinahe unmerkliche Wandel der religiös-nationalistischen Weltansicht dieses Mannes im Verlauf der letzten Kriegsjahre. Anfangs hat sein Nationalismus etwas Offensives, er will den Kindern sichtlich die Nationaltugenden ins Herz pflanzen; je deutlicher es wird, daß der Krieg möglicherweise nicht gewonnen wird, um so eindeutiger wird die direkte Rückkoppelung an Gott: Er hält alle in seiner Hand, zunächst mehr im Sinne von Obhut, dann immer stärker im Sinne von Prüfung, und erst ganz am Schluß, als die Hoffnung auf ein glückliches Ende hinfällig geworden ist, wird eine Art von Stoizismus daraus. Soweit sich das aus den Briefen feststellen läßt, waren die politischen Kategorien dieses Mannes auf das äußerste reduziert. Er kam aus mit den beiden Kategorien „Wir" und „Der Feind"; auf wessen Seite das Recht war, konnte keinen Augenblick in Zweifel gezogen werden; und wo dann angesichts des Ausganges des Zweiten Weltkrieges die Zweifel hätten auftauchen können, wurde das Geschehene als Prüfung Gottes interpretiert, der man sich zu beugen habe, auch wenn man sie nicht verstehe. Man kann sich kaum ein Kategoriensystem vorstellen, das geeigneter wäre für die Abwehr jedes politischen Denkens als dieses.

Die Söhne nun scheinen, soweit wiederum aus den Briefen hervorgeht, diese Weltansicht nicht oder allenfalls sehr verdünnt übernommen zu haben. Sie reagieren gar nicht darauf, allerdings auch nicht in Form irgendeines Widerspruchs. Sie waren pflichttreue Soldaten bis zum letzten Augenblick, Zweifel scheint es kaum gegeben zu haben, das vaterländische Opferpathos und der Stolz des Vaters hatte sich bei den Söhnen als Pflichtgefühl niedergeschlagen. Die Briefe der Söhne sind insgesamt viel nüchterner, frei von Gefühlsüberschwang, aber auch ganz ohne politische Wahrnehmung.

3.2.4 *„Ein Hofhund, schlecht genährt, doch groß …“* Empfindlichkeit gegenüber alliierter Selbstgerechtigkeit

In einer Reihe von Tagebüchern, bei deren Verfassern und Verfasserinnen keinerlei Zweifel an ihrer antinazistischen Einstellung besteht, wird eine gewisse Empfindlichkeit gegenüber einem bestimmten Typ amerikanischer und englischer Argumentation sichtbar. Im Tagebuch der bereits oben erwähnten Lore K. heißt es am 16. 5. 45:

„Die moralischen Stimmen des Auslandes werden immer übler. Die Churchill-Rede unerträglich. Die dicke Moralinauflage amerikanischer Sendungen recht ekelhaft. In vielen Dingen haben die Sprecher ganz recht. Es sind wirklich unerhörte Dinge geschehen, doch steht die moralische Entrüstung im Dienste der Politik! Sie wäre Rußland gegenüber wohl ebenso angebracht, aber da deckt der Nutzen des Bündnisses die offenen Mängel der moralischen Beschaffenheit des Partners zu. Auch ist der amerikanische Optimismus in der Erziehung so schwer verständlich. Es wird immer nur eine Seite gesehen. Was unter dem NS-Regime in Deutschland noch möglich war, daß weiß draußen keiner, von der geistigen Existenz, auch von der moralischen des eigentlichen Volkes weiß man wenig draußen, fast nichts. Und es wäre so einfach für die anderen jetzt! Ein wenig kühle Gerechtigkeit, ein wenig Einsicht in den wirklichen Verhalt, mehr gar nicht, wäre notwendig … Man macht offensichtlich genau dieselben Fehler wie 1918.“

In einem anderen Tagebuch aus dem Jahre 1947 beschreibt ein 17jähriges Mädchen aus dem Rheinland ausführlich ihre Aktivitäten in einem deutsch-englischen Gesprächskreis, den außerordentlichen Gewinn, den sie davon hat, und legt ihre Hoffnungen auf eine Aussöhnung der Völker dar, die sie an den Namen Viktor Gollancz knüpft. Dann steht unvermittelt das folgende Gedicht von Hermann Mostar im Tagebuch:

„24. Januar 1947
Die Schuldfrage
Ein Hofhund, schlecht genährt, doch groß,
riß sich von der Kette los.
Er würgt nun Huhn und Lamm und Pferd,
und da sich keines recht gewehrt,
ward Mut aus Hunger, und der Hund
biß Löwe, Bär und Adler wund.
Doch die drei Großen, schnell erwacht,
zerfetzten ihn, eh er's gedacht.
Dreifach gekettet und halb tot
lag er in Hunger, Schmerz und Not,
sah, was er tat, was er verlor
und nahm sich ernstlich Bess'rung vor.
Er dachte nach, was da zu tun —

doch Leu, Bär, Hahn, Pferd, Lamm und Huhn,
kurz alle, die er je verletzt,
umstanden ihn im Kreise jetzt.
Es brüllte, brummte, gackte, schrie:
‚Ein Vieh wie dich gab es noch nie
und du bist schuld und immerzu
bist du, nur du schuld, du, nur du!'
Der Hund, grad im Begriff zu sehen,
was er verbrach, und zu gestehen —
der Hund kommt gar nicht mehr zu Wort,
so schreit es dort, so schreit es fort,
und wie der Zehnte schuldig spricht,
denkt er, so schlimm war's wieder nicht.
Und wie er's hundertmal vernimmt,
denkt er, wer weiß, ob's wirklich stimmt.
Und wie er's tausendmal gehört,
denkt er, als ob ihr Engel wärt.
Und beim millionsten Schrei von Schuld,
da reißen Nerven und Geduld,
und schließlich kläfft das Hundetier:
‚Ich bin unschuldig, schuld seid ihr'.

Unter dieses Gedicht hat das Mädchen ostentativ geschrieben: „Ganz meine Meinung!"

Die selbstgerechte Art des Moralisierens scheint die Amerikaner übrigens viel Sympathien gekostet zu haben. Golo Mann, damals amerikanischer Offizier in Deutschland, schreibt am 16. 9. 1945 an seine Mutter Katia Mann: „Die Selfrightiness, das beständige Moralisieren, womit wir all dies verbinden ... macht, daß ich Stunden im Bett wachliege und mich gräme."

3.2.5 „Es müßten Menschen herrschen, die gut sind" Vorpolitischer Idealismus

Wo die Tagebücher jüngerer Menschen in den Jahren 1946 und 1947 Politisches berühren, geschieht das oft in einer idealistischen Weise. Man muß dabei bedenken, daß im Schulunterricht damals um politische Fragen ein großer Bogen gemacht wurde, daß politische Bildung noch nicht eingesetzt hatte und daß in der Besatzungszeit für die Jugend nur wenig Möglichkeiten bestanden, politisch ihre Stimme zu Gehör zu bringen oder auch nur mitzudiskutieren.

Anfang 1947 schreibt ein Achtzehnjähriger nach seiner Rückkehr aus der Kriegsgefangenschaft in sein Tagebuch:

„Ich denke mir die Zukunft so: In der ganzen Welt scheinen kleine Gruppen von Menschen die Fehler der Welt erkannt zu haben, Menschen, die vom Idealismus beseelt sind, die Welt zu bessern. In vielen Artikeln von aus- und inländischen Zeitungen kommt das zum Ausdruck. Wir gehören auch dazu. Wir wollen eine neue Welt schaffen, in der der geistige Adel, der edle Mensch herrschen soll. Der Krieg würde wegfallen, Hunger und Not und Krankheit zum Teil auch. Wir wollen ein besseres Menschtum. Die Staaten fallen fort. Wir sind wieder Menschen im ursprünglichen Sinn. Die Technik, an ihren richtigen Platz gestellt, wird dafür die Vorbedingungen schaffen.

9. 4. 47:

Die demokratische Regierung taugt nichts. Aber ist sie wirklich demokratisch? Es müßten Menschen, die *gut* sind, herrschen. So würden auch die Masse und die einzelnen die volle Freiheit behalten, man könnte von keinem Herrschen, sondern von einem Verwalten sprechen. Die Politik wird Nebensache. Der Mensch hat volle Freiheit. Ein genaueres Bild ist noch nicht möglich. Es genügt, wenn ein neuer, guter Geist verbreitet wird ... Aber verhindert die Demokratie nicht, daß große Menschen an die Macht kommen? Im Augenblick sieht es ganz so aus. Der Demokrat von heute ist Parteimensch. Er kennt nur eingepaukte, staubige Phrasen. Eine Demokratie in einem politisch aufgeweckten Lande dürfte wohl gut sein... Meine Überlegungen sind so: Die Kreise der Guten wachsen in allen Ländern. Nach einer neuen politischen Katastrophe würden sie die Macht ergreifen. Dann würde eine neue, ungeahnte Kultur anbrechen, ein dauernder Friede würde bestehen."

Die unscharfen Kategorien dieses Denkansatzes werden nur durch das eine Motiv zusammengehalten: Wir brauchen gute Menschen, vor allem an der Spitze der Staaten. Alles übrige ergibt sich von selbst. Die Gedanken sind nicht einfach unpolitisch, aber hilflos, denn sie werden keiner Wirklichkeit gerecht. Was sich freilich in ihnen ausdrückt, ist eine gedämpfte Hoffnung auf die Zukunft.

Das Motiv des guten Menschen spielt in den verschiedensten Variationen in den Tagebüchern Jugendlicher eine große Rolle: Hier wird die Una Sancta-Bewegung beschworen und die Hoffnung auf eine Vereinigung der beiden großen Konfessionen gesetzt, dort sieht man in einer der beiden Kirchen die bessere Zukunft gewährleistet, wiederum an anderer Stelle treten Symbolfiguren für den Frieden, wie es z.B. Victor Gollancz und besonders Albert Schweitzer waren, in den Vordergrund. Von einem adäquaten Verständnis für Demokratie war dieses Denken noch um Welten getrennt. Die jungen Leute standen gedanklich gewissermaßen im Niemandsland. In keinem der mir vorliegenden Tagebücher wird aber nationalsozialistisches oder auch nur nationalistisches Denken einfach fortgesetzt. Man fängt, so unbeholfen das im einzelnen Falle auch sein mußte, gewissermaßen von vorn an. Insofern kann man tatsächlich von einer Nullpunktsituation der Jahre nach 1945 sprechen.

3.3 Zwischenergebnis 2

3.3.1 Das Spektrum der Beispielfälle und ihre Einschätzung

Ein außerordentlicher Schock, der die geläufigen sozialen Orientierungen mit einem Schlage durcheinanderbringt oder hinfällig macht, kann gerade bei jüngeren Menschen zu tiefgreifender Neuorientierung in der politischen Welt und zu dem Gefühl neuer Identität der eigenen Person führen. In unseren Beispielen sind es vier Personen, die mit großer Plötzlichkeit und Entschiedenheit zu einer solchen Neuorientierung kommen (Franz F., Carola S., Erich L., G. N.). Nicht zufällig handelt es sich dabei gerade um solche jungen Leute, die bis zum Kriegsende noch führergläubig waren oder doch im Bannkreis der nationalsozialistischen Propaganda standen. Für sie mußte das Jahr 1945 *der* Krisen- und Wendepunkt ihres Lebens sein. In drei Fällen sehen wir ein eher tastendes Suchen über einen längeren Zeitraum hinweg (Doris K., Dore H., A. Josef W.). Hier handelte es sich um junge Leute, die schon vor 1945 nicht frei von Zweifeln oder Ängsten waren, aber dennoch im Ganzen konform mit ihrer pronationalsozialistischen Umwelt waren. Anders sah die Sache bei denjenigen aus, die man als Typ des patriotisch erfüllten, aber in einer mehr oder weniger deutlichen Distanz zum Nationalsozialismus lebenden jungen Soldaten einordnen kann (Dieter W., Heinz F., auch Erhard D.). Bei ihnen herrschte zunächst Trauer und Verwirrung vor, denn sie fanden sich schwer damit ab, daß es das Deutsche Reich nun nicht mehr gab; doch erlebten sie das Ende des Nationalsozialismus als eine deutliche Befreiung. Wiederum anders verlief die Entwicklung bei denen, die sich längst vor Kriegsende vom Nationalsozialismus abgewandt hatten. Hier brachte das Jahr 1945 zwar einen tiefen äußeren Einschnitt, aber keine innere Krise, vielmehr die Bestätigung des als richtig Erkannten[15]. Daß dabei die Besatzungszeit nicht gerade als Reich der Freiheit erlebt wurde, stand auf einem anderen Blatt. Die Altersabstufungen in den von uns untersuchten Jahrgängen bedürfen besonderer Aufmerksamkeit. Die jüngsten Jahrgänge waren 1945 noch in der Pubertät. Da die Prägungen durch den Nationalsozialismus hier zumeist nicht sehr tief gingen, weil die Jugendlichen diesen vorwiegend in der Phase seiner Niederlagen erlebt hatten und weil sie einfach aus Altersgründen noch nicht zu wirklichen „Überzeugungen" gekommen waren, rutschte für sie die nationalsozialistische Zeit rasch in die bloße Vergangenheit ab, die zwar auf das deutlichste erinnert werden konnte, deren innere „Abarbeitung" aber nicht zu besonderen psychischen Problemen führte.

Auch Brüche und Diskontinuitäten werden von einzelnen in der Regel in das Gefühl einer Lebenskontinuität eingeordnet. Eine solche Einordnung ist ein Akt der Selbstinterpretation, der in Form einer unbewußten Selbstrechtfertigung verlaufen kann, aber auch als Abrechnung mit den eigenen Irrtümern.

Der Lebenslauf der Dore H. macht uns auf einen bestimmten Typus solcher Einordnungen aufmerksam, der eine im Grunde sehr einfache Struktur hat. Auf der einen Seite waren nationalsozialistische Einflüsse von seiten des Vaters auf sie ausgegangen, auf der anderen Seite ein evangelisch-kirchlicher Einfluß von seiten der Mutter. Nach Kriegsende folgte sie dem Strang ihres Selbstverständnisses, der von der Mutter angelegt worden war und legte das ganze Gewicht ihrer Person auf die Theologie. So wurde zweierlei erreicht: ein neues Selbstverständnis und gleichzeitg die Kontinuität der neuen Person mit der alten.

Dieser einfache Mechanismus dürfte das Muster für Millionen von Fällen abgeben, in denen Menschen — subjektiv ehrlich — nach 1945 gesagt haben: „Ich war ja in gewisser Weise schon immer gegen den Nationalsozialismus“ oder: „Ich habe doch immer nur das Gute gewollt“. Es kam einfach darauf an, einen Strang der personalen Entwicklung, der nicht mit dem Nationalsozialismus übereinstimmte, als Anknüpfungspunkt zu benutzen. Dies erleichterte auch Einsicht in die Irrtümer. Wo Teilübereinstimmungen bestanden — und gerade diese (und nicht die Vollübereinstimmungen) gaben dem Nationalsozialismus überhaupt erst seine Massenbasis —, konnte nach 1945 verhältnismäßig leicht der „NS-Bestandteil“ abgestreift und ein „Nicht-NS-Bestandteil“ als das eigentliche Kontinuitätselement der eigenen Person interpretiert werden. Nach diesem Muster psychischer Entlastung vor der Instanz des eigenen Ich verlief in den 40er und 50er Jahren vermutlich ein Großteil der Eingewöhnung in die Demokratie.

Anders sah das bei den „hundertprozentigen“ Nationalsozialisten aus. Je totaler die Identifikation gewesen war, um so schwieriger war es, andere Stränge der Persönlichkeitsentwicklung weiterzuführen. In unseren Beispielen finden wir zwei andere Verarbeitungstypen:

1. die neue, inhaltlich um 180 Grad veränderte Neuidentifikation mit dem Kommunismus, und
2. länger andauernde, verhältnismäßig unscharfe Entwicklungen mit rasch wechselnden Positionen, die erst nach langer Zeit an ein Ziel gekommen zu sein scheinen, wenn die Person sich soweit wie möglich von Fremdbestimmungen gelöst hat.

Bei den Totalidentifikationen mit dem Marxismus ergab sich — wie in unseren Beispielen bei Erich L., Carola S. und Franz F. — nach längerer Zeit eine neue Krise. Politische Totalidentifikationen bedeuten eben immer auch, daß das eigene Ich total in Beschlag genommen wird, so daß neue Loslösungen mit dem Versuch eines neuen Freiheitsgewinns gar nicht selten sind. Daraus kann man schließen, daß Totalidentifikationen keineswegs immer die stabilsten und lang dauernden politischen Haltungen sind.

Es bedeutete für die personale Entwicklung eines jungen Menschen einen außerordentlichen Unterschied, ob er erst 1945 unter dem Zwang unwiderleglicher Realitäten oder bereits aus eigener Intelligenz und eigenem Urteilsvermögen lange vor 1945 die Entdeckung der kriminellen Natur des NS-Regimes machte. Je früher diese Erfahrung gemacht wurde, um so geringer war der Bruch in der politischen Entwicklung einer Person. Für Lore K. bedeutete das Kriegsende zwar Trauer und Verzweiflung über das Ende Deutschlands, aber Erleichterung über das lang erwartete Ende des braunen Terrors. Im Vergleich zu vielen ihrer Altersgenossen, für die erst bei Kriegsende die Stunde des Nachdenkens begann, konnte sie schon auf so etwas wie eine eigene, wenn auch kurze „Tradition“ antinationalsozialistischen Denkens zurückblicken — für die weitere politische Bewußtseinsbildung ein beachtlicher Vorsprung.

3.3.2 Der Bruch und das Neue

Diese politisch-psychologischen Überlegungen mögen zweitrangig erscheinen gegenüber der Frage, ob und wie denn das Dritte Reich im Bewußtsein der Jugendlichen seinen Untergang überlebt hat und ob und wie denn stattdessen etwas wirklich Neues ins Bewußtsein getreten ist.

Unsere Beispielfälle stimmen bei all ihrer Unterschiedlichkeit in einem Punkte überein: Es kann kein Gedanke daran sein, daß der Nationalsozialismus als Orientierungsmaßstab für Jugendliche das Jahr 1945 überlebt hätte. Alle Einzelpersonen reagierten so auf ihn, wie man auf das Ende von etwas reagiert. Nirgendwo wird an ihm etwas Zukunftsträchtiges gesehen, es gibt keinerlei Bedürfnis, bestimmte Ideenbestände in die Zukunft zu retten oder Gleichgesinnte zu suchen, um sich mit ihrer Hilfe zu bestätigen, daß man dies oder jenes vom Nationalsozialismus noch brauche. Es wird überhaupt nicht in Zweifel gestellt, daß die Siegermächte jetzt das Sagen haben. Das wird als Faktum akzeptiert.

Der Schock der Niederlage warf die einzelnen — die ja aus ihrem bisherigen durchorganisierten Leben her gar nicht gewohnt waren, als einzelne zu existieren — auf sich selbst zurück. Dies bot die Chance einer grundlegenden Selbstbesinnung. Es hatte aber auch seine Gefahren. Niemand kann auf die Dauer allein leben, man sucht Gleichgesinnte, vor allem sucht man neue Geborgenheit. An unseren Beispielen aus der DDR wird deutlich, in welchem Maße sich der Kommunismus als ein Ort neuer solidarischer Zusammengehörigkeit anbot. In Westdeutschland waren es vor allem die beiden Kirchen, die sich als unversöhnliche Gegner des Nationalsozialismus mehr stilisierten als wirklichkeitsgetreu darstellten — auch sie boten neue Geborgenheit. Zu frühe Geborgenheit konnte freilich Auseinandersetzungsprozesse auch behindern.

Es bereitet Schwierigkeiten, präzise abzugrenzen, was denn der eigentliche Kern des Ernüchterungs- oder Realitätsschocks der Jugendlichen bei Kriegsende war. Man kann nur im Grunde ein Bündel dicht zusammenliegender Momente nennen: die Informationen über die Verbrechen des Nationalsozialismus an Juden, Polen, Russen, an eigentlich allen unterworfenen Völkern; das Bewußtsein, daß bis zur völligen Zerstörung Deutschlands sinnlos weitergekämpft wurde; der Verlust der Heimat für viele Millionen; das Bewußtsein des Ausgestoßenseins aus der Völkerfamilie. Diese Momente existierten ungeschieden voneinander als dumpfer Lebenshintergrund. Was besonderen Schmerz verursachte, war die Einsicht, daß es Deutsche waren, die äußerste Verbrechen begangen hatten — während doch viele bisher gemeint hatten, gerade der deutsche Soldat sei ein Muster an Anständigkeit und Disziplin gewesen. Ehemalige junge Hitlergläubige waren verwirrt und verzweifelt, daß sie sich mit ihren Gedanken, aber gerade auch mit ihren Gefühlen so vollständig getäuscht hatten. Gerade weil der Schock so tief ging, spielten die anthropologischen und metaphysischen Verallgemeinerungen eine so große Rolle — etwa der Gedanke des Geworfenseins des Menschen, seiner Schuldverstrickung, seiner Sündhaftigkeit, seiner Verlorenheit.

Das Neue, das ins Bewußtsein trat, war ziemlich amorph. Es mischten sich Idealistisches und Realistisches, Neugier auf die bisher verschlossene Außenwelt und Resignation über das Betrogenwordensein, Versuche der Anknüpfung an unterbrochene Bildungstraditionen und richtungsloser guter Wille, es einmal besser zu machen. Die Besatzungsmächte und ihre Politik standen keineswegs nur in einem schlechten Licht, wie man angesichts der elenden Ernährungslage, des Fehlschlags der Entnazifizierung und der nicht gerade berauschenden Erfolge der Reedukation meinen könnte. Sie öffneten immerhin das Tor zur Welt und ließen für die Jugend wenigstens in vagen Umrissen eine Zukunft ohne Marschtritt und Uniformen erahnen.

Freilich richtete sich viel Unwille auf ihre moralische Selbstgerechtigkeit und Schwarzweißmalerei. Natürlich kann auch hier der Unterschied zwischen dem Bewußtsein, das die neu bekehrten Kader der SED an den Tag legten, von den Bewußtseinsformen, die in Westdeutschland vorherrschten, nicht groß genug gesehen werden. Beide schauten aufeinander hinunter als auf etwas Abgelebtes: Für den Marxisten gehörte die westdeutsche Restauration auf den Abfallhaufen der Geschichte, die meisten westdeutschen Jugendlichen blickten auf die strammen Genossen im Osten als auf Naivlinge, die nur die Uniform getauscht hatten und nicht einmal merkten, daß sie wieder genauso am Leitseil gehalten würden, wie das vorher auch der Fall gewesen war.

4. Gruppenmentalität und „vorherrschender Ton“

Wandlungen der politischen Mentalität sind nicht nur als individuelle Prozesse zu begreifen. Individuen leben in Gruppen, Kinder und Jugendliche wachsen in Gruppen und Gesellschaften mit ihren Verhaltensnormen hinein und adaptieren diese. Erst innerhalb des Rahmens der Sozialisationsbedingungen können sich dann individuelle Lebensgeschichten ausprägen, wie wir sie im vorigen Kapitel betrachtet haben[1]. Eine ausschließliche Beschränkung unserer Beobachtungen auf solche Lebensgeschichten birgt die Gefahr in sich, die Abhängigkeit des Individuums von seiner jeweiligen sozialen Gruppe zu schwach auszuleuchten. Dieser Gefahr soll mit dem folgenden Kapitel begegnet werden.

Für viele Menschen ist es von größter Bedeutung für ihr soziales Wohlbefinden, mit ihrer Umgebung in einer gewissen Übereinstimmung zu leben. Das gilt auch in Fragen politischer Einstellungen. Ein bestimmtes Maß von Anpassungsbereitschaft ist die Voraussetzung für die Existenz von Gruppen. Es gibt aber Personen, bei denen die Anpassungsbereitschaft so stark ist, daß die Individualität verschwindet. Wir bezeichnen die Persönlichkeitsstruktur solcher Menschen in der Regel als besonders schwach. In der Erziehung von heute, besonders in der politischen Bildung, wird Wert darauf gelegt, Ichstärke auszubilden, und das schließt die Fähigkeit ein, wenn nötig auch antikonformistisch zu handeln[2]. Die Erziehung im Dritten Reich war diametral anders: Als höchste Tugend wurde die Einordnung und der bedingungslose Gehorsam gelehrt. Fast alle Jugendlichen waren damals in Organisationen eingebunden und lebten nicht mehr oder nur noch teilweise, vor allem während des Krieges, in ihrem Elternhaus. Ganze Generationen von jungen Männern erfuhren ihre Sozialisation im Mief der Schlafsäle und unter dem Gebrüll der Unteroffiziere. Überall wurde die Anpassung mit Zwang durchgesetzt. Dabei wird aber oft übersehen, daß es sich nicht nur um den Zwang von oben handelte, sondern daß der wirksamere und oft auch quälendere Zwang von den Meinungsmachern der Gruppe ausging, die den „vorherrschenden Ton" bestimmten. Den ideologischen Forderungen der obersten Führung konnte man sich oft genug durch bloße Passivität entziehen, die Gruppe hat ihre Mitglieder jedoch unter einer ständigen Kontrolle. Die autobiographischen Erinnerungen gerade von nichtkonformistischen Persönlichkeiten zeigen auf Schritt und Tritt, daß die Meinungsmacher und selbsternannten Kontrolleure der informellen Kleingruppen, etwa ein Unteroffizier, ein Blockwart oder einfach ein beliebiges Gruppenmitglied, im Einzelfalle viel gefürchteter und gefährlicher waren als die weit entfernte oberste Führung[3].

Die kollektiven Momente des politischen Bewußtseins festzustellen, bereitet größere methodische Schwierigkeiten als die Nachzeichnung individueller Prozesse. Hier soll versucht werden, auf zwei Wegen an diese Gruppenprozesse heranzukommen — durch Beobachtung von kollektiven Meinungsveränderungen bei deutschen Kriegsgefangenen, die ja in der Tat einfach durch die Abgeschlossenheit ihrer Lebensform besonders geschlossene Gruppen bildeten, und durch die Analyse der Weltbilder und der Denk- und Urteilskategorien von Abiturienten nach 1945.

4.1 Kriegsgefangenenlager als Orte nationalsozialistischen Binnenklimas

Man kann das Leben in Kriegsgefangenschaft als eine Art riesiger Laborsituation betrachten: Willkürlich zusammengewürfelte Gruppen von Männern leben hinter Stacheldraht in dürftigen Lebensumständen und angesichts einer ungewissen Zukunft zusammen und müssen soziale Mechanismen entwickeln, miteinander auszukommen. — Die Kriegsgefangenschaft auf eine derartig distanzierte sozialwissenschaftliche Weise zu betrachten, war freilich nicht Sache der Betroffenen selbst und in der Regel auch nicht die der Verantwortlichen bei den Gewahrsamsmächten. Aber es gab Ausnahmen. Unter den Verantwortlichen für die Kriegsgefangenenverwaltung in Großbritannien gab es Persönlichkeiten mit einem für die damalige Zeit ungewöhnlichen Interesse an Gruppenprozessen. Einige britische Offiziere waren schon früh darauf aufmerksam geworden, daß die politische Haltung von Kriegsgefangenen sehr stark gruppenpsychologisch bedingt und also auch zu beeinflussen war[4]. Wir beschränken uns im folgenden auf diesen Aspekt.

Die Kriegsgefangenenthematik hat im Zusammenhang dieses Buches noch einen weiteren Akzent. Bei der Sammlung individueller Lebensgeschichten sowie in der gesamten vorhandenen Literatur habe ich nicht einen einzigen Fall gefunden, der ein Beispiel für den Typus des „unverbesserlichen Nazis“ bildete — „unverbesserlich“ im wörtlichen Sinn verstanden: ohne Wandlung, stur am einmal für richtig Befundenen festhaltend, die nationalsozialistische Ideologie als Urteilsgrundlage für die Weltsicht auch nach 1945 aufrecht erhaltend. Waren die „Unverbesserlichen“ Meister der Tarnung, waren sie einfach feige und versteckten sich? Aber wenn es sie massenhaft gegeben hat, mußte sich dann nicht doch irgendwo noch jemand finden? Vielleicht, so meine Vermutung, würde es für diese Fragen aufschlußreicher sein, an die kollektive Seite des Problems heranzukommen als an die individuelle. Diese Vermutung drängte sich mir auf, als ich auf die Tatsache stieß, daß sich nationalsozialistische Einstellungen und Verhaltensweisen am längsten und am rigorosesten unter den deutschen Kriegsgefangenen in den USA und in England hielten, also unter Rahmenbedingungen, die von den Normalbedingungen des Lebens damals, so eingeschränkt es auch außerhalb der Kriegsgefangenenlager gewesen sein mochte, auffällig abwichen. Es geht im Folgenden deshalb besonders um die nationalsozialistische Mentalität, begriffen als Gruppenklima, um ihr Andauern und um ihre Veränderungen.

Erste Aufschlüsse über die politischen Einstellungen der deutschen Kriegsgefangenen ergeben die screening-Ergebnisse[5] der zuständigen englischen und amerikanischen Stellen[6]. Daraus ergibt sich folgendes Bild: Die Zahl der überzeugten Nationalsozialisten dürfte etwa zwischen 10 und 15 % gelegen haben, die Zahl der überzeugten Gegner war geringer, unter 10 %. Dazwischen war die breite Mittellage der Kriegsgefangenen angesiedelt, die sich aufgliederte in Haltungen von starker Nähe zum Nationalsozialismus bis zu nichtnationalsozialistischen, jedoch undeutlich umrissenen Positionen. In diesem breiten Mittelfeld herrschten fließende Übergänge und zunehmende Unsicherheit.

Im Laufe der Kriegsgefangenschaft vollzogen sich langsame und zähflüssige kollektive Wandlungen, die wir hier in ihren wichtigsten Stationen klassifizieren (wobei selbstverständlich in Rechnung zu stellen ist, daß vielfache individuelle Abweichungen von diesem Muster vorkamen):

1. Stufe: Nationalsozialistische Meinungsdominanz
2. Stufe: Konflikte und Terror
3. Stufe: Kollektive Verunsicherung von NS-Haltungen
4. Stufe: Selbstbehauptung durch Trotz
5. Stufe: Außenseiterposition mit wahnhaften Zügen.

4.4.1 Stufen der Veränderung des nationalsozialistischen Klimas

1. Stufe: Nationalsozialistische Dominanz

Entscheidend für die fast allgemeine Verbreitung des Nazigeistes in den amerikanischen und englischen Kriegsgefangenenlagern ist die simple Tatsache, daß die ersten Massen von deutschen Soldaten, die in westliche Gefangenschaft gerieten, die Soldaten des Afrikakorps im Frühjahr 1943 waren. Erst damals entstand für die Westalliierten die Notwendigkeit, eine große Zahl von Kriegsgefangenenlagern einzurichten. Das Afrikakorps war eine Elitetruppe von hohem militärischem Selbstbewußtsein, der Endsiegglaube war ungebrochen, der Glaube an den Führer war in besonders hohem Maße vorhanden, in der Schlußphase der Kämpfe in Tunesien waren ganze Einheiten geschlossen in Gefangenschaft geraten und blieben auch in den Lagern beisammen. Das Lagerleben der „Afrikaner" war strikt militärisch organisiert, die Identität von Wehrmacht und ihrer politischen Führung war in ihrem Bewußtsein selbstverständlich. In den Lagern auf amerikanischem Boden kümmerten sich zudem die Bewachungssoldaten so gut wie gar nicht um das innere Leben. Dies führte dazu, daß nicht nur das militärische, sondern auch das nationalsozialistische Ritual mit Feierstunden und Führerbildern so weiterlief, als sei man nicht in Feindeshand[7]. Auch das Feindbild, das die nationalsozialistische Propaganda von den Amerikaner aufgebaut hatte, blieb erhalten[8]. Die im weiteren Verlauf des Jahres 1943/44 nachkommenden deutschen Kriegsgefangenen vom italienischen Kriegsschauplatz wurden vom vorherrschenden militärischen und nationalsozialistischem Ton in der Regel absorbiert, obwohl ihr Endsiegglaube bereits starke Erschütterungen aufzuweisen hatte.

2. Stufe: Konflikt und Terror

Ab 1944, vor allem seit der Invasion, änderte sich das Bild. Große Mengen völlig abgekämpfter deutscher Gefangener füllten die Lager. Sie nahmen es nicht mehr einfach hin, daß es in den Lagern strammer zuging als in der Heimat; sie hatten die drückende Überlegenheit der Alliierten nachhaltig erfahren, ihre Friedenshoffnungen überwogen die Durchhaltementalität, und von Endsiegglauben konnte nicht mehr die Rede sein. Es kam immer häufiger zu Konflikten.

Die tonangebenden Gruppen in den Lagern setzten sich mit Gewalt durch. Rollkommandos und Fememorde waren nicht etwa einzelne Ausnahmen, sondern traten in fast allen Lagern in den USA und auch in den englischen Lagern auf[9]. Erst spät, als endlich die Zustände in den Lagern an die amerikanische Öffentlichkeit gedrungen waren, griffen die amerikanischen Bewachungsbehörden in Fallen von Mord und Totschlag durch, führten 102 Verfahren durch und verurteilten 15 deutsche Kriegsgefangene wegen Mordes zum Tode. Danach hörten die Fememorde fast völlig auf, das Verprügeln von nichtnationalsozialistischen Kameraden blieb jedoch noch lange an der Tagesordnung.

3. Stufe: Verunsicherungen

Seit Ende 1944 und Anfang 1945 gerieten die tonangebenden nationalsozialistischen Gruppen in die Defensive. Hauptsächlich durch die Nachrichten von den Fronten wurden sie in ihrem Endsieg- und Führerglauben stark verunsichert, ihr Zusammenhalt löste sich teilweise auf; aus vielen „Schwarzen", wie die Amerikaner und Engländer in ihrem screening die fanatischen Nazis bezeichneten, wurden die „Grauen", die sich langsam vom Nationalsozialismus abwandten und zögernd dem demokratischen Gedanken öffneten. Auch hörten die nationalsozialistischen Rituale allmählich auf, bis sie nach Kriegsende von den Alliierten ganz verboten wurden. Die Identität Nationalsozialismus-Wehrmacht zerbrach; die „Grauen" empfanden sich jetzt „nur noch" als Soldaten des Deutschen Reiches, das aber nicht mehr ein und dasselbe wie das Hitler-Reich sein mußte. Eine starke Gruppe verharrte jedoch nach wie vor in den alten Bindungen, kam jedoch nicht umhin, bewußt oder unbewußt ihre Legitimationsargumente umzuformulieren: Man empfand sich jetzt als diejenigen, die das wahre Deutschtum vertraten, die also nicht den Amerikanern „in den Hintern krochen" oder die „Superdemokraten" spielten. Aus diesem Blickwinkel waren die anderen Verräter, Schwächlinge, Opportunisten[10].

Auch vorher waren die Nazis nie in der Mehrheit gewesen, hatten jedoch den Ton und das Verhalten in den Lagern kontrolliert. Daß ihnen dies nun nicht mehr möglich war, hing hauptsächlich mit der militärischen und politischen Lage zusammen. Von außerordentlicher Wirkung waren aber auch die Filme über die von den Alliierten befreiten Konzentrationslager, die wie überall in der Welt auch in den Kriegsgefangenenlagern Entsetzen hervorriefen. Es gab Soldaten, die auf das Tiefste erschüttert waren, es gab andere, die sich die Hände vor die Augen und die Ohren zuhielten. In manchen Lagern verbrannten Tausende von Kriegsgefangenen nach der Vorführung eines solchen Films Teile ihrer Uniform, in anderen Lagern wurden Sammlungen für die Überlebenden aus KZs durchgeführt[11].

4. Stufe: Trotz

Die ehemals dominanten Nazigruppen kapselten sich nun ab und legten ihr Hauptbemühen darauf, ihr Selbstbild fleckenlos zu halten[12]. Das Moment trotziger Selbstbehauptung wurde bestimmend: „Jetzt erst recht nicht!“. Dem nationalsozialistischen Glauben, der aufrechterhalten wurde, entsprach aber keine Wirklichkeit mehr. Nur noch eine schwache Spekulation war übrig geblieben: Die Westmächte würden die deutschen Soldaten eines Tages schon noch einmal brauchen, wenn es gemeinsam gegen den Kommunismus ginge, und schließlich sei Hitler derjenige, der Europa vor dem Kommunismus gerettet habe. Diese Gruppen lebten aber jetzt, wie die Training Advisers berichteten, unauffällig. Die Offensivkraft war gebrochen, „unter den früheren treuen Nationalsozialisten waren die Idealisten wie zerschmettert“[13].

5. Stufe: Außenseiterpositionen mit wahnhaften Zügen

Bis weit in das Jahr 1946 und 47 hinein gab es immer noch kleine Gruppen von Unentwegten, die Führers Geburtstag begingen oder an nationalsozialistischen Feiertagen die Hakenkreuzfahne hißten. In einem Lager wurde die Meinung verbreitet, die Besetzung Deutschlands und die Nürnberger Prozesse seien Lügen. Die Engländer sammelten besonders krasse Fälle im C-Minus-Compound in Batten, von dem berichtet wird, es habe mehr einer Paranoiastation in der Psychiatrie als einem Kriegsgefangenenlager geglichen. Die Insassen glaubten, nicht die Alliierten, sondern Deutschland habe den Krieg gewonnen, und sie selber gehörten einer Elite an, die einem extremen Härtetest unterworfen werde, um die Treue zum Führer zu prüfen[14]. Das berühmte Photo der Großen Drei von der Konferenz in Jalta wurde als Retuschierung eines Photos angesehen, das in Wirklichkeit Hitler und Göring auf einer Friedenskonferenz mit Roosevelt zeige. Im Lager 106 in England wurde im Oktober 1945 geäußert, Hitler werde wieder auferstehen, um Deutschland zu retten, man habe auf Himmlers Grab in der Lüneburger Heide eine Karte mit der Inschrift gefunden: „In dankbarer Erinnerung. Adolf Hitler“.

Bei diesen kollektiven Prozessen spielten die Bedingungen des Gruppenlebens eine entscheidende Rolle: Isolierung von der Außenwelt, die zunächst von den deutschen Lagerleitungen sogar noch bewußt verstärkt wurde; Aufrechterhaltung des alten Rituals; gewaltsames Vorgehen gegen Nichtkonforme; Durchsetzung eines strikten In-group-/out-group-Bewußtseins: „Wer anders denkt, gehört nicht mehr zu uns.“ Trotz aller

Abschottung der Außenwelt drangen aber die Nachrichten von draußen dennoch ein und brachen die Gruppenkohäsion auf. Damit traten neue psychologische Verteidigungsmechanismen der Unentwegten in Kraft: ihr Binnenkontakt wurde stärker geschlossen, und später, als auch dieser Binnenkontakt dahinschmolz, genügte die bloße Rückkoppelung mit rein innerpersonalen Legitimationsformeln: „Ich bin anständig, ich bin normal, die anderen sind Schwächlinge und Opportunisten." Die letzten Stufen waren aber bereits Stufen der Selbstisolierung, die Unentwegten waren nur noch Unentwegte für sich selbst, sie bestimmten nicht mehr den vorherrschenden Ton der Gruppe.

4.1.2 Konzepte demokratischer Jugenderziehung in britischen Kriegsgefangenenlagern

In Großbritannien gab es, wie erwähnt, einen kleinen Kreis von Verantwortlichen, der schon früh auf die Bedeutung des Gruppenverhaltens gestoßen war, als er die Erfahrung machte, daß man ein geschlossenes nationalsozialistisches Gruppenklima unter den Gefangenen dadurch aufbrechen konnte, daß man die Gruppen neu einteilte und die antinationalsozialistisch eingestellten Kriegsgefangenen ermunterte, ihre Meinung offen zu sagen[15]. Diese Offiziere waren es auch, die die Notwendigkeit erkannten, die Jugendlichen unter den deutschen Kriegsgefangenen mit größerer Sorgfalt zu beobachten und zu behandeln als das Gros der älteren Kriegsgefangenen. Gerade die ersten Erfahrungen mit der Gruppenpsychologie führten die Verantwortlichen zu der Überzeugung, daß die Umerziehungsarbeit vor allem darin bestehen mußte, den einzelnen jugendlichen Gefangenen Mut zu machen, zu ihrer eigenen Meinung zu kommen und sie frei zu äußern. Lt. Col. Henry Faulk machte einen deutlichen Unterschied zwischen der Meinung des vereinzelten und nicht organisierten Individuums und der Meinung, die sich in der organisierten Gruppe durchsetzt. Soziale Prozesse in einer Gruppe sind, so Faulk, nicht identisch mit der Meinung der Individuen, die den Gruppen angehören, ja sie können sogar in Gegensatz dazu treten. Die Gruppen der frühen deutschen Kriegsgefangenen hatten „als sozialpsychologische Einheit den Nationalsozialismus als Voraussetzung. Was man für sich dachte, spielte keine Rolle. Wollte man die Zugehörigkeit zur deutschen Gruppe behalten, so mußte man nach den Regeln des Nationalsozialismus spielen, sonst wurde man körperlich oder geistig ausgestoßen..."[16]. Faulk sah die Ursache für die starke Kohäsionskraft von nationalsozialistischen Haltungen nicht in der Prägekraft der

Doktrin verankert, sondern in der Kameradschaft, die ein emotionales, tief empfundenes Zugehörigkeitsgefühl ist, das Soldaten im Kampf verbindet und das in der Gefangenschaft die psychologische Funktion hat, Sicherheit in der Gruppe zu schaffen und den einzelnen vor Isolierung in einer schwierigen äußeren Situation zu bewahren. Der Nationalsozialismus sei bei den meisten Kriegsgefangenen kein fester Glaube gewesen, sondern „eine gesellschaftliche Form, deren Anerkennung die Gruppenzugehörigkeit bestätigte"[17].

Gerade bei den jüngeren Kriegsgefangenen war den englischen Vernehmungsoffizieren eine gewisse Verkrampftheit ihrer patriotischen Haltung aufgefallen. Sie schlossen daraus, daß die Leitideen Vaterlandsliebe und Begeisterung, die sie bei den jungen Kriegsgefangenen so oft festgestellt hatten, nicht einfach ein Signal für nationalsozialistische Einstellungen bedeuteten, sondern ein wertvolles menschliches Kapital darstellten. Darauf gründete sich nun die Konzeption, eine Umerziehung dürfe nicht einfach aus einem puren Austausch weltanschaulicher Inhalte bestehen, den durchzusetzen ein von Zwangsmaßnahmen begleiteter scharfer politischer Druck genügt hätte, vielmehr handele es sich bei der Umerziehung um eine Sache der gesamten Persönlichkeit, die sich frei und ungehindert entfalten müsse, soweit das in der Situation der Kriegsgefangenschaft möglich sei. Der junge Mensch solle weniger umerzogen werden, als sich selbst finden.

Spezielle Lager für die Vorbereitung junger deutscher Kriegsgefangener auf die demokratische Zukunft wurden eingerichtet. Das eine war Wilton Park mit einem anspruchsvollen akademischen Programm, zugänglich aber nur für solche Kriegsgefangenen, die als zuverlässig „weiß" eingestuft waren und über die nötigen intellektuellen Voraussetzungen verfügten. Das andere war das Lager 180 Radwinter, auch als „Jugendlager" bezeichnet, gedacht für „schwarze", d.h. ausgesprochen nationalsozialistisch eingestellte junge Kriegsgefangene. In Radwinter wurde die obere Altersgrenze von 25 bis 26 Jahren strikte eingehalten; für Wilton Park galt, daß jeweils 50 % der Teilnehmer an den Dreimonatskursen unter 25 Jahren waren.

Wilton Park legte den Schwerpunkt auf die akademische Weiterbildung. Die überzeugendste Leistung von Sir Heinz Koeppler, dem Inspirator und Leiter des Lagers, war die Herstellung eines Klimas völliger Meinungsfreiheit. In der Bücherei etwa lag „Mein Kampf" neben einem Buch von Churchill, und unter den Filmen, die vorgeführt wurden, waren auch die NS-Filme „Die Entlassung" — ein Bismarck-Film —, und „Jud Süß". Koeppler holte Parlamentsabgeordnete verschiedener politischer Parteien ins Lager und ließ sie über aktuelle Gesetzesvorlagen miteinander streiten, hervorragende Persönlichkeiten des geistigen Lebens in England hielten Vorträge, die Politiker der ersten Stunde aus der britischen Besatzungszone referierten dort, vor allem aber wurde den jungen Kriegsgefangenen Demokratie nicht einfach als ein Stück anderer Ideologie dargebracht, sondern als reale politische Lebensform. Gemessen an der Gesamtzahl deutscher Kriegsgefangener in England schlugen die Kurse in Wilton Park nicht weiter ins Gewicht, nur 1 % der Kriegsgefangenen waren einmal in Wilton Park. Qualitativ war die Bedeutung von Wilton Park größer; die Absolventen waren in aller Regel zu überzeugten Demokraten geworden, an die die Hoffnung geknüpft war, daß sie nach ihrer Entlassung in Deutschland in demokratischem Sinne aktiv würden. Für viele dieser Absolventen mag freilich gelten, was Erhard D. in seinem Lebenslauf in Kapitel 3.1.2 sagt: Die Restauration wirkte oft als Schock und brach entschiedenen demokratischen Initiativen die Spitze ab.

Das Jugendlager Radwinter war speziell für die Hitlerjugendgeneration gedacht, also für diejenigen, die 1933 jünger als dreizehn Jahre waren und von denen niemand Hitler gewählt haben konnte, die aber gleichzeitig das Dritte Reich als die einzige politische Wirklichkeit erfahren hatten. Die Persönlichkeiten, die die Konzeption dieses Lagers entwickelt hatten, Henry Faulk und John Gwynn — dieser ein Schüler von Kurt Hahn — hatten eine ebenso originelle wie wirksame Konzeption entwickelt: Ihnen war klar, daß die Niederlage und die Kriegsgefangenschaft in den jungen Leuten Trotz hervorrufen würde und sie sich gewissermaßen beleidigt fühlten, daß die Welt in ihnen nicht die reinen Idealisten sah, sondern eine Art Kriegsverbrecher, obwohl sie doch viel zu jung gewesen waren, um an verantwortlicher Stelle mitgewirkt zu haben. Sie fühlten sich von ihrem ehemals geliebten Führer belogen und betrogen und wußten jetzt nicht mehr, wie es weitergehen sollte. Faulk sagte sich, daß auch die allerbesten politischen Kurse hier wirkungslos bleiben mußten. „Es war vor allem ein menschliches und soziales Problem und hätte etwa so formuliert werden können: Wie konnte man jungen Männern, die vor den Trümmern ihrer geistigen Welt standen und deshalb zynisch geworden waren und kein Vertrauen mehr, auch nicht zu sich selber, hatten, neue Werte und ein echtes menschliches Blickfeld beibringen...? Toleranz, Meinungsfreiheit, Taktgefühl, Charakter und Mitgefühl waren unerläßlich“[18]. Folglich brachte man die jungen Deutschen mit Engländern außerhalb des Lagers in Berührung, die sie einluden und bewirteten; Lokalpolitiker kümmerten sich um sie, auch die Universität Oxford beteiligte sich an den Aktivitäten. Vor allem wurde Hilfe bei persönlichen Problemen geleistet, z.B. bei Krankheiten, alles mit dem Ziel, die jungen Leute erst einmal zu sich selbst kommen zu lassen. Bei dieser Vorgehensweise hing alles von den führenden Persönlichkeiten und dem Umgangston ab, den sie mit den jungen Gefangenen pflegten[19].

Ein typisches Ergebnis der Umerziehung im Jugendlager 180 wird in der folgenden Grafik wiedergegeben[20]:

Ergebnisse der Umerziehung im Jugendlager Nr. 180

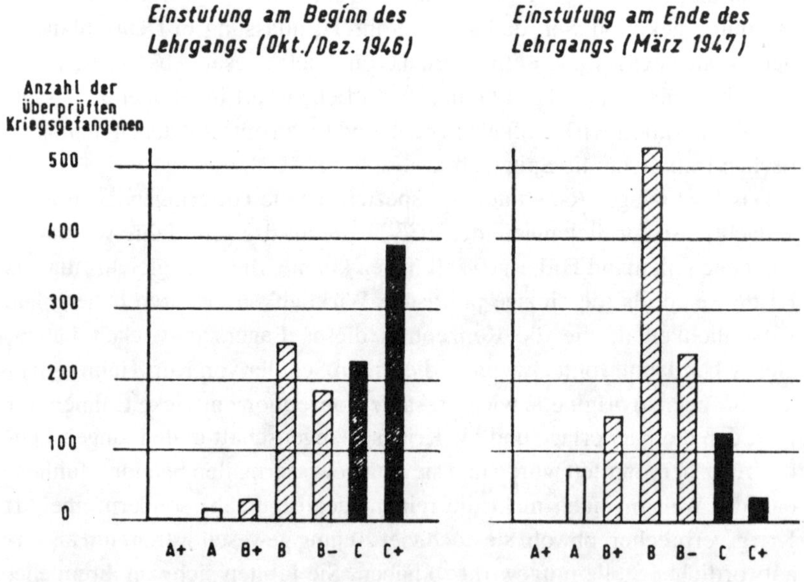

(Zur Klassifikation von A+ zu C+ vgl. Anm. 5 dieses Kapitels

Besonders signifikant ist der Rückgang der C-Einstufungen und der sehr starke Anstieg der B-Einstufungen. Auf der A-Seite sind die Veränderungen nicht so signifikant. Offenbar war es leichter, aus den vormals überzeugten Nationalsozialisten „Graue" zu machen, als entschiedene Demokraten hervorzubringen. Als besonders auffallend wird der „neue Ton" beschrieben; Selbstgerechtigkeit und Dogmatismus verschwanden weitgehend, und damit wurden die emotionalen Barrieren weggeräumt, die die ehemals überzeugten Nazis daran hinderten, ihre eigenen Irrtümer zuzugeben und sich auf der Suche nach der Wahrheit zu begeben. Als

Hauptmerkmal des „neuen Tons“ oder des „neuen Zeitgeistes“ nennt Faulk den Geist der Toleranz, die ruhige Diskussion, den Wunsch nach Neuorientierung und die Betonung des Menschlichen[21].

Die große Masse der jungen deutschen Kriegsgefangenen, die aus England nach Hause kam, hatte den Nationalsozialismus, der sich in den Lagern zunächst künstlich am Leben gehalten hatte, im wesentlichen abgestreift. Nationalsozialistische Orientierungen lagen „hinter“ ihnen, als etwas, das der Vergangenheit angehörte und das für die Zukunftsorientierung nicht mehr zu gebrauchen war.

Bei der Beobachtung dieser Gruppenprozesse wird ein Moment besonders deutlich, das bei den Selbstdarstellungen von Individuen gar nicht zur Sprache kam. Es gibt in Gruppen einen starken Rückkopplungsmechanismus, der dafür sorgt, daß der vorherrschende Ton aufrecht erhalten wird. Die Gruppe wacht unter der Führung der Meinungsmacher (die mit den hierarchischen Rängen identisch sein können), darüber, daß nur solche Auffassungen vertreten werden, die dem vorherrschenden Ton entsprechen. Gegen Abweichungen geht sie umso aggressiver vor, je männerbetonter, militärischer, ideologischer sie bestimmt ist — hier, am Beispiel eines nationalsozialistischen Gruppenklimas, verwendet sie die alten faschistischen Mittel: physische Gewalt und psychischen Druck. Erst wenn der Rückkopplungsprozeß nachhaltig und unaufhaltsam unterbrochen wird oder trockenläuft, ist die Chance gegeben, daß sich der Ton ändert. Dazu bedarf es einer durchgreifenden Veränderung der Gesamtsituation. In unserem Fall wurde der Rückkopplungsprozeß ausgetrocknet, weil die große Zahl der nachrückenden Kriegsgefangenen überzeugt war, daß der Krieg verloren ging. Es war nicht eigentlich eine andere politische Meinung, die sich durchsetzte, sondern die Einsicht in die veränderte Realität. Man muß es beinahe tautologisch ausdrücken: Der Nationalsozialismus hörte auf, bewußtseins- und haltungsbestimmend zu sein, weil es realiter mit ihm zu Ende ging. Eine solche Haltung reichte noch nicht für eine tiefergehende „Aufarbeitung“ der Vergangenheit. Gemessen an der Ausgangssituation in den Kriegsgefangenenlagern war dennoch viel erreicht.

Die entlassenen Kriegsgefangenen trafen auf die Jugendlichen in den westlichen Besatzungszonen. Wie sah dort der „vorherrschende Ton“ aus?

4.2 Selbstbild und Weltbild von Abiturienten 1946-1950

Gab es bei der Nachkriegsjugend einen „vorherrschenden Ton"? Wie sahen die jugendlichen Ausdrucksformen des Zeitgeistes aus? Lassen sich politische Grundgefühle und Urteilsstrukturen bei der Jugend feststellen? Wie hatten die jungen Leute den Nationalsozialismus und die Kriegserfahrungen verarbeitet? Können wir von einer kollektiven Krise[22] sprechen? — Um diesen Fragen nachzugehen, werden Lebensläufe und Deutschaufsätze von Abiturienten aus den ersten Jahren nach Kriegsende untersucht. Bei den Lebensläufen handelt es sich nicht um dürre Datenzusammenstellungen, sondern um ausführliche Bildungsgänge, die zu den Prüfungsakten genommen wurden und auf die die Prüflinge in aller Regel viel Mühe verwandten. Die Untersuchung basiert auf 131 Deutschaufsätzen und 350 Lebensläufen aus Düsseldorfer, Wuppertaler und Hamburger Jungen- und Mädchen-Gymnasien[23]. Die meisten Schüler und Schülerinnen der Sonderlehrgänge in den Jahren 1946 und 47 gehörten den Geburtsjahrgängen 1925 bis 27 an; ab 1948 verschiebt sich das Schwergewicht auf die Geburtsjahrgänge 1928 und 29. Die meisten Teilnehmer der Sonderlehrgänge waren bei der Reifeprüfung 20 bis 22 Jahre alt, in den folgenden Jahren 19 bis 21. Es können aus Raumgründen nur wenige Zitate zur Veranschaulichung der Ergebnisse angeführt werden; ich habe mich um besonders typische Zitate bemüht.

4.2.1 Muster der Selbsteinordnung

Die Lebensläufe spiegeln weithin eine tiefreichende Orientierungskrise wider. Der Akzent des Nachdenkens liegt bei der eigenen Person: Was ist eigentlich mit mir geschehen, und welche Folgerungen ziehe ich daraus?

4.2.1.1 Die Betrogenen

Bei der Beschreibung der eigenen Situation steht das Motiv des Getäuscht- und Betrogenseins an der Spitze.

> „Als dann der Zusammenbruch kam, da sah es leer in meinem Inneren aus. Jetzt sollte das, was für uns acht Jahre lang das Richtige gewesen war, mit einem Male falsch sein? Bei diesem Gedanken brach in mir mehr zusammen als nur der Glaube an die neue Bewegung. Wem konnte man denn jetzt noch Glauben schenken? Klang das, was man uns gelehrt hatte, nicht echt und richtig? Und nun sollten diese Worte, für die wir durchs Feuer gegangen wären, nur Lug und Trug gewesen sein? Ich stand vor einem Abgrund. Kann man denn nach diesem Erlebnis noch irgendeinem Menschen trauen? Der Glaube an die ganze Menschheit kam ins Wanken!" (Hamburger Abiturient, vgl. Hass, Anm. 23, S. 63)

Eine andere Variante des Enttäuschungs- und Betrugsmotivs sieht so aus:

„Dann kam mit dem Kriegsende die allmähliche Ernüchterung und Erkenntnis, daß die Anschauung, in deren Sinn man erzogen worden war, für die man unbedingt gekämpft hatte, ein großangelegter Schwindel und Betrug war, der zum Untergang führen mußte. Es bemächtigte sich meiner eine tiefe Enttäuschung über die Menschen, und ich selber machte mir die größten Vorwürfe. Ich konnte es nicht mehr begreifen, wie ich vorher einer solchen Irrlehre zusagen konnte und daß ich nicht vorher die Unmöglichkeit dieser Ideen erkannte... In dieser Gefangenenzeit machte ich eine Feststellung, die nicht gerade meine Enttäuschung über den Menschen zu einer optimistischen Anschauung zurückführte. Hier, wo jeder unter gleichen Verhältnissen lebte, wo äußerlich keiner mehr war als der andere — wieviel mehr hätte innerlich ein Mensch einem anderen sein können! — fiel jede Schminke von ihm ab, er offenbarte seinen wahren Charakter." (Hamburger Abiturient, vgl. Hass, Anm. 23, S. 25)

Eine dritte Variante des Betrugsmotivs besteht im rigorosen Rückzug auf das eigene Ich.

„Ich habe nur ein Ideal, und das lautet: ‚Ich' und alles, was damit verbunden ist, meine Arbeit, meine Gesundheit und nicht zuletzt auch meine Freunde... Zu Schreckliches habe ich erlebt, als daß ich einfach darüber hinwegsehen könnte. Die Menschen sind mir alle fremd — ich will nicht sagen: unausstehlich geworden. Die Gemeinschaft hat bei mir den Sinn verloren, da ich heute den Menschen nur nach seiner Schlechtigkeit beurteile." (Hamburger Abiturient, vgl. Hass, Anm. 23, S. 39)

In einzelnen Fällen wird versucht, eine Generalrevision der Werte in Angriff zu nehmen, an die man geglaubt hatte. Ehre und Heldentum, Kameradschaft und alle soldatischen Tugenden werden als Betrug charakterisiert. Das Suchen nach neuen Werten ist sehr vorsichtig, oft auch wenig ausgeprägt. Viele Abiturienten bleiben einfach ratlos und traurig in den unlösbar scheinenden Gegenwartsproblemen stecken.

„Wir Jungen waren im Glauben an das neue Deutschland aufgewachsen. Ich war ganz sicher, daß das deutsche Volk das edelste und beste sei... Ich hätte es nie für möglich gehalten, daß Deutschland so unglücklich werden könnte. Ich wollte es einfach nicht glauben. Nun war der Sieger im Land. Nur die Zeit und die Arbeit konnten uns über diese Erstarrung hinweghelfen." (Düsseldorfer Abiturientin, 1949)

Oder:

„Dann kam der Zusammenbruch Deutschlands, der mich, obwohl meine Familie und ich unter dem Nationalsozialismus nur gelitten hatten, doch mit einer großen Ratlosigkeit erfüllte. Diese entsetzliche Ratlosigkeit auf allen Gebieten liegt wie ein ständiger Druck auf mir." (Düsseldorfer Abiturientin, 1946)

4.2.1.2 Fehlgeleiteter Idealismus

Eng verwandt mit dem Muster „Wir sind betrogen worden" ist das Muster: „Unser Idealismus ist fehlgeleitet worden". Man kann es als das Standardmotiv all derer betrachten, die in den Lebensläufen ihre Hitlerjugendzeit besonders erwähnen. Aus den Erwähnungen kann man schließen, daß es sich entweder um Jungen oder Mädchen gehandelt hat, die eine Führerstellung innehatten, oder um solche, denen der HJ-Dienst besonderen Spaß gemacht hatte. Das Muster, mit dem sie nun rückblickend ihr Engagement interpretieren, heißt „Idealismus". Bei den Mädchen steht das Helfenwollen im Mittelpunkt.

„Berufstätige Frauen brauchten Hilfe für Kinder und Haushalt, ältere und kranke Menschen kannten sich mit den Rationskarten nicht aus und freuten sich, wenn kleine Beine ihnen Weg und Einkauf abnahmen. Nahte irgendein Fest, planten wir Feiern, so backten und bastelten wir für unsere Soldaten. Die Soldatenkinder wurden beschert und sahen bunte Märchenbilder. Ihre leuchtenden Augen entschädigten uns für Mühe und Arbeit." (Düsseldorfer Abiturientin, 1947).

Oder:

„Außerdem hatte ich damals jede Woche zwei- oder dreimal Jungmädeldienst. Durch diesen wurde ich vor allem zum Basteln angeregt, und manches Spielzeug für irgendein armes Kind ist damals unter meinen Händen entstanden. Durch diese und ähnliche kleine Hilfeleistungen habe ich gelernt, wieviel Freude es einem selbst gibt, wenn man einem anderen helfen kann und darf." (Düsseldorfer Abiturientin, 1949).

Als Motiv für die frühere HJ-Begeisterung werden bei den Jungen vor allem das Mitmachenwollen und der Sport benannt. Häufig sind auch die Erwähnungen, daß die HJ-Begeisterung schon früh einen Bruch erfahren hatte:

„1935 trat ich in das Jungvolk ein. Meine anfängliche Begeisterung wurde durch den dauernden Zwang bald abgedämpft. Ich vernachlässigte meinen Dienst immer mehr, so daß ich mehrfach verwarnt wurde und meine Eltern sogar polizeilich bestraft werden sollten." (Wuppertaler Abiturient, 1946).

Oder:

„Die folgenden Jahre sind charakterisiert... durch das Leben im Jungvolk, das in seiner militärähnlichen Art als negativ, in seinem Gemeinschaftsgedanken als positiv empfunden wurde." (Wuppertaler Abiturient, 1950)

Eine weitere Variante:

„Mein von jugendlichem Enthusiasmus getragener Glaube an die Ideenwelt der vergangenen zwölf Jahre erlitt durch zwei Momente einen aufrüttelnden Stoß, der mein Denken in andere Bahnen lenkte. Einmal durch die uns von unserem damaligen Deutschlehrer aufgezeigten Schattenseiten der vergangenen Epoche, die mich zum ersten Mal den Weg, den wir beschritten, nachdenklich verfolgen und kritisch beleuchten ließen, zum anderen durch die verheerenden Auswirkungen der Bombenangriffe, die mir das ganze Leid und Elend des Krieges offenbarten, den ich bisher vom heroischen Standpunkt aus betrachtet hatte." (Wuppertaler Abiturient, 1946)

Es gibt auch Beispiele dafür, wie sich bei HJ-Führern der Idealismus durch Überforderung gewissermaßen selbst verzehrt hat. Ein Abiturient, der mit sechzehn Jahren Lagermannschaftsführer bei der Kinderlandverschickung geworden war, beschreibt seine Situation als totale Überforderung, die Hilflosigkeit hervorgerufen habe und Zweifel an dem Konzept, daß Jugend durch Jugend geführt werden müsse (Wuppertaler Abiturient, 1946).

Es fehlt aber auch nicht an gegensätzlichen Charakterisierungen des eigenen Engagements:

„Ich unterschlüge einen wesentlichen Faktor meiner Entwicklung, wenn ich nicht meine Zugehörigkeit zum BDM erwähnte. Mit zehn Jahren war ich in den Jungmädelbund übernommen worden und begeistert dem Ruf der Zeit gefolgt. Es bestand kein Grund, sich der vorherrschenden Strömung zu widersetzen, denn ein Kind meines Alters hatte keinen erkennenden Blick für die wirkliche Beschaffenheit der Dinge und wußte nichts von der politischen Macht einer solchen schöpferischen Idee. Auch später, als ich Führungsaufgaben übernahm, waren meine Motive nicht politischer Art. Mir wurde eine starke Befähigung zur Führung meiner Kameradinnen zugesprochen, die in der Hitlerjugend ein reiches, damals allein mögliches Betätigungsfeld fand. Neben der heiteren Seite des Daseins lernte ich mit 16 bis 17 Jahren das ernstere Leben kennen. Auch bei mir ließ sich das Schicksal des einzelnen nicht mehr von dem meines Volkes trennen und das Elend, das der Krieg uns auferlegte, bedrückte mich in immer steigendem Maße. In wiederholten Einsätzen versuchte ich meinen kleinen Teil zur Linderung der Not beizutragen." (Düsseldorfer Abiturientin, 1946)

Dieser Lebenslauf ist deshalb von Bedeutung, weil hier ein Bekenntnis zur Führerstellung im BDM abgegeben wird, ja sogar die nationalsozialistische Vorstellung, daß das Schicksal des ganzen Volkes und des einzelnen identisch seien, nur mit einem kleinen Abstrich aufrechterhalten wird, der darin besteht, daß die Autorin die „schöpferische Idee" von der „politischen Macht" trennt. Das soll heißen, daß die Macht die Idee verdorben habe. Hier sind offenbar nationalsozialistische Denkkategorien stehengeblieben.

Die meisten Abiturienten und Abiturientinnen waren im Reichsarbeitsdienst. Es gibt nicht eine einzige anerkennende oder auch nur verständnisvolle Äußerung dazu; der Dienst wurde allgemein als unwürdige Schinderei empfunden und trieb nicht wenigen den Idealismus aus.

„Der Dienst war hart. In dieser Zeit machte ich so schlechte Erfahrungen, daß ich zum ewigen Gegner des RAD wurde“ (Wuppertaler Abiturient, 1946). Ähnliches gilt für die Rekrutenausbildung bei der Wehrmacht. „Hier, wie schon beim RAD, tauchten Bedenken auf: war es menschenwürdig, so behandelt zu werden? Militärische Ausbildung in Ehren, aber das war zu viel, Materie in den Händen der Vorgesetzten...“ (Wuppertaler Abiturient, 1946).

4.2.1.3 Drang nach Klarheit

Das resignierte Zurückgeworfensein auf sich selbst ist nicht bei allen Abiturienten das letzte Wort. Der vorherrschende Gesichtspunkt, unter dem die damalige Gegenwart begriffen wird, ist der der „Ruhe nach dem Sturm“ — endlich ist Zeit zum Nachdenken da, endlich kann man sich darüber klar werden, was eigentlich geschehen ist.

„Der Zusammenbruch hatte in mir tiefgreifende Veränderungen hervorgerufen. Die Tatsache, daß eine ganze Staatsordnung, an deren Rechtmäßigkeit ich bisher nicht zu zweifeln gewagt hatte, in die Brüche ging, hatte mir sozusagen die Augen geöffnet... Der Drang nach Wahrheit wurde immer mehr in mir lebendig. Ich versuchte, mich von allen Vorurteilen, die auch heute noch in der Welt herrschen, freizumachen und einzig und allein die Wahrheit über die Welt und das Wesen des Lebens zu erforschen“ (Düsseldorfer Abiturientin, 1950).

Oder:

„Wenn ich meine geistige Entwicklung rückblickend zu betrachten versuche, so liegt alles bewußte Aufnehmen und Erleben diesseits von 1945. Alles, was ich vorher gelesen und erlebt hatte, hat keinen nachhaltigen Eindruck auf mich gemacht. Ich hatte bis dahin lediglich aufgenommen — registriert, ohne selbstkritisch dazu zu stehen. Erst die Begegnung mit einem Kreise, in dem Gleichaltrige sich um Dichtung bemühten, brachte mich in ernsthafte Beziehungen zur Literatur. Diese Begegnung ist wohl die bedeutsamste meines Lebens gewesen. Wir haben gemeinsam Hölderlin, Goethe, George, Rilke, Hofmannsthal gelesen und darüber Gespräche versucht. Wir lasen, lasen, lasen“ (Wuppertaler Abiturient, 1950).

Oder:

„Sechs Monate hinter Stacheldraht waren für mich eine schwere Zeit, aber nicht ohne nachhaltige Wirkung. Ich fand Zeit, einmal alles zu überlegen; meine Stellung zum Nationalsozialismus wurde schwer erschüttert, hinzu kam, daß ich so müde war, sowohl körperlich als auch geistig, ich floh jeden Verkehr mit Mitgefangenen und nahm mir vor, wenn ich nach Deutschland kommen würde, nur mit Büchern zu leben, mich nirgends anzuschließen“ (Wuppertaler Abiturient, 1950).

Die Orientierungskrise löste nicht nur Mutlosigkeit und allgemeines Mißtrauen aus, sondern auch den Drang, die ungelösten Fragen gründlich erforschen und bewältigen zu können. Viele Berufswünsche werden so motiviert, vor allem das Philosophie- und Theologiestudium, aber auch das Medizin- und Jurastudium. Auffallend ist auch die häufige Akzentuierung, man wolle später mit den Büchern allein sein. Das ist für 20jährige ungewöhnlich; zu erklären ist es nur aus der tiefsitzenden Erfahrung des Mißtrauens gegenüber den Gewalten, die eine so große Verführungskraft ausgeübt hatten.

Dort, wo in den Lebensläufen Zukunft in den Blick kommt, geschieht das immer nur unter dem Gesichtspunkt der eigenen Berufswünsche. Die Zukunft des Gemeinwesens ist kein Thema, auch nicht am Rande. Man kann dies verstehen als Ausdruck der Zeitsituation: Die Zukunft eines deutschen Staatswesens, das frei über sich bestimmen könnte, lag damals noch im Dunkeln. Man kann es auch interpretieren aus der besonderen psychischen Situation der Jugend, die sich selbst als mißbraucht empfand und nicht oder nur sehr zögernd bereit war, den Schritt aus dem Bereich des eigenen Lebens in den der Politik zu tun.

4.2.2 Muster der Weltsicht

Die Reifeprüfungsaufsätze geben besser als die Lebensläufe den Blick auf das Weltbild der Abiturienten frei. Die damals üblichen Besinnungsaufsätze boten die Möglichkeit zur Auseinandersetzung mit der gegenwärtigen Situation[24].

4.2.2.1 Formeln der Kulturkritik

Die am häufigsten verwendete Kategorie für die Beurteilung gesellschaftlicher und politischer Fragen war in den Jahren bis 1950 der Begriff der Masse.

„Die Masse nimmt doch endlich das für wahr und richtig an, was ihr immer wieder vorgesetzt wird." (Wuppertaler Abiturient, 1949)

Oder:

„Auf diese Weise werden Film und Funk zu Phantasiefabriken, weil die Masse fordert, daß sie nicht selbst zu denken braucht, sondern daß für sie gedacht wird." (Wuppertaler Abiturient 1949)

Oder:

„Masse heißt das furchtbare Schlagwort im Zeitalter der Technik. Die Vermassung der Menschen wurde die Ursache zu sozialem Elend, Unzufriedenheit, Unruhen und Klassenhaß. Die inneren Werte der Menschheit gehen in der Masse unter, wenn wir uns nicht auf uns selbst besinnen." (Wuppertaler Abiturient 1949).

Die Masse wird als der Inbegriff der Unselbständigkeit und Verführbarkeit begriffen. Das ist vermutlich auch ein Reflex auf das Massenphänomen des NS-Staates. Doch wird der Begriff auch — in einem Aufsatz über die Pressefreiheit — auf den Wahlkampf angewandt, und hier kann man dann sehr schön verfolgen, wie in der logischen Konsequenz des Massenbegriffs nicht die Freiheit, sondern die Freiheitsbeschränkung liegt: Wenn die Masse wirklich so wankelmütig und entscheidungsunfähig ist, ist es ja nur folgerichtig, die Freiheit kräftig zu beschneiden, und so endet dieser Aufsatz auch in der Forderung nach Begrenzung der Pressefreiheit.

In den einzelnen begabteren Aufsätzen kann man verfolgen, wie bestimmte Schüler förmlich ein Weltbild um den Massenbegriff herumbauen.

„Es zeigt sich heute, daß Rationalismus und Technik den Menschen schwer gefährdet, ja entartet haben. Der Massenmensch von heute ist Ausdruck dieser Entartung des Menschen. Der Massenmensch, der in allen Schichten des Volkes zu finden ist, ...kann als der Mensch gekennzeichnet werden, der als Erbe des Rationalismus grundsätzlich denkt, in dieser Welt völlig frei zu sein, der sein Leben lebt, ohne schicksalbedingte Begrenzungen und Beschränken zu kennen.“ (Wuppertaler Abiturient 1950)

Ähnlich heißt es an anderer Stelle:

„Aber noch etwas anderes ist geschehen bei diesem Zusammenbruch. Eine neue Geschichtsmacht ist wirksam geworden und beeinflußt uns in steigendem Maße: die Masse im Bunde mit der Technik. Diese Masse besitzt in potenzierter Dichte die Eigenschaften, die wir am Individuum bereits feststellen mußten. Ohne jede Beziehung, unberechenbar getrieben, ist sie befallen von den geistigen Epidemien, die sie so einzigartig gefährlich machen: von Angst und Verzweiflung, die dann an Höhepunkten plötzlich umschlagen können zu Genußgier und der Sucht, sich selbst zu betäuben“ (Wuppertaler Abiturient 1950).

Die Technik wird dabei vorwiegend als Verfall der wahren Werte gesehen:

„Gerade wir, die Menschen des 20. Jahrhunderts, stehen doch so sehr im Zeichen der Technik, die zu Hast, Oberflächlichkeit, Gleichmacherei und Entseelung drängt, da uns besonders stark nach einem ruhenden Pol, nach einer Kraft verlangt, die nicht mehr unter dem Einfluß jener verderbenbringenden Macht steht“ (Wuppertaler Abiturient 1949).

Zu den bedrohende Mächten der Zeit „Masse“, „Technik“ und „Rationalismus“ gehören auf niederer Ebene die Alltagsgefährdungen „Oberflächlichkeit“ und „politische Verführbarkeit“.

4.2.2.2 Die inneren Werte

Wenn der Mensch der Sklave der Technik ist und die Technik dem Materialismus und der Vermassung Vorschub leistet, dann gibt es dagegen ein Mittel: Idealisten und verantwortungsvolle Menschen sind nötig, um die Gefahr zu bannen.

„Die Masse einer abgestumpften Arbeiterschaft ist eine große Gefahr für jede Demokratie. Leicht sind solche Arbeiter durch die Ideen einzelner Menschen zu entflammen. Ihnen fehlt das Urteilsvermögen. Hier wird nicht das Verantwortungsbewußtsein des einzelnen, sondern die Mehrheit der verführten Masse entscheidend“ (Düsseldorfer Abiturientin 1949).

Auffallend häufig ertönt der Ruf nach Idealisten.

„Deshalb brauchen wir Idealisten, müssen wir wieder nach der Menschenwürde trachten. Schiller bezeichnet die Aufgabe eines Idealisten folgendermaßen: ‚Der Idealist vermag der Menschheit einen Begriff davon zu erwecken, zu welcher Höhe und Entwicklung sie fähig ist.‘ Er wirkt also veredelnd“ (Düsseldorfer Abiturientin 1949).

Oft klingt es so, als ob das persönliche Gut- und Edelsein bereits genüge, um die Welt besser zu machen. Bei vielen Aufsätzen, darunter auffällig vielen Äußerungen von Abiturientinnen, fällt auf, daß die bloße Möglichkeit des Schrittes von der Innerlichkeit zum Gemeinwesen im geistigen Horizont nicht vorhanden ist.

„Wir sollten uns abgewöhnen, diese Welt in unserem kleinlichen Sinn umzuschaffen“ — oder: „Wir müssen wieder glauben lernen“ — oder: „Demütige Beugung vor der Welt ewigem Geheimnis“ — oder: „Mit der zögernden Geste, mit der sich Blumen dem Sonnenlicht öffnen, seien wir dem Leben zugetan.“

Sehr oft wird mit einfachsten Dichotomien gearbeitet:

— schlecht versus gut
— Oberflächlichkeit versus geistige Interessen
— Abstumpfung versus Verantwortung
— Materialismus versus Idealismus
— Masse versus Selbstbesinnung.

Wie können sich angesichts solcher Kriterien Zukunftsaufgaben darstellen? — Sie werden gesehen als Ruf nach einer neuen Gemeinschaft, einer

„Gemeinschaft, in der der Mensch eben nicht mehr der Einsame, Unverstandene, nicht mehr Massenbestandteil ist, sondern die Gemeinschaft als Aufgabe erkannt hat, der weiß, daß sein Leben Dienst am anderen, daß er Diener ist.“ (Wuppertaler Abiturient 1950).

Der Ruf nach der Gemeinschaft, die sich aus der gereinigten Innerlichkeit begreift, ertönt des öfteren, und zwar hauptsächlich in den beiden Spielarten des christlichen Dienens und des idealistisch-guten Handelns. Der Weg zur konkreten, pragmatischen Politik der harten Anfangsjahre der Bundesrepublik ist unendlich weit:

„... was hat der einzelne schon für einen Einfluß auf die große Politik? Ja, wir haben keinen direkten Einfluß auf die Männer, die am grünen Tisch verhandeln und beschließen. Aber — wenn man Christ ist — könnte man vielleicht beten, auf daß es wahr werde und bleibe: ‚Friede den Menschen auf Erden!' In anderer Weise können wir als einzelne Menschen aus dem Volk die Geschehnisse nicht beeinflussen" (Wuppertaler Abiturient 1949).

4.2.2.3 Zugänge zur Demokratie

Obwohl das kulturkritische Denken den Zugang zur Politik eher verschloß als öffnete, geben die Aufsätze auch Beispiele dafür, daß es an pragmatischen und vernünftigen Urteilen nicht fehlte.

„Über die politische Unfähigkeit des deutschen Volkes ist viel diskutiert worden. Ich möchte dazu sagen, daß sich diese Unfähigkeit, die, vergleichen wir uns mit den Engländern, ohne Zweifel vorhanden ist, erst in den letzten hundert Jahren zeigen konnte, eben deshalb, weil wir uns im Gegensatz zu anderen Völkern politisch nicht weiterentwickelt haben, sondern auf dem Herr-Untertanen-Standpunkt stehengeblieben sind. Wir, das beweisen das Zweite und das Dritte Reich, bringen die Nation immer mit einem Oberhaupt zusammen" (Wuppertaler Abiturient 1950).

Goethes Xenion „Zur Nation euch zu bilden" wird von einem Abiturienten einer scharfen Kritik unterzogen: Goethes Abwendung von der Politik sei nicht gutzuheißen,

„man kann nur einem Privatmann raten, sich aus der Politik herauszuhalten, aber keinem Volk, nicht den Deutschen allgemein, wenn das Volk nicht zugrunde gehen soll" (Wuppertaler Abiturient 1950).

Eine Reihe von Aufsätzen zeichnet sich dadurch aus, daß sie die Scheinsicherheit der kulturkritischen Begrifflichkeit hinter sich läßt und radikal die Ungesichertheit der menschlichen und politischen Situation bejaht. Vermutlich waren solche Ansätze dem damals verbreiteten Existentialismus verbunden. Obwohl man vom Existentialismus nicht behaupten kann, er habe der Jugend den Weg in die Politik erschlossen, hat er aber immerhin dazu beigetragen, die kulturkritische Denkfigur zu durchbrechen, bei der Demokratie immer mit Masse, Verführung und Gefährdung verbunden und das Heilmittel in der Innerlichkeit gesehen wurde.

Aufgeschlossen und angemessen wurde in den Reifeprüfungsaufsätzen über die „Grenzen der Pressefreiheit" geschrieben. Die Pressefreiheit wurde durchweg als funktionale Notwendigkeit einer Demokratie anerkannt, und man sah in ihr die logische Konsequenz der persönlichen Freiheit, die der Staatsbürger genießt. Die Regierung dürfe der Presse keine Auskünfte verweigern, überhaupt müßten die Regierungsstellen mit offenen Karten spielen und der Presse bereits Einblick in die politischen Prozesse vor der endgültigen Entschlußfassung geben. In einer „auf Selbstachtung, gegenseitiger Achtung und Vertrauen beruhenden Gemeinschaft" müsse der einzelne wissen, welche Bindungen die Gemeinschaft eingehe, und deshalb dürfe er nicht erst im Nachhinein informiert werden.

„Fertige Lösungen kann jeder totalitäre Staat unauffällig zustande bringen und geschickt propagieren, ein demokratischer Staat braucht sie nicht, ja sie laufen ihm sogar zuwider" (Wuppertaler Abiturient 1950).

Auch sei freie Presse unbedingt nötig, damit der einzelne *„wählen, vergleichen, prüfen, als Demokrat posto fassen"* könne (Wuppertaler Abiturient 1950). Man sieht an solchen Beispielen, daß eingefahrene und verbreitete Denkmuster wie die der Kulturkritik weder durchgängig wirksam waren noch auch ein direkt zupackendes Denken über politische Fragen behindern mußten.

4.2.2.4 Die Sprache der Abiturienten

Nationalsozialistische Gesinnung tritt in den Lebensläufen und Aufsätzen nicht zutage, aber Gesinnung kann versteckt werden. Sprache jedoch macht sichtbar. Sie kann offenbaren, ob es Denkkategorien — oder doch wenigstens Klischees und Gewöhnungen — gibt, die residual stehengebliebn sind und vielleicht gar nicht weiter als verdächtig ins Bewußtsein treten.

„Langsam aber begann es in mir zu dämmern: Deutschland lebte weiter, wenn auch äußerlich zerschnitten und geknebelt, das innere Reich der Deutschen bleibt und wird ewig bestehen, solange es deutsche Menschen gibt, die seine Werte erkennen, sie ehren, mehren und weitergeben. Der Kampf ums Dasein aber geht unablässig weiter, und nur der Stärkste, Zäheste und Passendste wird ihn meistern" (Hamburger Abiturientin, vgl. Hass, Anm. 123, S. 108).

Man mag sich darüber streiten, ob eine solche Passage Ausdruck einer tiefsitzenden nationalsozialistischen Mentalität ist oder ob die Schreiberin nicht einfach nur dem Gedanken Ausdruck geben will, es sei nötig, alle Kräfte zu sammeln, um aus der verzweifelten Situation der Jahre 1946 und 47 herauszukommen, wobei sie sich einfach der Sprache bedient, die damals zur Verfügung stand.

„Und das alles, weil ein Mann nicht Maß halten konnte! Deutsche taten Unrecht, aber es wird ihnen hundertfach vergolten. Dennoch dürfen wir nicht verzweifeln. Das Leben ist Kampf. Jeder muß auf seiner Straße mutig vorwärts streben und helfen und aufbauen, so gut er kann" (Düsseldorfer Abiturientin 1947).

Die Phrase vom Leben als Kampf gehört zu denjenigen Klischees, die das Dritte Reich überlebt haben und von den Abiturienten verhältnismäßig arglos verwendet werden — es ist nicht unwahrscheinlich, daß den Verfassern die sozialdarwinistische Herkunft des Wortes kaum bekannt war, sie vielmehr das Klischee als eine façon de parler aus ihrer Umwelt kannten. Von den nationalsozialistischen Kernbegriffen scheint nur „Volksgemeinschaft" überlebt zu haben (wenn man das einmalige Auftreten dieses Wortes in den Abiturarbeiten als Überleben kennzeichnen will).

„Was schon die Schule in ihrer Gemeinschaftserziehung erstrebt, hat durch meine Neigung zum Sport eine Erweiterung und Vertiefung erfahren: ich bin durch meine kameradschaftliche Verbindung mit jungen Menschen anderer Gesellschaftskreise zu echter Volksgemeinschaft erzogen worden" (Wuppertaler Abiturient, 1949).

Der Verfasser hat offenbar durch die Hinzufügung des Wörtchens „echt" einer Mißdeutung vorbeugen wollen.

Interessant sind die Passagen, in denen Sprachklischees, die in der nationalsozialistischen Zeit gang und gäbe waren, in einen inhaltlich entgegengesetzten Kontext übernommen werden:

„Ich nehme regen Anteil am Zeitgeschehen und glaube, daß nach Überwindung der augenblicklichen, zeitbedingten Krise durch Anspannung aller Kräfte auf demokratischer Grundlage eine Neuentwicklung Deutschlands möglich sein wird und somit auch für die deutsche Jugend ein Weg in die Zukunft führt, der allerdings den vollen Einsatz jedes einzelnen verlangen wird und muß" (Wuppertaler Abiturient, 1946).

So wenig man sagen kann, daß hier nationalsozialistische Ideologeme weitergetragen würden, so deutlich ist es, daß sich hier bis in die Details hinein der Sprachduktus des Dritten Reiches fortgepflanzt hat — das Pathos und das Stakkato der nationalsozialistischen Propagandasprache. Das vorher nach außen gewandte Pathos wird nach innen gewandt. Gemeint sind damit häufig vorkommende Versatzstücke der Sprache wie z.B. die folgenden:

„Das Erleben der seelischen Not unseres Volkes", „Demut vor der Welt ewigem Geheimnis", „Aus Göttern waren Teufel geworden", „Die Maßlosigkeit unserer Zeit".

Dieses nach innen gewandte Pathos war ein Kennzeichen der Bildungssprache jener Jahre, es wurde vor allem im kirchlichen Raume gepflegt. Urs

Widmer, der 1966 eine Untersuchung über die Sprache des Jahres 1945 anstellte, deutet die auffallende Metaphorik jener Jahre so, daß die Sprache dem Schrecken eines Weltkriegs nicht gewachsen gewesen sei und man nun mit Hilfe von Sprachbildern versuche, dieser Schrecken habhaft zu werden.[25] Ich neige eher zu der Ansicht, daß die jungen Leute auf die Sprache zurückgriffen, die ihnen bekannt und geläufig war, und die Sprache des inneren Pathos war in Deutschland im Nationalsozialismus und lange vorher nachhaltig verbreitet.

Auffällig ist noch ein anderes Moment: Es besteht ein Widerspruch zwischen der Empfindlichkeit der Jugend, sich noch einmal von großen Worten verführen zu lassen, und dem eigenen Sprachgebrauch. Dieser Widerspruch dürfte nur den wenigsten Jugendlichen damals bewußt gewesen sein. Er konnte auch nicht von Schülern aufgelöst werden. Das war eine Sache der Literatur. Erst Wolfgang Borchert, mehr noch die „Kahlschlag"-Lyrik und die Gruppe 47 entwickelten eine neue Sprache fernab vom Pathos der Innerlichkeit. Doch diese gehört schon zur Signatur der 50er und nicht mehr der 40er Jahre.

4.2.3 Zwischenergebnis 3

1. In den Jahren 1946 bis 1950 stand der Nationalsozialismus, soweit die Lebensläufe und Aufsätze dies zeigen, nicht im Mittelpunkt des jugendlichen Interesses. Er war allenfalls ein Nebenthema. Dies mag einmal darauf zurückzuführen sein, daß ganz allgemein junge Leute im Alter von 18 bis 22 Jahren nur selten auf die gerade hinter ihnen liegenden Lebensjahre reflektierend zurückblicken, zum anderen wird aber auch offenkundig, daß sie von außen, etwa in der Oberstufe des Gymnasiums, auch nur selten angeregt wurden, sich Gedanken darüber zu machen. So ist es kein Wunder, daß der gedankliche Zugang unscharf, ja unzulänglich war. Die Abgrenzung des Feldes „Nationalsozialismus" war verschwommen, ungeeignet waren die gedanklichen und sprachlichen Mittel, undeutlich waren die Einsichten.

Mit verschwommener Abgrenzung ist gemeint, daß Drittes Reich und Zweiter Weltkrieg noch recht direkt unter dem Gesichtspunkt gesehen wurden, wie man selbst unter ihnen zu leiden gehabt hatte. Daß der Krieg von Deutschland ausgegangen war und daß auch viele andere Völker unendlich gelitten hatten, kommt in den Überlegungen nicht vor. Vor allem scheint sich die Verfolgung und Vernichtung der Juden als ein Thema von allerhöchstem Gewicht noch gar nicht recht aus dem Ungefähr herauskristallisiert zu haben. Selbst im Lebenslauf eines rassisch Verfolgten kommen nur undeutliche Umschreibungen seines eigenen Schicksals vor — vielleicht ist das ein Reflex auf eine Art Berührungsangst, die in der Öffentlichkeit bei diesem Thema festzustellen war. Die Verschwommenheit des Zugangs wird auch daran deutlich, daß nirgendwo der Gedanke auftaucht, der Krieg habe mit der konkreten Politik und den konkreten Zielen des Nationalsozialismus zu tun gehabt. Da, wie es oft heißt, alle Menschen im Grunde böse und gefährlich sind, war keine Kategorie von Menschen mehr besonders gefährlich und besonders schuldig. Der oft vorkommende Schicksalsbegriff unterstützt diese Folgerung noch.

Die aus einer Kultur der Innerlichkeit stammende Sprache, die nach dem Zweiten Weltkrieg eine neue Blüte erlebte, war wenig geeignet, politische Tatbestände in einiger Nüchternheit zu fassen und sichtbar zu machen. Diese Sprache war aber keineswegs für die Jugend typisch, vielmehr war sie Erbteil und Anknüpfungspunkt aus einer älteren deutschen Tradition, die das Dritte Reich fast unbeschadet überstanden hatte, ja selbst ein Stück Sprache im Dritten Reich geworden war.[26]

Auch die Einsichten waren verschwommen, um nicht zu sagen, politisch unbrauchbar. Wenn der tiefere Sinn des Nachdenkens über die jüngste Vergangenheit etwa darin lag, wie es einzelne Aufsätze ausdrücken, das Schicksal demütig hinzunehmen und sich dem vom Schicksal Gewollten nicht zu verschließen, dann bestand die Bewältigung des Nationalsozialismus in einer individuellen Läuterung. Die Weisen aller Zeiten hatten immer schon als wahres Ziel des Menschen angesehen: „Mensch, werde wesentlich!" … Dies war, pointiert ausgedrückt, das Denkmuster der Innerlichkeitskultur.

2. Die von Zeitgeist und Kulturrahmen ermöglichten frühen Interpretationen der eigenen Situation liefen auf drei Gegensatzpaare hinaus, in die das jüngste Geschehen eingeordnet wurde:

— Ideal und Wirklichkeit (*„Wir haben an Ideale geglaubt, aber die Wirklichkeit ist anders."*)
— Gut und Böse (*„Unsere früheren Götter sind für uns Teufel geworden".*)
— Oberfläche und wahre Werte (*„Alles Unwesentliche ist von uns abgefallen; wir haben zu den wahren Werten gefunden."*)

Unbeschadet dieser Schicksals- und Läuterungsmethaphorik herrschte durchaus Einsicht in die Notwendigkeit, daß die Welt besser werden müsse. Man kann aber nicht sagen, daß die Jugendlichen unserer Jahrgänge dazu bestimmte politische Vorstellungen gehabt hätten. Politische

Institutionen und Politiker wurden eher mit Zurückhaltung betrachtet. Häufig finden wir die Vorstellung, erst einmal müsse jeder einzelne besser werden, dann würden sich die politischen Fragen schon lösen lassen.

Der politisch-gesellschaftliche Lebensbereich als selbständiger Gegenstand des Nachdenkens und der tätigen Gestaltung war im Grunde noch nicht entdeckt.

3. Unseren Quellen zufolge spielt die nationalsozialistische Ideologie bei den hier behandelten Altersstufen keine identifizierbare Rolle mehr. Wenn wir aber gleichzeitig konstatiert haben, daß eine ernsthafte Aufarbeitung der Vergangenheit noch gar nicht recht begonnen hatte, so muß es für diesen Widerspruch eine Erklärung geben. Oder ist das nur ein scheinbarer Widerspruch, hervorgerufen dadurch, daß man der nationalsozialistischen Ideologie eine viel zu hohe Prägekraft auf die Jugendlichen und Kinder zuschreibt? Offenkundig ist jedenfalls, daß es vielerlei Formen und Möglichkeiten eines mehr oder weniger unmerklichen „Hinausrutschens" aus dem Nationalsozialismus gab. In diesem Kapitel sind wir zwei sehr unterschiedlichen begegnet — erstens einer bruchlosen Anknüpfung an geistige Traditionen der Weimarer Zeit, die im Gymnasium stark verwurzelt waren und das Bewußtsein eines Kulturbruches überspielten, und zweitens bestimmten Gruppenmechanismen zur Aufrechterhaltung integrationsfördernder Haltungen in schwierigen Situationen, die wir am Beispiel der Kriegsgefangenenlager kennengelernt haben. Wenn die Rahmenbedingungen verschwinden und die Gruppen sich auflösen, fällt ein wichtiges Motiv für die Zementierung selbstbestätigender Ideologien weg. Sie verschwinden gewissermaßen „von selbst". Der abrupte Wechsel von einer militärisch durchorganisierten Kriegsgesellschaft zur atomisierten, durch Flüchtlingsströme durcheinandergewirbelten Nachkriegsgesellschaft wirkte wie ein Katalysator für die Selbstauflösung der NS-Ideologie.

5. Zusammenfassung: Zur Bewußtseinslage der Jugend nach Kriegsende 1945

Die mehr als vier Jahrzehnte, die seit 1945 verstrichen sind, waren eine Zeit zunehmend differenzierter werdender Vergangenheitsbewältigung. Unser heutiges Wissen, unser Bewußtseinsstand von der NS-Zeit und unser Reflexionsvermögen sind ungleich entwickelter als damals. In der Zwischenzeit haben sich Bilder auf Bilder über die unmittelbaren Erlebnisse geschoben. Will man sich aus dem historischen Abstand in das damalige Bewußtsein der Jugend hineinversetzen, muß man etwas höchst Schwieriges leisten: Man muß sich dem damaligen Zustand von Betäubtsein und Benommenheit wieder annähern, muß die Unschärfe der Wahrnehmung und das durch das Übermaß des Geschehens bewirkte Zurückgeworfensein auf die eigene Person und auf die nächsten Angehörigen rekonstruieren.

Das Mentalitätsprofil einer Jugendgeneration zu zeichnen, ist schon im Normalfall problematisch, weil es die Vorstellung der Geschlossenheit einer Generation voraussetzt.[1] Das gilt erst recht für die Kriegs- und Nachkriegsgeneration, die höchst inkohärent war. In einer bestimmten Hinsicht erleichtert jedoch die Tatsache, daß die Jugend damals so ungeheuer durcheinandergewirbelt wurde, eine generalisierende Aussage. Man kann so etwas wie einen kleinsten gemeinsamen Nenner in Lebensgefühl und Bewußtseinslage feststellen.

5.1. Der kleinste gemeinsame Nenner

Hier ist zunächst das *Bewußtsein der verlorenen Jahre* zu nennen. Dieses Bewußtsein war weitgehend unabhängig von der Altersstufe, es traf den Zwanzigjährigen genauso wie den Fünfundzwanzigjährigen, auch war es unabhängig vom Beruf, denn nahezu alle jungen Leute waren in ihrer Berufsausbildung um viele Jahre zurückgeworfen oder auf Jahre aus ihrem Beruf herausgerissen, es war sogar unabhängig von der politischen Einstellung, denn der Verlust von verfügbarer Lebenszeit, von Lebensglück, und die Unmöglichkeit, ein Leben auch nur halbwegs nach eigenen Vorstellungen zu führen, hatten fast alle jungen Menschen zu beklagen, ob sie nun Nazis oder Antifaschisten oder irgend etwas dazwischen waren. Das Gefühl der verlorenen Jahre hatte zur unmittelbaren Folge, daß die Vergangenheit einfach abgeschrieben wurde. Sie war verloren und konnte durch nichts wieder eingeholt werden. Nun wollte man zunächst einmal leben, und zwar möglichst ungestört von Instanzen von oben.

Das *Gefühl des Betrogenwordenseins* war außerordentlich weit verbreitet. Man war nicht einfach nur um die politische Sinngebung betrogen worden, sondern um das Leben selbst. Man hatte etwas aufzuholen: das eigene Leben. Gemessen an diesem elementaren Bedürfnis trat die Bereitschaft zur Auseinandersetzung mit der Vergangenheit zunächst einfach zurück.

Es gab kaum einen Angehörigen der jungen Generation damals, der sich nicht so oder so als *Opfer* empfunden hätte. Es war etwas mit einem geschehen, das größer war als man selbst, und es hatte einen von den Beinen gerissen. Das Opferbewußtsein vereinte auf diffuse Weise höchst Unterschiedliches. Es konnte Ausdruck massiver Betroffenheit sein, wenn man etwa seine Angehörigen, seine Gesundheit, Heimat oder Beruf verloren hatte, es konnte auch mehr metaphorisch gemeint sein, wenn es sich auf die „Verführung" durch Hitler bezog. Als Opfer sahen sich die Gegner des Nationalsozialismus, aber auch der „idealistische" HJ-Führer konnte sich so begreifen, denn das, was geschehen war, hatte er so ja nie gewollt ... Die Alliierten bestätigten die Auffassung, die deutsche Jugend sei Opfer der Verführung des Nationalsozialismus; die Jugendamnestie bezog sich auf alle Jugendlichen vom Jahrgang 1919 an.

Ein tiefes *Erschrockensein* zieht sich durch die Lebensläufe dieser Jahrgänge. Man konnte über Vieles und Verschiedenes erschrocken sein: Über die totale Niederlage und das Ende des Reiches, über die gewaltigen Verbrechen, die ans Licht gekommen waren, über den tiefen Absturz des eigenen Lebens in Kriegsgefangenschaft, Trümmerwelt, Vertreibung, über den Tod der Angehörigen, oft genug auch über sich selbst — über Blindheit und Naivität oder die eigene Verführbarkeit —, über Väter und Mütter, Lehrer und Professoren, über die nächsten Kameraden, schließlich, je nach Interpretationsmuster, über die Verderbtheit der Politik oder des Menschen schlechthin.

Die Tatsache des Erschrockenseins bot noch keine Gewähr dafür, daß ein neues politisches Bewußtsein entstand. Sie konnte auch zu schiefen und falschen Konsequenzen führen, und insofern bedeutete sie noch nichts. Immerhin lag die Chance eines Neubeginns darin — die Chance, die der Besiegte dem Sieger gegenüber hat, denn der Besiegte ist der Erschütterte, und der Sieger erfährt nur Selbstbestätigung.

Den hier genannten Merkmalen ist etwas Passives gemeinsam, nichts mehr vom überkommenen Jugendbild des Aktiv-Zupackenden ist zu spüren.[2] Auch dies gehört zum kleinsten gemeinsamen Nenner. Die Jugend entsprach nicht mehr dem Bild, das die Jugendbewegung einst gezeichnet hatte.

5.2. Die ersten Verständnismuster

Zu den frühen Verständnismustern, die sich gleich nach dem Ende des Dritten Reiches herausbildeten, gehörten die Vorstellungen, das, was geschehen sei,

a) sei Strafgericht, nämlich die Strafe Gottes für den Hochmut des Menschen, der selbstherrlich und gottvergessen gelebt habe, sei aber auch Katharsis, die dem Menschen zur Besserung diene,
b) sei die Frucht der Maßlosigkeit *eines* Menschen, der unbeherrscht und größenwahnsinnig gewesen sei und einfach zuviel gewollt habe,
c) sei Ausdruck und Ergebnis dämonischer Gewalt (wobei drei Varianten unterscheidbar sind: 1. die Dämonie der propagandistischen Wirkung des Nationalsozialismus, der man sich nicht habe widersetzen können, 2. die Dämonie der Person Hitlers, von der etwas Unwiderstehliches ausgegangen sei, und 3. die Dämonie der Macht überhaupt. (Das Gemeinsame an diesen Varianten ist die Vorstellung, der einzelne habe gegenüber dem Übergewaltigen und Unwiderstehlichen keine Chance gehabt.),
d) sei unverstellter Ausdruck der Wolfsnatur des Menschen, die sich nun ohne Schminke enthüllt habe.

Diese Muster haben eine Gemeinsamkeit: Sie springen unmittelbar in metaphysische oder religiöse Aussagen über „den" Menschen. Dafür sagen sie nichts über das politische oder ideologische System des Nationalsozialismus oder über die Rolle, die Deutschland und die Deutschen in diesem konkreten Krieg und bei dessen Entstehung gespielt haben. Die Konsequenz dieses Gedankenganges lautet so: Wenn grundsätzlich alle Menschen und alle Völker fähig sind, der Dämonie des Schrecklichen anheimzufallen, dann sind die Deutschen in der gegenwärtigen Situation nur ein exemplarischer Fall und machen Grunderfahrungen, die andere Völker prinzipiell auch machen könnten. Aus diesem Bewußtsein konnte man damals sogar eine bescheidene Selbstvergewisserung entwickeln: Man war weiter als die anderen. (Es dürfte kein Zufall sein, daß im „Historikerstreit" diese These wieder auftauchte.)

Diese Muster waren nur Behelfe der ersten Stunde. Sie verschwanden allmählich, als im Laufe der Jahre 1947 und 48 ein anspruchsvolleres Kulturleben wieder in Gang kam. Die Jugend, in der Zeit des Nationalsozialismus Gegenstand eines förmlichen Kultes und eines immerwährenden Lobes von oben, sah sich nun in einer Situation, in der sie weitgehend alleingelassen wurde. Sie mußte sehen, wo sie für ihr Bedürfnis nach Lebenssinn und allgemeiner Orientierung Anknüpfungsmöglichkeiten fand. Das bloße Weiterlaufen der traditionellen Institutionen Schule und Kirche war in dieser Situation wichtig. Die Kirchen waren in der Besatzungszeit weit davon entfernt, neue, gar geistig revolutionäre Inhalte zu vermitteln, sie waren im schlichtesten Sinne konservativ. Die bloße Möglichkeit aber, daß sie eine Brücke über die Jahre des Nationalsozialismus hinweg schlugen, war für die Nachkriegsjugendlichen außerordentlich wichtig, denn sie wußten vom geistigen Leben vor 1933 so gut wie gar nichts. So phantasielos und stoffüberladen etwa die Lehrpläne der höheren Schule waren, sie erlaubten Anknüpfungen an eine deutsche Kulturtradition vor 1933, und damit trugen sie dazu bei, daß das Bild von Deutschland und den Deutschen, das die Nationalsozialisten propagiert hatten, allmählich verschwand.

Mit einem wahren Heißhunger nahm die Nachkriegsjugend aber das Neue auf, das von jenseits der Grenzen zu ihr drang. Nicht das politische, sondern das kulturelle Leben war der eigentliche Quell des Neuanfangs. In einer Zeit, in der Reisen unmöglich war, holten Radio und Theater, die rasch wieder einsetzende Buchproduktion, die ersten Kunstausstellungen und das Kino mit einem Schlage eine der Jugend unbekannte Welt in den Horizont. Die empfänglicheren Jugendlichen lernten zum ersten Mal die künstlerische Moderne kennen, die vorher in Acht und Bann getan wurde und der Jugend unbekannt war. Der Erkenntniswert war außerordentlich, und immer waren Selbstfindungsprozesse damit verknüpft. Indirekt ermöglichten die künstlerischen Erfahrungen aber auch politische Einsichten. Wer Picasso sah und sich an Ziegler erinnerte, wer Thomas Mann las und daneben Blunck, für den war, so möchte man sagen, jedes weitere Wort der Auseinandersetzung überflüssig. Rückblickend wurde so manchem das Ausmaß geistiger Lenkung und Manipulation im Dritten Reich deutlich. Vermutlich waren diese Erfahrungen für die Zukunft der Demokratie wichtiger als der eingeschränkte Erfolg der Reeducation.

Die unmittelbar politischen Impulse, die etwa von den politischen Parteien auf die Jugend ausgingen, hatten eine geringere Wirkung als die kulturellen Impulse. Die pathetische Sprache der politischen Aufrufe stieß viele Jugendliche ab. In den Parteien hatte zudem die ältere Generation wieder das Sagen, der man das ganze Elend zu verdanken hatte, wie viele Jugendliche, ohne viele Unterschiede zu machen, dachten.

5.3. Bewußtseinsarbeit als Aufgabe

Mit der Besetzung Deutschlands im Frühjahr 1945 begannen die Monate, in denen die Aufdeckung der nationalsozialistischen Verbrechen die Weltöffentlichkeit beherrschte. Von der alliierten Presse waren die durchgesickerten Informationen über Massenmorde an Juden im Osten während der letzten Kriegsjahre eher zurückhaltend behandelt worden.[3] Mit der Eroberung polnischen Bodens im Osten und deutschen Bodens im Westen fielen den Alliierten deutsche Konzentrationslager in die Hände. Nie vorher gab es eine so breite, so entschieden antideutsche Stimmung in der Welt wie im Frühjahr und Sommer 1945, und nie wieder wurde die Forderung nach pauschaler Bestrafung der Deutschen so deutlich erhoben wie damals. Die Deutschen sahen sich nicht nur als Besiegte, sondern als Verfemte und moralisch Ausgestoßene.

Damit psychisch fertig zu werden, war für die Jugendlichen besonders schwer. Dazu gehörte intellektueller Mut, Ich-Stärke, die Bereitschaft, Informationen auch belastender Art aufzunehmen, und die Fähigkeit, überkommene Weltbilder und Wertvorstellungen bis in die Tiefe hinein zu revidieren. Das konnte nicht in einem Augenblick geleistet werden, es brauchte Zeit.

Es gab eine gewisse Logik in diesem Prozeß. Man kann ihn in bestimmte Stationen einteilen:

— Zunächst mußte die tiefsitzende Vorstellung überwunden werden, daß dergleichen Verbrechen von Deutschen nie hätten begangen werden können. Unsere Beispiele haben gezeigt, daß die Wahrheit am leichtesten zu akzeptieren war, wenn eigener Augenschein vorlag oder glaubhafte Zeugen berichteten. Man darf hinzusetzen: Das immer zahlreicher vorliegende Material, das in Zeitungen, Radio und Büchern publiziert wurde, führte für sehr viele Jugendliche zum selben Ergebnis, der Prozeß war dann meist länger.

— Aus diesen Einsichten bildete sich die Erkenntnis der verbrecherischen Natur des nationalsozialistischen Regimes. Diese Generalisierung war entscheidend, weil erst dadurch das bloße Abschieben auf untergeordnete Täter unmöglich wurde.
— Reflexion der eigenen direkten oder indirekten Verwicklung in diese Zusammenhänge.
— Frage nach den historischen und politischen Ursachen;
— Aufbau demokratischer Orientierungen.

War dieser Prozeß einmal in Gang gekommen, lief er mit einer gewissen inneren Logik weiter. Für viele der Jugendlichen wurde er zum Lebensthema. In diesem Prozeß konnten, wenn er konsequent verlief, nationalsozialistische Mentalität oder deren Restbestände in der Tiefe abgebaut werden, doch konnte dieser Prozeß auch an jeder der einzelnen Stationen hängenbleiben. Dann blieben Reste der alten Mentalität stehen. Wer beispielsweise auf der ersten Station steckenblieb, mußte weiterhin das Erklärungsmuster von den feindlichen Lügen oder — in abgeschwächter Form — von den Übertreibungen und von falschen Zeugenaussagen aufrechterhalten. Wer auf der zweiten Station steckenblieb, konnte die Auffassung beibehalten, bei den nationalsozialistischen Verbrechen habe es sich um Einzelfälle gehandelt, die ohne Wissen des Führers geschehen seien. Wer auf der dritten Station hängenblieb und die eigene Person aus der Reflexion herausließ, konnte eine vorschnelle und ungute Selbstgerechtigkeit erwerben. Wer auf der fünften Station steckenblieb, konnte historisch hervorragend gebildet sein, mußte aber keineswegs die Wendung zur Demokratie vollzogen haben.

Das Freiheitsgefühl dieser Generation hatte es auch aus äußeren Gründen nicht leicht, sich zu entfalten. Es mußte ein Minimum an politischen Selbstbestimmungsmöglichkeiten für die Jugend vorhanden sein. Mit der Gründung und Weiterentwicklung der Bundesrepublik wurden diese Möglichkeiten schrittweise erreicht, aber doch wieder durch neue Ängste im sich verschärfenden kalten Krieg konterkariert. Der gesamte Prozeß brauchte, bezogen auf eine ganze Generation, viel Zeit, gerade weil er die Tiefenstruktur der Personen erreichen mußte. Um es paradox auszudrücken: Der Weg zur Demokratie hin war weiter als der aus dem Nationalsozialismus heraus.

Das weitere Generationenschicksal, um einige generelle Züge zu benennen, war dadurch gekennzeichnet, daß die Jahrgänge 21 bis 29 in den Anfangsjahren der Bundesrepublik noch zu jung waren, um nennenswerte

Positionen in Politik, Verwaltung oder Wirtschaft zu übernehmen. Sie blieben die Generation im Schatten der Älteren, also derer, die sich allein aufgrund ihrer Generationenzugehörigkeit erheblich enger mit dem Nationalsozialismus eingelassen hatten. Erst im weiteren Verlauf der 50er und 60er Jahre öffneten sich für unsere Jahrgangskohorten aufgrund des wirtschaftlichen Aufstiegs vielfältige berufliche Chancen. Pauschal gesprochen: Das Wirtschaftsleben ermöglichte es dieser Generation, die enormen Benachteiligungen, die sie in der Vergangenheit durch „die Politik" erfahren hatte, wieder aufzuholen. Jetzt war sie die privilegierte Generation, was sich in unzähligen Wohlstands-Lebensläufen niederschlug. Wenig später wurde sie dann aber von der Studentenbewegung ohne viel Federlesen mit in die Schublade „Establishment" gepackt, was recht verblüffend für sie war, denn sie hatte sich gerade erst aus dem Gröbsten herausgearbeitet. In dieser Situation wurde freilich auch das Versäumnis dieser Generation erkennbar, die, besonders empfindlich gegenüber autoritärem Stil, nie selbst in der Lage war, in Form einer größeren Bewegung eine neue politische Kultur in Breite und Tiefe der Gesellschaft durchzusetzen.

5.4. Die schwache Ideologie und die zähen Mentalitätsreste des Nationalsozialismus

Für die Jugend nach Kriegsende hatte die nationalsozialistische Ideologie offenkundig jede Funktion für die eigene Orientierung und die Welterklärung verloren. Sie spielte als Thema, mit dem sich Jugend auseinandersetzte, keine erkennbare Rolle mehr. Das gilt insbesondere für den biologischen Rassismus, für das geopolitische Raumdenken, das Volk- und Führerprinzip, das Befehl-Gehorsam-Prinzip, es gilt im wesentlichen auch für den Antisemitismus, an dessen Stelle nun freilich aus naheliegenden Gründen keine frisch-fröhliche Verständigungsbereitschaft treten konnte, sondern eine tiefsitzende und lange währende Befangenheit. Allein der Antikommunismus erhielt „frische" Begründungen und lebte weiter, wenn auch in seinem Argumentationsprofil deutlich verändert.

Der Gedanke, daß der Nationalsozialismus eine „schwache" Ideologie besaß, ist nicht neu. Schwach ist sie, wenn man ihre philosophischen und wissenschaftlichen Grundlagen und ihre gedankliche Stringenz betrachtet und sie etwa mit dem Marxismus vergleicht. Freilich — der Charakter des weltanschaulichen Konglomerates, das Triviale und Zusammengesuchte dieser Ideologie hat den Nationalsozialismus nicht daran gehindert, zu gewaltiger Massenwirksamkeit zu gelangen und eine Dynamik ohnegleichen zu entfalten. Vielleicht sind aber Massenwirksamkeit und plötzliches Unwirksamwerden keine Widersprüche.

Die von uns untersuchten Jahrgangsstufen, die erst im Verlaufe der Kriegsjahre im Pubertäts- oder Adoleszenzalter waren, haben von der nationalsozialistischen Doktrin hauptsächlich die beiden Momente mitbekommen, auf die sich die Propaganda umso stärker konzentrierte, je länger der Krieg dauerte: Führerglaube und Endsiegglaube. Durch diese Zuspitzung wurde die NS-Ideologie noch stärker, als das ohnehin der Fall war, auf den politischen Erfolg hin ausgerichtet. (Es war eben auch der Charakter der Erfolgsideologie gewesen, der in den Jahren von 1936 - 1939 ein weiteres Ansteigen der Massenzustimmung gebracht hatte.) Nach 1939 wurde die Ideologie fast ausschließlich zu einem Treibriemen für Krieg und Sieg. Sie beschränkte sich im wesentlichen darauf, eine Art naturgesetzlicher Plausibilität für die Weltmachtrolle der Deutschen zu liefern. Die Zuspitzung der Propaganda auf Führer- und Endsiegglauben[4] machte die vollständige Abhängigkeit der nationalsozialistischen Ideologie vom Erfolg komplett. Statt des Sieges trat aber die totale Niederlage ein. Von der in der Ideologie behaupteten naturgegebenen Überlegenheit des deutschen Volkes war nichts übriggeblieben, stattdessen kamen nach und nach Verbrechen extremen Ausmaßes ans Licht, die die zugrundeliegende Ideologie schlimmer diskreditierten als je eine andere Ideologie zuvor. Auch der Führerglaube hatte sich als Wahn herausgestellt, denn der Führer hatte das deutsche Volk bedenkenlos in den Untergang geführt; er hatte sogar gesagt, daß er es nicht für überlebenswert hielt. Die nationalsozialistische Ideologie hatte sich in sich selbst ad absurdum geführt, sie hatte jede Argumentationsfähigkeit verloren.

Die Aussage, daß die nationalsozialistische Ideologie bei der jüngeren Generation nach 1945 schlechthin ohne welterklärende Funktion gewesen und deshalb so gut wie nicht mehr in Erscheinung getreten sei, kann nicht einfach bedeuten, daß alle Restbestände des Nationalsozialismus in den Köpfen der jungen Leute wie durch Zauberhand verschwunden gewesen seien. Teile des Unterbaues, auf dem sich die nationalsozialistische Ideologie erhob, überstanden das Jahr 1945 ohne tiefe Beschädigung. Es war ja keineswegs so gewesen, als ob die nationalsozialistische Ideologie ein geistiges Gebilde von besonderer Originalität gewesen sei; vieles stammte einfach aus dem Zeitgeist und besonders aus der Kultur von rechts[5], die seit dem Kaiserreich das Normalverhalten weiter Bevölkerungsschichten charakterisierte. Aus dem Abstand von 40 Jahren kann man diese Momente des Zeitgeistes besser erkennen, als sie damals erkannt werden konnten, eben weil sie Bestandteile selbstverständlichen Alltagsverhaltens waren.

Die gesellschaftlichen Rollenvorstellungen hatten den Krieg unbeschadet überstanden. Nach wie vor war die Frauenrolle auf das Häusliche und Familiäre festgelegt, der Mann war der Ernährer und Beschützer, selbst dann, wenn die Nachkriegswirklichkeit diese Verhältnisse de facto völlig herumgedreht hatte. Die Rolle des Kindes und Jugendlichen war wie eh und je auf das Gehorchen, auf Fleiß und Strebsamkeit angelegt. Als nach 1948 mit zunehmendem Wohlstand auch die sogenannten gesellschaftlichen Umgangsformen wieder festgelegt wurden, wurden die alten Muster vollkommen kopiert. In diesen Zusammenhang gehört auch, daß hierarchisches Denken selbstverständlich war. Die alte Statushierarchie stellte sich rasch wieder her — mit Abweichungen allerdings, der Offizier z.B. rutschte in der Rangfolge von oben nach unten. Im hierarchischen Verhalten wandelte sich nur wenig. Die übertriebene Ehrerbietung von unten nach oben, der barsche Ton von oben nach unten verschwanden zwar weitgehend, aber prinzipiell blieb vorerst doch eine autoritäre Gesellschaft in Funktion.

Die Sprache veränderte sich unmittelbar nach 1945 kaum. Zwar verschwand das auf den ersten Blick als nationalsozialistisch Erkennbare, aber es bedurfte erst des „Wörterbuches des Unmenschen“[6], um eine nur wenig unter der Oberfläche liegende Schicht nationalsozialistischen Sprachgebrauches der Allgemeinheit sichtbar zu machen. Die erste philosophische Strömung, die als etwas Neues und Zeitgemäßes empfunden wurde und mit der sich die Jugend stark identifizierte, war der Existentialismus. Gerade er aber verschloß den Zugang zum Politischen und machte das Vertrautwerden mit der neuen, ungewohnten Gedankenwelt der Demokratie nicht einfacher.

Auf der Ebene meist unbewußter „Wir“-Identifikationen blieben alte Muster in unsicherer Form noch längere Zeit verbreitet. Viele Menschen, auch jüngere, empfanden eine Art Genugtuung, wenn ein Deutscher es „denen“ — d.h. den Siegermächten — „einmal richtig gezeigt“ hatte, und das konnte so blinde Ausdrucksformen annehmen wie etwa bei dem stillen Beifall, den Görings Selbstmord fand, oder bei den hämischen Attacken, denen sich Thomas Mann ausgesetzt fand.

Was die Gemeinschaftswerte angeht, so konnte Romano Guardini noch 1950 meinen, die Kameradschaft sei der einzige Wert gewesen, der das Jahr 1945 unbeschadet überstanden hätte. Angesichts der ernüchternden

Erlebnisse von Millionen deutscher Kriegsgefangenen mit ihren Kameraden kann man aber Guardinis These nicht zustimmen. Begriff und Sache waren angeschlagen; sie verschwanden fast unmerklich aus dem Sprachschatz der jüngeren Generation. Heute hat das Wort „Solidarität" die Kameradschaft weitgehend ersetzt, ein Zeichen für einen tiefgreifenden gesellschaftlichen Wandel, der aber noch nicht unmittelbar nach 1945, sondern erst in den siebziger Jahren einsetzte.

Man kann zusammenfassen: Was unmittelbar und eindeutig als nationalsozialistisch erkannt wurde, verschwand 1945 von der Bildfläche, durch Verbote, Abneigung, innere Sperren, Überdruß, Vorsicht. Eingeschliffene Strukturen nationalsozialistischer Mentalität blieben um so länger erhalten, als sie dem analysierenden Zugriff unsichtbar blieben.

In der Literatur über den Nationalsozialismus ist oft darauf hingewiesen worden, daß Hitlers ungewöhnliche Redewirkung darauf zurückging, daß er in den Zuhörern die Empfindung wachrief, er spreche ihnen aus dem Herzen und gebe ihre eigenen Gefühle in seinen Worten wieder.[7] Freilich blieb er nicht bei den Normalvorstellungen stehen, sondern setzte ihnen jeweils eine besondere ideologische Spitze auf, er führte sie ins Rassistisch-Biologische, ins Antisemitische, oft einfach nur in eine radikal-imperialistische Richtung fort. Eine ideelle Anstrengung war für niemanden nötig, wenn er Ja zum Nationalsozialismus sagen wollte. Er brauchte sich keine anderen Denkgewohnheiten anzueignen, er konnte gewissermaßen „von ganz allein" Nationalsozialist werden, ohne es recht zu merken. Man mußte keineswegs ein ideologischer Nazi sein, um dem Nationalsozialismus anzuhängen. Der häufigste Typ des Hitleranhängers war der, der noch voll in seiner Normalmoral steckte und das, was er vom Nationalsozialismus übernommen hatte, kaum als etwas Abgehobenes empfand. Für den durchschnittlichen Bürger war die Fremdheitsschwelle gegenüber dem Nationalsozialismus niedrig. Hitlers größte Propagandaleistung lag darin, in der deutschen Bevölkerung das Bewußtsein davon aufgerichtet zu haben, daß die nationalsozialistische Herrschaft und das Deutsche Reich ein und dasselbe seien. Dies wäre nicht möglich gewesen ohne die vielen gleitenden Übergänge in den Nationalsozialismus hinein.

Wenn das Hineingleiten in den Nationalsozialismus aber leicht war, so ist zumindestens zu fragen, ob das *Hinausgleiten* nicht ebenso leicht war und ob gerade auch in dieser Tatsache ein Grund für das rasche Zusammenbrechen einer kurz zuvor noch hoch wirksamen Weltanschauung gelegen hat. Vor der These: „Einmal Nazi, immer Nazi" ist jedenfalls zu warnen, weil sie der nationalsozialistischen Überzeugung ein Gewicht und ein

Beharrungsvermögen beimißt, das sie in der Breite der Bevölkerung und auch gemäß der inneren Logik ihres Gedankenapparates nie gehabt hat. Wenn dem so ist, muß aber bei der Frage eines möglichen Weiterlebens von nationalsozialistischen Gedanken nach 1945 die Aufmerksamkeit verlagert werden: Viel stärker als die ideologischen Momente selber rückt das Basissubstrat in den Mittelpunkt der Aufmerksamkeit, aus dem diese ideologischen Elemente durch Dynamisierung und Radikalisierung des schon Vorhandenen aufgestiegen und in das sie dann möglicherweise auch wieder zurückgefallen sind, um dort in unauffälliger Weise weiterzuleben, unsichtbar und verändert, aber latent vorhanden. Unsere bisherigen Ergebnisse liegen auf dieser Linie: Der „unauffällige" Unterbau der nationalsozialistischen Ideologie, der selber älter als der Nationalsozialismus und auch gar nicht als spezifisch nationalsozialistisch erkennbar ist, hat das Jahr 1945 in vielen Einzelmomenten überlebt.

Die Möglichkeit eines raschen Hinausgleitens aus dem Nationalsozialismus haben wir in Kapitel 3 vor allem bei den jungen Leuten beobachtet, die ohne größere Erschütterungen und bewußte Neuanfänge die Zeit des Kriegsendes erlebt hatten. Dem entspricht der von Gabriele Rosenthal beobachtete Typ der „latenten Wandlung"[8]. In dem unmerklichen Hinausgleiten lag Chance und Gefahr gleichzeitig: Chance insofern, als der Nationalsozialismus keinerlei Anziehungskraft mehr ausübte und sich als Orientierungshilfe ins Wesenslose auflöste, Gefahr insofern, als unsichtbare kategoriale Bestände stehen bleiben konnten, in denen Dispositionen für ein Weiterleben nationalsozialismusnaher Verhaltensweisen aufbewahrt blieben. Das Bedürfnis, bei der Suche nach Werten wieder an die Zeit vor 1933 anzuknüpfen, konnte gerade bei der jungen Generation dazu führen, daß weit verbreitete Verhaltensnormen übernommen wurden, die, obschon nicht nationalsozialistisch, dennoch zum Nährsubstrat des Nationalsozialismus gehört hatten.

5.4 Die Frühphase politischer Bildung: „Good will" und „Begegnung"

Bereits im Herbst 1945 wurden von den Westalliierten Überlegungen angestellt, wie man die deutsche Jugend vor einem Versinken in Sinnlosigkeit bewahren könne. Engländer und Amerikaner blieben ihrer schon bei der Kriegsgefangenenarbeit zugrundegelegten Auffassung treu, man dürfe nicht einfach eine Weltanschauung gegen eine andere austauschen, vielmehr müsse die Jugend sich selbst finden.

Die ersten Bemühungen um die deutsche Jugend fanden statt in deutsch-englischen oder deutsch-amerikanischen Clubs, in „Versöhnungsbünden“, in internationalen Jugendtreffs der wieder zugelassenen konfessionellen Jugendgruppen und in Jugendtagungsstätten. Von einiger Bedeutung war in der Besatzungszeit auch die „Moralische Aufrüstung“, die von ihrem Sitz in Caux aus die westlichen Besatzungszonen mit Veranstaltungen überzog. Auch gab es feste Jugendbegegnungsstätten in Form von Jugendhöfen, von denen Vlotho und Villigst bis heute bestehen.

Von allen späteren Phasen der politischen Bildung unterschied sich diese erste Phase dadurch, daß ihr Hauptziel nicht im kognitiven Bereich lag, sondern im emotionalen, genauer: im menschlichen Sich-Kennen-Lernen. Die beherrschenden Begriffe waren „Good will“ und „Begegnung“; angestrebt wurden Toleranz und gegenseitiges Verstehen. Die ehemaligen Feinde sollten wechselseitig erkennen: Wir alle sind Menschen wie jeder andere. Die jungen Leute, meist ehemalige Soldaten, sollten lernen, ohne Feindschaft miteinander umzugehen, sie sollten zu gemeinsamer Arbeit am Wiederaufbau des Zerstörten zusammengeführt werden.

Der Gewinn solcher Treffen lag einfach darin, daß Menschen verschiedener Nationen, Berufe und gesellschaftlicher Stellung miteinander sprachen, ihre Gemeinsamkeiten entdeckten und Schranken abbauten. Deshalb spielten Gesprächsrunde, Tanz, Gesang, gemeinsame leichtere Arbeiten und Geselligkeiten eine größere Rolle als Vorträge, die es aber auch gab und deren Funktion darin bestand, daß man in Deutschland erfuhr, wie es draußen aussah und wie man über die Deutschen dachte.

In gewisser Weise waren solche Treffen unausgesprochen elitär: Die Teilnehmer waren in aller Regel Studenten, höhere Schüler, Akademiker. Besser als das erst in den 70er Jahren abwertend gebrauchte Wort „elitär“ trifft ein bekannter und oft zitierter Satz von André Gide den Geist jener Jahre: „Ich glaube an den Wert der kleinen Zahl“. Dieses auf dem internationalen Jugendtreffen 1947 in München gesprochene Wort war ein Glaubensbekenntnis, das zu vielen Jugendlichen sprach und ihnen Mut gab, Neues in Angriff zu nehmen.

Die oben angesprochene eigentümliche Mischung von weiterlebenden nationalsozialismusnahen Sockelbeständen bei gleichzeitiger Abwendung von allem explizit Nationalsozialistischen wird deutlich im Weiterleben des Gemeinschaftsgedankens, wie er in den Jugendbegegnungsstätten gefördert wurde. Klaus Peter Lorenz hat eindrucksvoll gezeigt, wie sich das Liedgut des Jugendhofs Vlotho haarscharf an den alten HJ-Liedern vorbeibewegte: Direkt Nationalsozialistisches kam nicht mehr vor, aber die

„Einkehr“-Innerlichkeit eines Hans Baumann war keineswegs verpönt, Walter Flex' Wildgänse rauschten immer noch durch die Nacht, und das „Musikantische“, das besonders gepflegt wurde, schloß die Diskutanten abends überwölbend zu echter Gemeinschaft zusammen...[9]

Fruchtbare Ansätze und Fragwürdig-Laues lagen bei der Moralischen Aufrüstung eng beeinander. Die Moralische Aufrüstung ging deutlich auf Prominentenjagd. Zu den bevorzugten Teilnehmern gehörten Wirtschaftsbosse, Bankdirektoren, hohe Techniker (die ja auch in der Vorwährungszeit nicht alle arbeitslos geworden waren). Die moralische Aufrüstung schaffte es, diese Leute mit ethischen Fragen zu konfrontieren, oft genug sogar eine Bereitschaft zur Schulddiskussion zu wecken. Schüler wurden zu den Tagungen in Caux und anderen Orten auch hinzugezogen. Wenn sie nach Hause kamen, pflegten sie gern ihr neues Gleichheitserlebnis kund zu tun: Hoch und Niedrig pflegten zusammen Kartoffeln zu schälen und den Tisch abzuräumen... Es war viel Oberflächenkosmetik im Spiel, aber wenigstens sprachen die Menschen miteinander.

Das Gemeinschafts- und Harmoniestreben in dieser ersten Phase der politischen Bildung war noch weit von einer geistigen Aufarbeitung der Vergangenheit entfernt. Es war sogar die Gefahr gegeben, daß ein übergreifender Erkenntnisgewinn gehemmt wurde — leicht konnte die Illusion erweckt werden, weitere Bemühungen seien gar nicht nötig, da man sich doch auch so recht gut verstehe, von Mensch zu Mensch. Die früheste Vorstellung, die in dieser Phase von Demokratie vermittelt wurde, war die eines harmonischen zwischenmenschlichen Geschehens. Man könnte deshalb auch von einer „Vermenschlichungsphase“ der politischen Bildung sprechen. Dies muß man berücksichtigen, um zu erkennen, welche Zerreißprobe später der Interessen- und Konfliktbegriff für diese frühen Vorstellungen bedeuteten.

Dennoch lag in dieser Frühphase der politischen Bildung eine Chance. So unpolitisch, so unhistorisch, so im Grund unintellektuell — weil auf Abpolsterung und Verhüllung bedacht — sie war, so leistete sie doch eine wichtige Entkrampfungsarbeit und damit die notwendige emotionale Grundlegung für eine spätere kognitive Aufarbeitung. Man muß dabei auch in Rechnung stellen, daß die jungen Leute vom Dritten Reich her noch so sehr an einen primär emotionalen Zugang zur Politik gewöhnt waren, daß eine Vernachlässigung dieses Bereichs weitere Schritte schwierig gemacht hätte. Aus diesem Grund mochte denn auch der Rückgriff etwa auf die Jugendbewegung hilfreich sein. Freilich: Man konnte auch dabei stehenbleiben — und dann geriet man u.U. in eine historische Verspätung, ohne ein deutliches Bewußtsein davon zu haben.

Ein weiterer Keim für die zukünftige Entwicklung der politischen Bildung ist in diesen ersten Ansätzen auch schon zu erkennen: Es wurde nicht indoktriniert. Das war eine neue Erfahrung für die Jugend, und sie wurde auch in jenen Jahren nicht als selbstverständlich angesehen, weil man das Beispiel der sowjetischen Besatzungszone ja dauernd vor Augen hatte, wo politische Bildung etwas ganz anderes bedeutete: Schulung. Wenn wir uns heute in den Didaktiken der politischen Bildung einig darüber sind, daß es ein „Überwältigungsverbot" geben muß, so wurde dies damals schon angelegt.

Die erste Phase der politischen Bildung fußte nicht auf Buch, Unterricht und Lehre. In den Schulen der britischen Zone war 1946 und 47 sogar der Geschichtsunterricht verboten, ein Zeichen dafür, wie vorsichtig und unsicher die westlichen Besatzungsmächte den in Deutschland tradierten geistigen Beständen gegenüberstanden. Auch konnte noch keine Rede davon sein, daß eine wissenschaftliche Erforschung des Dritten Reiches an den Universitäten überhaupt nur in Gang gekommen sei. Das geschah erst in den 50er Jahren.

Erst langsam schloß sich an diese erste Phase eine Fortsetzung an, in der die Toleranzerziehung in Richtung auf Fremdverstehen und Partnerschaftsdenken verlängert wurde. Hier ging es um den Abbau von Vorurteilen gegenüber anderen Völkern und Kulturen, auch um eine erste Kritik an hierarchiebestimmten Umgangsformen in der eigenen Gesellschaft. Zum ersten Mal kam hier, zögernd noch und wenig konsequent, der Versuch einer Veränderung gesellschaftlichen Verhaltens in den Blick. Theodor Wilhelms neuer Tugendkatalog sah Werte wie Takt, Freundlichkeit, Offenheit, politische Urteilsfähigkeit und selbständiges Denken vor und verzichtete auf die von ihm 1935 formulierten Erziehungswerte wie Treue, Ehrgefühl, Opferbereitschaft und Gehorsam. Der Partnerschaftsgedanke war zwar nicht geeignet, tradierte gesellschaftliche Strukturen in Frage zu stellen, doch in der Überbrückung der Abstände von oben nach unten hatte er, wenigstens in der Schulerziehung, Erfolge zu verzeichnen. Die Schülermitverwaltung wurde gestartet und konnte sich nach langer Anlaufzeit schließlich in den 50er Jahren stabilisieren. Es wurde eine frühe Eingewöhnung an demokratische Tätigkeiten (Wahlen, Schulsprecher, Schülerzeitungen) geleistet, und wenn diese auch oft den Charakter einer Spielwiese hatten, so trugen sie mit dazu bei, daß sich demokratisches Verhalten schon früh entwickeln konnte. Die neue Erfahrung der Schüler war: Wir müssen aktiv sein, müssen uns Gehör verschaffen, erst dann hört man uns auch.

Die Zahl der Jugendlichen, die von den „Begegnungen" beeinflußt wurden, war gering. Größer war die Zahl der Schüler, die mit den ersten SMV-

Versuchen in Berührung kamen. Diese Schüler gehörten aber jüngeren Jahrgängen an als den hier untersuchten. Was die Jahrgänge 1921 bis 29 angeht, so kann man einfach aus Zeitgründen ausschließen, daß eine besondere Wirkung von der beginnenden politischen Bildung auf sie ausgegangen wäre. Die größere Wirkung dürfte die einfache Tatsache gehabt haben, daß die Realeinflüsse der Jahre nach dem Kriege stärker waren: Die Bundesrepublik stabilisierte sich, das Leben war freier und lebenswerter als bisher, es gab kein überhebliches Nationalgefühl mehr, das parlamentarische Leben der ersten Jahre konnte mit seinen hochrangigen Auseinandersetzungen überzeugen, und selbst Schocks wie die Wiederbewaffnung konnten überwunden werden. Auf diese Weise baute sich bei sehr vielen jungen Leuten eine Art emotionaler Zuwendung zur jungen Demokratie auf, die zwar zunächst noch wenig mit theoretischer Erkenntnis der demokratischen Prozesse zu tun haben mochte, dennoch aber für die Mentalitätswandlung einer Generation von größter Bedeutung war.

Es spricht einiges dafür, daß die Jahrgänge derer, die 1945 15-25 Jahre alt waren, und unter diesen besonders wieder die jüngeren, die erste Generation war, die voll die parlamentarische Demokratie übernommen, getragen, ausgebaut und stabilisiert hat. Die heutige führende Politikergeneration rekrutiert sich in starkem Maße aus eben diesen Jahrgängen. Es mag auch erlaubt sein, am Schluß auf die große Zahl bekannter Didaktiker der politischen Bildung aus diesen Jahrgangskohorten hinzuweisen: K.G. Fischer (Jahrgang 1928), Walter Gagel (Jahrgang 1926), Karl Ernst Jeismann (Jahrgang 1925), Wolfgang Mickel (Jahrgang 1929), Volker Nitzschke (Jahrgang 1928), Joachim Rohlfes (Jahrgang 1929), Ernst August Roloff (Jahrgang 1926), Rolf Schmiederer (Jahrgang 1928), Bernhard Sutor (Jahrgang 1930).

1 Golo Mann: Deutsche Geschichte des neunzehnten und zwanzigsten Jahrhunderts. Frankfurt a.M.: S. Fischer 1961, S. 923.

2 Harald Scholtz: Erziehung und Unterricht unterm Hakenkreuz. Göttingen: Vandenhoek und Ruprecht 1985. — Arno Klönne: Jugend im Dritten Reich. Die Hitler-Jugend und ihre Gegner. Düsseldorf und Köln: Diederichs 1982.

3 Lutz Niethammer (Hrsg.): „Hinterher merkt man, daß es richtig war, daß es schiefgegangen ist." Berlin / Bonn: J.H.W. Dietz 1983. — Gabriele Rosenthal: „... wenn alles in Scherben fällt ..." Von Leben und Sinnwelt der Kriegsgeneration. Opladen: Leske + Budrich 1987. — dies. (Hrsg.): Die Hitlerjugend- Generation. Biographische Thematisierung als Vergangenheitsbewältigung. Essen: Die blaue Eule 1986. — Peter Steinbach: Ein Volk, ein Reich, ein Glaube? Ehemalige Nationalsozialisten und Zeitzeugen berichten über ihr Leben im Dritten Reich. Berlin / Bonn: J.H.W. Dietz 1984. — Heinz Bude: Deutsche Karrieren. Lebenskonstruktionen sozialer Aufsteiger aus der Flakhelfer-Generation. Frankfurt a.M.: edition suhrkamp 1987. — Martin Greiffenhagen: Jahrgang 1928. Aus einem unruhigen Leben. München / Zürich: Serie Piper 1988.

4 Luftwaffenhelfer und Drittes Reich. Die Entstehung eines politischen Bewußtseins. Stuttgart: Klett-Cotta 1984.

5 Günter Gaus: Der achte Mai im April. In: Werner Filmer / Heribert Schwan (Hrsg.): Mensch, der Krieg ist aus! Zeitzeugen erinnern sich. Düsseldorf und Wien: Econ Verlag, 1985, S. 112f.

6 Stefan Lohr: Zwei deutsche Lebensläufe. Ein Gespräch mit Peter Brückner und Hannsferdinand Döbler. In: Die Horen 127 (1982), 27. Jg., Bd. 3, S. 105.

7 Jean Amery: Unmeisterliche Wanderjahre. (Klett) Stuttgart 1971, S. 105ff.

8 Eine nicht unbedenkliche Kennzeichnung, weil sie die Vorstellung nahelegt, die HJ sei eine besonders wirksame Sozialisationsinstanz gewesen.

9 Rolf Reichardt: „Histoire des mentalités." Eine neue Dimension der Sozialgeschichte am Beispiel des französischen Ancien Régime. In: Internationales Archiv für Sozialgeschichte der deutschen Literatur. 1978, S. 131.

10 Lothar Kettenacker: Sozialpsychologische Aspekte der Führer-Herrschaft. In: Karl-Dietrich Bracher / Manfred Funke / Hans Adolf Jacobsen (Hrsg.): Nationalsozialistische Diktatur 1933 - 1945. Eine Bilanz. Düsseldorf: Droste, 1983, S. 101.

11 So ist z.B. bei Rainer Döbert / Gertrud Nunner-Winkler: Adoleszenzkrise und Identitätsbildung (Suhrkamp) Frankfurt 1975, zwar deutlich herausgearbeitet, daß es sich bei der „Adoleszenzkrise" und beim „moralischen Bewußtsein" um theoretische Konstrukte handelt, doch wird die aufgrund dieser Einsicht naheliegende Historisierung der Begriffe selbst wieder abgefangen, indem diese Konstrukte lediglich auf die „spätkapitalistische Gesellschaft" und deren „bürgerliches Legitimationssystem" bezogen werden. Mit beiden Begriffen kommt man aber nicht an das heran, was die Umwälzungen der Jahre 1943 - 48 ausmacht. Das gilt auch entsprechend für die zahlreichen Beiträge in: Klaus Hurrelmann (Hrsg.): Sozialisation und Lebenslauf. Reinbek: Rowohlt 1976. — Wenigstens eine Brücke zu einer möglichen Historisierung der sozialisationstheoretischen Ansätze schlagen Berenice L. Neugarten und Nancy Datan: Soziologische Betrachtung des Lebenslaufs. In: Paul B. Baltes unter Mitarbeit von Lutz H. Eckensberger (Hrsg.): Entwicklungspsychologie der Lebensspanne. Stuttgart: Klett-Cotta 1979, indem sie auf S. 365ff. neben den Zeitdimensionen „Lebenszeit" und „soziale Zeit" auch noch die „historische Zeit" vorschlagen. „Historische Zeit bezieht sich indessen nicht nur auf Langzeitprozesse wie etwa Industrialisierung und Urbanisierung, ... sondern besteht darüber hinaus aus einer ganzen Reihe ökonomischer, politischer und sozialer Ereignisse, die direkt auf das Leben des einzelnen einwirken, der die jeweiligen Zeiträume erlebt." Das

Beispiel, das die Autorinnen dann mehr anrühren als anführen, die Folgen des Zweiten Weltkriegs etwa für einen jungen Mann, macht denn freilich deutlich, daß sie sich ein allzu harmloses Bild von der Erlebnisintensität dieses historischen Ereignisses machen: sie verweisen lediglich auf den „Zuwachs an männlichem Selbstgefühl" durch die Übernahme der stark stereotypisierten Soldatenrolle.
Auch der Beitrag von Thomas Ziehe: Lebensgeschichte und politisches Bewußtsein. In: Friedemann Maurer (Hrsg.): Lebensgeschichte und Identität. Frankfurt: Fischer tb 1981, hält sich grundsätzlich im Gegenwartshorizont auf, zeigt aber Sensibilität gegenüber den raschen gesellschaftlichen Veränderungen. Trotz reichlicher Verwendung des Klischeebegriffs „bürgerlich" macht er immerhin klar, daß es heute eben nicht mehr „den klassischen bürgerlichen Lebenslauf" gibt. Wenn er freilich zu den wesentlichen Veränderungsfaktoren den Warenkonsum des Wirtschaftswunders rechnet, so ist das gewiß nicht falsch, aber nicht einmal die halbe Wahrheit. Nicht ein einziger der in unserem Band vorgestellten Lebensläufe, deren Schlüsselstellen allesamt *vor* der Währungsreform liegen, kann noch als klassischer bürgerlicher Lebenslauf verstanden werden, auch dann nicht, wenn man nicht übersieht, daß erstaunlich viel Bürgerlichkeit die Zeit der Katastrophe überlebt hat.

12 Erik H. Erikson: Jugend und Krise. Die Psychodynamik im sozialen Wandel. Stuttgart: Klett-Cotta, 3. Aufl. 1980. (Englisch: Identity. Youth and Crisis (Norton) New York 1968, S. 87.)

13 Ebd., S. 88.

14 Helmut Schmidt: Die „Entarteten" — ein deutscher Glücksfall. In: Die Zeit, Nr. 26, vom 19. Juni 1987, S. 39.

15 Darauf macht — endlich! — unübersehbar aufmerksam Hans Dieter Schäfer: Das gespaltene Bewußtsein. Deutsche Kultur und Lebenswirklichkeit 1933 - 1945. Berlin: Ullstein 1984.

Anmerkungen zu Kap. 2

1 Die Zitate sind, wenn nicht anders angegeben, zwei Sammelbänden mit autobiographischen Rückblicken entnommen, die bei den Einzelnachweisen der Kürze halber nur mit A und B bezeichnet werden:

A = Werner Filmer / Heribert Schwan (Hrsg.): Mensch, der Krieg ist aus! Zeitzeugen erinnern sich. Düsseldorf und Wien: Econ 1985. (In diesem Band sind die Rückblicke von 107 Autorinnen und Autoren gesammelt.)

B = Jochen Jung (Hrsg.): Vom Reich zu Österreich. Erinnerungen an Kriegsende und Nachkriegszeit. München: dtv 10403 1985. (Rückblicke von 35 Autoren.)

2 A, S. 120.

3 A, S. 219.

4 A, S. 178.

5 A, S. 186.

6 A, S. 30.

7 A, S. 84.

8 Primo Levi: Ist das ein Mensch? Erinnerungen an Auschwitz. Frankfurt: Fischer tb 1961 (Schlußkapitel), sowie ders.: Atempause. Eine Nachkriegsodyssee. Frankfurt: Fischer tb 1982 (Anfangskapitel).

9 B, S. 129.

10 A, S. 25.

11 Die Arbeit des Lebens. Autobiographische Texte. Köln: Kiepenheuer und Witsch 1985, S. 79.

12 A, S. 338.

13 A, S. 55.
14 A, S. 89f.
15 B, S. 134.
16 B, S. 142.
17 A, S. 139.
18 A, S. 187.
19 A, S. 200.
20 A, S. 58ff.
21 B, S. 146.
22 A, S. 187.
23 A, S. 172.
24 A, S. 134.
25 A, S. 105.
26 A, S. 55.
27 A, S. 66.
28 A, S. 188.
29 A, S. 90.
30 B, S. 204 und S. 207.
31 B, S. 224.
32 A, S. 52.
33 A, S. 295.
34 B, S. 175.
35 B, S. 254.
36 A, S. 330.
37 A, S. 92.
38 A, S. 50f.
39 A, S. 252.
40 A, S. 147f.
41 A, S. 181.
42 A, S. 116.
43 A, S. 304.
44 B, S. 136.
45 Das handschriftliche Tagebuch von L.K. liegt dem Verf. vor.
46 A, S. 291.
47 A, S. 71.
48 A, S. 194.
49 A, S. 358.
50 A, S. 243ff.
51 A, S. 311.
52 A, S. 342.
53 Anm. 11, S. 95.
54 A, S. 138.
55 A, S. 172.
56 A, S. 27f.
57 A, S. 137.
58 A, S. 173.
59 A, S. 189.
60 A, S. 139.
61 A, S. 55.
62 So bei Sophie Goll, B, S. 129.
63 Anm., 11, S. 88ff.

64 Stephan Stolze, Nachkriegsjahre. Erinnerungen 1945 - 1955. Frankfurt a.M.: Suhrkamp 1984. S. 29.

65 A, S. 135.

66 B, S. 314.

67 A, S. 324.

68 A, S. 319.

Anmerkungen zu Kap. 3

1 Wendelgard von Staden: Nacht über dem Tal. Eine Jugend in Deutschland. München: dtv 1982.

2 Es handelte sich um Wanda Kampmann, die durch ihr Buch „Deutsche und Juden", Heidelberg: L. Schneider 1963, und Frankfurt a.M.: Fischer tb 1979, sowie durch zahlreiche Beiträge zur Geschichtsdidaktik und politischen Bildung später auch einem größeren Publikum bekannt wurde.

3 Franz Fühmann, namhafter Schriftsteller in der DDR, hat mehrere autobiographische Schriften veröffentlicht, darunter: Zweiundzwanzig Tage oder Die Hälfte des Lebens, 1973, und: Der Sturz des Engels. Erfahrungen mit Dichtung. München: dtv 1985.

4 Der Text ist die leicht gekürzte Fassung aus: Essays, Gespräche, Aufsätze 1964 - 1981. Rostock: VEB Hinstorff-Verlag 1983, S. 30 - 32.

5 Vor allem im „Sturz des Engels", aus dem die folgenden Zitate stammen.

6 Dieter Wellershoff, der sich in seinem autobiographischen Buch: Die Arbeit des Lebens, Köln: Kiepenheuer und Witsch 1985, sehr ausführlich zu seiner inneren Entwicklung äußert. Die Zitate stammen aus diesem Werk.

7 Der Lebenslauf von Doris K. ist dokumentiert in: Lothar Steinbach: Ein Volk, ein Reich, ein Glaube? Ehemalige Nationalsozialisten und Zeitzeugen berichten über ihr Leben im Dritten Reich. Bonn: Dietz 1984, S. 67 - 110. Aus diesem Buch habe ich diesen Fall übernommen, weil es sich um eines der selten dokumentierten, aber damals häufigen Beispiele einer völlig verinnerlichten NS-Gläubigkeit handelt.

8 Auch dieser Fall ist bereits veröffentlicht in: Gabriele Rosenthal (Hrsg.): Die Hitlerjugend-Generation. Biographische Thematisierung als Vergangenheitsbewältigung. Essen: Blaue Eule 1986, S. 126 - 151.

9 Vgl. dazu das Kapitel „Das Verhältnis zur Hitlerjugend" in meinem Buch: Luftwaffenhelfer und Drittes Reich. Stuttgart: Klett-Cotta 1984, S. 118ff.

10 Carola S. ist Carola Stern, namhafte politische Journalistin, die ihre und ihres Mannes Autobiographie unter dem Titel „In den Netzen der Erinnerung. Lebensgeschichte zweier Menschen", Reinbek: Rowohlt 1986, veröffentlicht hat. Sie schien mir wichtig als Beispiel für eine naturwüchsig-naive Hitlergläubigkeit bis zum letzten Augenblick und für einen langen, über viele Stationen laufenden Neuorientierungsprozeß.

11 Erich Loests Autobiographie kann man — wesentlich ausführlicher als in dieser Kurzform — lesen in: Durch die Erde geht ein Riß. Ein Lebenslauf. Hamburg: Hoffmann und Campe 1981. Die Zitate stammen aus diesem Buch.

12 23 Tagebücher aus der Zeit um 1945, z.T. von beträchtlichem Umfang und geschrieben von (damals) Jugendlichen, wurden mir aufgrund von Zeitungsanzeigen im Raum des westlichen Ruhrgebiets zur Verfügung gestellt.

Auch Poesiealben, nicht zu Unrecht als Ausdruck harmlos-pubertären Kitsches geliebt und gefürchtet, sind nicht ganz ohne zeitgeschichtliche Aussagekraft. Als kurzer Auszug aus einem Poesiealbum soll hier (in Originalorthographie) ein Beispiel vom Absturz aus dem Pathos des Dritten Reiches zur kleinlauten Bescheidenheit nach 1945 gegeben werden — auch ein Stück Zeitgeschichte ...

Du bist geboren deutsch zu fühlen
sei ganz auf deutsches denken eingestellt,
erst kommt dein Volk,
& dann die andern vielen.
Erst deine Heimat & dann die Welt.

Zur frdl. Erinnerung an unsere gemeinsam verbrachte R.A.D. Zeit
Deine Kameradin Erika.
Ruhla, 13. 9. 42

Kämpfen und dran glauben,
dann wird es gelingen!

Zum frdl. Andenken an unsere gemeinsame R.A.D. Zeit,
Deine Stubenkameradin Ingeborg.
Rosenthal-Reuß (Saale)

Nichts ist unmöglich
und es geht alles
wenn man nur will.

Zur Erinnerung an Deine Kameradin Valerie.
Brüheim, den 4. März 1942

Wer leben will, der kämpfe
also, und wer nicht streiten
will in dieser Welt des
ewigen Ringens, verdient
das Leben nicht.
A. Hitler

Zur Erinnerung an unsere RAD Zeit in Brüheim
Deine Kameradin Hanni.

Deutschland, niemand weiß, wo es anfängt,
Deutschland, niemand weiß, wo es aufhört.
Du mußt es im Herzen tragen,
Oder Du wirst es nie besitzen.
Hanns Johst

Diese Zeilen liebes Elschen, sollen Dich immer an unsere R.A.D.-Zeit in Brüheim erinnern.
Deine Kameradin Helga.
Brhm. den 8. 5. 42

Waltershausen d. 29. 4. 42
Leben heist kämpfen!

Zur Erinnerung von Deine Kameradin Gertrud.

Immer, wenn Du meinst es geht nicht mehr,
kommt von irgendwo ein Lichtlein her,
daß Du es noch einmal wieder zwingst,
und von Sonnenschein und Freude singst,
weiter trägst des Alltags harte Last,
und wieder Mut und Kraft und Glauben hast.

Johanna.
Im Januar 1946

13 Dieser Orden rangierte in der äußerst umfangreichen Liste militärischer Auszeichnungen im Dritten Reich ganz unten. Um so übertriebener diese Gratulation.

14 Zitiert nach Thomas Mann: Tagebücher 1944 - 1946. Frankfurt a.M.: S. Fischer 1986. Anmerkungsapparat S. 713.

15 Gabriele Rosenthal diagnostiziert ähnliche Unterschiede in der Tiefe der Krisenerscheinungen. Sie ist der Auffassung, die Krise sei dann am tiefsten gewesen, wenn für den einzelnen Vergangenheit *und* Zukunft bedroht gewesen seien. — Hier stellt sich freilich die Frage, nach welchem Maßstab Zukunftsbedrohung überhaupt fixiert und bemessen werden kann, zumal in Situationen allgemeiner Zukunftsunsicherheit.

Anmerkungen zu Kap. 4

1 Vgl. in diesem Zusammenhang Gabriele Rosenthal: „... Wenn alles in Scherben fällt ...“. Von Leben und Sinnwelt der Kriegsgeneration. Opladen: Leske + Budrich 1987, S. 82 - 100. — In einigen Schlußfolgerungen kann ich der Verfasserin nicht beipflichten, so z.B. in der Konstruktion eines quasi lückenlosen Zusammenhangs von nationalsozialistisch begründetem zu wirtschaftlich-erfolgsorientiertem Aktivismus nach dem Motto: „Jeder, der fleißig und strebsam ist, kann auch etwas werden.“ (S. 108) Hier wird der tiefe Einbruch in alle Formen optimistischer Zukunftsvorstellungen, wie sie das Kriegsende und die folgenden Jahre der Ungewißheit für fast alle Menschen mit sich brachte, unterschätzt. Auch wird nicht gesehen, daß das Klischee vom self made man ein typischer Ausdruck amerikanischer Alltagsideologie ist, die erst im Laufe des wirtschaftlichen Wiederaufstiegs und der starken Amerikanisierung in die Bundesrepublik eindrang.

2 Dabei darf nicht vergessen werden, daß es größter bildungspolitischer und pädagogischer Anstrengungen bedurfte, um solche demokratischen Positionen durchzusetzen. Das gelang nur langsam gegen den erbitterten Widerstand derer, die darin lediglich gemeinschaftsgefährdende Bestrebungen und die Anstiftung zum Ungehorsam sahen.

3 Auf die persönlichkeitsgefährdende Wirkung gerade in der Pubertät und Frühadoleszenz, die von solchen ungebremsten Meinungstyrannen in Gruppen ausgeht, habe ich am Beispiel der Luftwaffenhelfer hingewiesen. Vgl. Luftwaffenhelfer und Drittes Reich. Die Entstehung eines politischen Bewußtseins. Stuttgart: Klett-Cotta 1984, S. 110ff.

4 Hier sind vor allem Lt.Col. Henry Faulk sowie Sir Heinz Koeppler, Capt. Herbert Sulzbach und Capt. Charles Stambrook zu nennen.

5 Die Kategorien der Einstufung wechselten, ab 1946 setzten sich diese acht Kategorien durch:

A+ = echter Antinazi, fähig zu konstruktiver Mitarbeit, positive, intelligente, tolerante und menschliche Weltanschauung

A = echter, aber nicht notwendigerweise aktiver Antinazi, positive Weltanschauung, die den Nationalsozialismus ersetzt, aber nicht von starkem Einfluß auf andere

A- = Antinazi, der aber mit anderen nicht gut auskommt

B+ = anständige, ehrliche Leute, denen man Vertrauen schenken kann und die echte Antinazis sind, aber noch keine positive Weltanschauung haben, die den Nationalsozialismus ersetzt, wahrscheinlich aus Unwissenheit

B = unpolitische Menschen, graue Nichtnazis

B- = ehemalige Nationalsozialisten, die auf dem Wege sind, ihre alte Weltanschauung moralisch aufzuarbeiten

C = harmlose Nationalsozialisten, die die Umerziehungsversuche nicht behindern, oder solche Nationalsozialisten, die nur Zeit brauchen, um sich weiterzuentwickeln

C- = überzeugte, fanatische Nationalsozialisten, normalerweise aus der Altersgruppe der alten Kämpfer und frühen Nazis, stehen den Engländern feindlich gegenüber

6 Das amerikanische War-Department schätzte im Juli 1944, unter den deutschen Kriegsgefangenen befänden sich 8-12 % überzeugter Nazis, dazu weitere 40 % von Nazi-Sympathisanten. Es wird aber bereits das Problem erkannt, daß der Begriff „Nazi" ungenau sei. Nach einer weiteren Schätzung vom September 1944 befanden sich unter den 325 000 deutschen Gefangenen, die damals in den USA waren, 40-50 000 den Nazis zuneigende Soldaten. Das 1944 gegründete Komitee für die Umschulung von nationalsozialistischen Kriegsgefangenen, dem so bekannte Persönlichkeiten wie Gerhard Seger, Luis Lochner, Dorothy Thompson und Thomas Mann angehörten, schätzte die Zahl der fanatischen Nazis unter den Gefangenen auf 25 %, die Zahl der Antinazis auf 15 % und die Zahl der Dazwischenstehenden auf 60 %. In Studien, die 1944/45 angestellt wurden, setzte man den Prozentsatz der fanatischen Nazis auf 8-10 %, den der sehr positiv zum Nationalsozialismus Eingestellten auf 30 % an. Eine andere Studie spricht von 13 % Nazis, 13 % Antinazis, 74 % neutral; wiederum an anderer Stelle wird gesagt, unter den jüngeren Kriegsgefangenen glaubten 20 % an den Nationalsozialismus. Im März 1945 erklärte der ranghöchste, für das Kriegsgefangenenwesen zuständige amerikanische Offizier, Provost-Marshall Lerch, etwa 5-10 % der Belegschaft praktisch jeden Lagers bestehe aus nationalsozialistischen Fanatikern, die das Leben und Treiben aller anderen Gefangenen beherrschten. Das Verteidigungsministerium von Kanada hielt sich in seiner Klassifizierung an die englische Praxis und nahm eine Einstufung der in Kanada befindlichen Kriegsgefangenen in fünf Kategorien vor. Die Zahlen betrugen: 4457 begeisterte Nazis, 3322 Nazis, 12994 dunkelgrau, 10306 hellgrau, 2813 weiß. Auch die Lagerzeitungen wurden einer Sichtung unterzogen. Im März 1945 waren von 44 Lagerzeitungen in den USA 8 „wild nazistisch", 25 nationalsozialistisch, 7 waren neutral mit reinem Unterhaltungswert, 1 war christlich, 3 waren antinazistisch. Eine weitere Untersuchung stellte im Herbst 1945 bei 80 Lagerzeitungen ein anderes Profil fest: 24 wiesen eine demokratische Tendenz auf, 18 waren deutlich antinationalsozialistisch, 32 unpolitisch, 3 christlich, 2 militaristisch, 1 verdeckt nationalsozialistisch. Zahlenmaterial findet sich verstreut in den einschlägigen Bänden der Geschichte der deutschen Kriegsgefangenen des Zweiten Weltkriegs, hg. von Erich Maschke (Verlag Ernst und Werner Gieseking, Bielefeld), bei Arnold Krammer: PW. Gefangen in Amerika. Stuttgart: Motorbuchverlag 1982, sowie bei Heinz C. Ansbacher: Attitudes of German Prisoners of War. Washington 1948, S. 1-42.

7 Ausführliches Anschauungsmaterial bildet das Buch von Hans Dittler: Odyssee II. Ein Stück erlebte Wirklichkeit 1939-1946. Pforzheim: Selbstverlag 1983. Das Buch ist auch deshalb aufschlußreich, weil sich der Autor selbst als unpolitischen „Normalverbraucher" bezeichnet, dem alle weltanschaulichen Auseinandersetzungen verhaßt seien, der aber dabei gleichzeitig ein ihm wahrscheinlich selbst nicht recht bewußtes Bild nationalsozialismus-naher Mentalität bietet.

8 Einige Beispiele für ein Verhalten, das zwischen Gruppenjux und Provokation stand: Kriegsgefangene in Fort Benjamin, Harrison, Indiana, setzten beim Dachdecken an einem Krankenhaus die verschiedenen Farben zu einem großen Hakenkreuz zusammen. Im Lager Breckinridge, Kentucky, machten sich ein paar hundert Gefangene die Unkenntnis der deutschen Sprache beim Lagerkommandanten zunutze und sangen beim Kirchgang morgens früh aus voller Brust das Horst-Wessel-Lied. Ein Zeichen für die offensive Kraft des nationalsozialistischen Binnenklimas war die Tatsache, daß Kriegsgefangene in Oklahoma einmal Hunderte von Propagandaflugblättern aus einem fahrenden Zug warfen, auf denen zu lesen war: „Amerikaner, wer sitzt in der Etappe? Die Juden! Wer fällt im Kampf? Der amerikanische Soldat! ... Die Juden sind Amerikas Ruin, das amerikanische Volk dient den persönlichen Interessen der Juden." (Vgl. Krammer, Anm. 6, S. 172).

9 Diese Ereignisse sind durch den Roman von Hans Werner Richter: „Die Geschlagenen" einem größeren Leserkreis bekannt geworden. Hans Werner Richter stellt einen Einzel-

fall vor. Die Herrschaft strammer Nationalsozialisten in den Lagern war aber nicht die Ausnahme, sondern die Regel. Aus fast 200 Lagern in den USA wurden Gewaltakte gemeldet, die meistens darin bestanden, daß Gefangene, die aus irgendeinem Grunde als „Verräter" oder „Defaitisten" galten, zusammengeschlagen wurden. In diese Zeit fallen auch die „Hinrichtungen". Die Methoden waren immer dieselben: Es fand ein Geheimgericht statt, die Verurteilten wurden zu Tode geprügelt und meist nachträglich erhängt, damit es nach Selbstmord aussah. In einigen Fällen, wie z.B. beim Obergefreiten Horst Günther im Lager Gordon, Georgia, genügte der Verdacht, der Betreffende könne die Lagerleitung vor einer bevorstehenden Arbeitsniederlegung der Gefangenen gewarnt haben, sowie seine Neigung zu Jazzmusik.

10 Der Erlebnisbericht von Hans Dittler (Anm. 7) bietet eine Blütenlese solcher Klassifikationen: da ist von „Jämmerlingen", „Schwächlingen", „Kollaborateuren", von „Schikanen" und „Psychoterror" — gemeint ist die Vorführung von KZ-Filmen — die Rede, während er die eigene Gruppe als „gutwillige, anständige Patrioten" bezeichnet.

11 Vgl. dazu Arnold Krammer (Anm. 6), S. 208ff. und 222ff.

12 Das Gefühl der Defensive, nämlich von allen Seiten eingekreist zu sein, wird bei Dittler wörtlich formuliert: „Auf der einen Seite die Amerikaner, der Feind, und auf der anderen Seite 150 %ige Nazis, Verräter, Mitgezogene und Überläufer, vom agitierenden Kommunisten über den nihilistischen Feind jeder Ordnung bis zum fanatischen Anhänger des politischen Katholizismus.", S. 524.

13 Henry Faulk: Die deutschen Kriegsgefangenen in Großbritannien. Re-education (Band XI/2 der „Geschichte der deutschen Kriegsgefangenen des Zweiten Weltkriegs", hg. von Erich Maschke). München: Giesecke 1970, S. 710.

14 Matthew Barry Sullivan: Auf der Schwelle zum Frieden. Deutsche Kriegsgefangene in Großbritannien 1944-1948. Wien und Hamburg: Paul Zsolnay 1981, S. 78ff.

15 Ebd., S. 345.

16 Henry Faulk (Anm. 13), S. 27.

17 Ebd., S. 37.

18 Ebd., S. 94.

19 Einflußreichste Person im Jugendlager war Captain Stambrook, genannt Max, ein Wiener Emigrant, dessen gesunder Menschenverstand, Witz und Verständnis legendär waren. „Während einer Zählung hatte ... ein ehemaliger SS-Mann dem Captain, der die Zählung vornahm, das Wort Judenlümmel zugerufen ... Dieser englische Offizier tat nun folgendes: Er drehte sich gelassen um, sagte dem Schreier im ruhigsten Ton: ‚Jude stimmt, Lümmel stimmt nicht', und ging weiter." (So bei Faulk, S. 241, ähnlich bei Sullivan, S. 249ff.).

20 Henry Faulk, ebd., S. 702.

21 Ebd., S. 707.

22 Zum Begriff der kollektiven Krise vgl. vor allem Gabriele Rosenthal, Anm. 1, S. 40-47 und S. 101-114. Die von Rosenthal verwendete grundlegende Unterscheidung zwischen „heteronom produzierten" und „autonom konstituierten" Krisen ist vor allem deshalb wichtig, weil sie einer vorschnellen Gleichsetzung dessen, was einer ganzen Generation von außen zustößt, und dessen, was die vielen einzelnen dieser Generation daraus machen, steuert.

23 Die Hamburger Lebensläufe wurden bereits 1950 publiziert: Kurt Hass (Hrsg.): Jugend unterm Schicksal. Mit einem Geleitwort von Albrecht Goes. Hamburg 1950. Die Wuppertaler und Düsseldorfer Arbeiten liegen in Schularchiven. Die rein literarischen oder kunsthistorisch ausgerichteten Themen der Reifeprüfungsarbeiten haben für unsere Auswertung nichts hergegeben. Die Themen, in denen für uns interessante Probleme zur Sprache gebracht wurden, lauteten so:
1946: „oft zeigt sich's, Haben hüllt uns in Sicherheit, und die Entbehrung gedeiht zum Vorteil." (Shakespeare, König Lear IV, 1).

1947: „Auf des Reiches Straßen."

1949: „Film und Funk — zwei echte Sprößlinge unseres Zeitalters. Ein kritischer Vergleich."
„Wer nie fortging, kehrt nie heim."
„Wie stehen Sie zu dem Wort Ghandis: Die Maschine versklavt, die Hand befreit?"

1950: „Warum und innerhalb welcher Grenzen ist Pressefreiheit in der Demokratie notwendig?"
„Wie beurteilen Sie das Goethe-Schillersche Xenion:
‚Zur Nation Euch zu bilden, Ihr hofft es, Deutsche, vergebens.
Bildet, Ihr könnt es, dafür freier zum Menschen Euch aus!' "
„Und wenn du ganz dich zu verlieren scheinst, vergleiche dich! Erkenne, was du bist!"
„Versuchen Sie, im Lichte dieses Goethe-Wortes unsere gegenwärtige Situation zu begreifen und sich mit ihr auseinanderzusetzen."

Die zahlenmäßige Diskrepanz zwischen den 350 Lebensläufen und den 131 Aufsätzen kommt dadurch zustande, daß mir erstens aus Hamburg nur die Lebensläufe vorlagen, und zweitens bei der verkürzten Reifeprüfung der Sonderlehrgänge in den Jungenschulen keine Deutschaufsätze geschrieben werden mußten.

24 Bei der Beurteilung der Besinnungsaufsätze kann man nicht von der pädagogischen Tradition absehen, in der dieser Aufsatztypus stand. Die meisten Themen rekurrierten auf „zeitenthobenes" Bildungsgut. Dabei ging man manchmal von einem Dichterzitat oder einem Interpretationsthema aus, aber auch von einem Gedankenanstoß in Form eines vieldeutigen, Assoziationen auslösenden Wortes. (Ein Thema an einem Mädchengymnasium lautet schlicht: „Die Pforte".) Man möchte aus dem historischen Abstand sagen, daß die Besinnungen, die aus der Tiefe des eigenen Gemütes geschöpft wurden, leicht die Grenze zur forcierten Tiefengründelei überschritten. Aber auch das war ein Moment des Zeitgeistes.

25 Urs Widmer: 1945 oder Die neue Sprache. Düsseldorf: Schwann 1966, S. 195.

26 Die zwischen Pathos und Innerlichkeit pendelnde Sprache war nicht nur etwas Jugendspezifisches in der Zeit nach dem Zweiten Weltkrieg, sie war vielmehr Erbteil und Anknüpfungspunkt aus einer älteren deutschen literarischen Tradition, die den Nationalsozialismus fast unbeschadet überstanden hatte. Dazu sehr ausführlich Hans Dieter Schäfer: Das gespaltene Bewußtsein. Deutsche Kultur und Lebenswirklichkeit 1933 - 1945, Frankfurt / Berlin / Wien: Ullstein Sachbuch 1981.

Anmerkungen zu Kap. 5

1 Vgl. Walter Jaide: Generationen eines Jahrhunderts. Opladen: Leske + Budrich 1988. S. 298.

2 Alexander von Plato hat in seinem Beitrag „Ärmel aufkrempeln, zupacken, aufbauen" darauf aufmerksam gemacht, daß der gewollt optimistische und aktivistische Ton der Aufrufe der neugegründeten politischen Parteien und der Wochenschau- und Radioreporter täusche. Apathie, Müdigkeit und Enttäuschung habe bei der Jugend vorgeherrscht. In: Als der Krieg zu Ende war. Vierzig Jahre danach. Tagungsprotokolle der Landeszentrale für politische Bildung in NW vom 5.-8. Nov. 1985. Düsseldorf o.J., S. 179ff.

3 Vgl. Norbert Frei: „Wir waren blind, ungläubig und langsam". Buchenwald, Dachau und die amerikanischen Medien im Frühjahr 1945. VjHZG 35. Jg. 1987, S. 385-402.

4 Vgl. Ian Kershaw: Der Hitler-Mythus. Stuttgart: Dt. Verl.anst. 1980, vor allem S. 131-194.

5 In der italienischen Geschichtsschreibung hat sich der Begriff der „cultura di destra" eingebürgert. Er erscheint uns besser geeignet als der Begriff des Klein- oder Spießbürgerlichen, um den breiten Nährboden des Nationalsozialismus sichtbar zu machen. Aller-

dings können wir den Begriff erst verwenden, wenn wir ihn in einer anderen Weise benutzen, als das in der italienischen Forschung der Fall ist.
Furio Jesi, italienischer Geisteswissenschaftler, der sich vor allem mit dem modernen Gebrauch des Mythos beschäftigt hat, schrieb 1979 ein Buch mit dem Titel „Cultura di destra". (Milano: Aldo Garzanti Ed.) Darin beschäftigt er sich vor allem mit Themen wie der Todesreligion der Rechten, der Grabessymbolik, Luxus und Erotik, Heldentum und Keuschheit, mystische Offenbarung und Geheimnis, Todeshochzeit, mit Motiven also, die er in der Literatur des Faschismus, seiner Ursprünge im 19. Jahrhundert und bei bestimmten Autoren der Nachkriegszeit festmacht. Er geht näher auf solche Schriftsteller ein, die für den deutschen Nationalsozialismus nie eine Rolle gespielt haben, z.B. Pirandello, Liala, Evola oder den Rumänen Mircea Eliade. Bei diesem Ansatz kommt die Kultur von rechts nur in Form einer intellektuellen Gratwanderung in den Blick. Selbst dort, wo Himmler und die SS-Führung einmal vorkommen, geschieht dies in esoterisch-kultischen Zusammenhängen, die den Faschismus in eine geistige Höhe heben, die er nie gehabt hat. Obwohl an der antifaschistischen Intention des Autors nicht der geringste Zweifel besteht, läuft das Ganze auf eine intellektuelle Hoffähigmachung hinaus, demgegenüber es notwendig ist, an Thomas Manns Bemerkung zu erinnern, daß alles, was der Nationalsozialismus an Ideen je angefaßt habe, „verhunzt" worden sei. Der rein geistesgeschichtliche, zudem noch auf intellektuelle Gipfellagen beschränkte Ansatz Jesis ist ungeeignet, das aufzuschließen, was uns in unserem Zusammenhang an der Kultur von rechts besonders interessiert: die massenwirksamen, alltäglichen Momente der Kultur von rechts.
Wir wenden den Begriff auf eingeschliffene Wahrnehmungs- und Verhaltensgewohnheiten an, die als soziale Normalität erlebt werden und erst durch den Vergleich mit Gegenmodellen oder aus der historischen Distanz ihre Selbstverständlichkeit verlieren und erkennbar werden. Uns interessieren deshalb Verhaltensnormen und Lebensstile, die als etwas Alltägliches wahrgenommen — oder besser: gerade nicht wahrgenommen wurden und gewissermaßen als eine Gleitbahn in Richtung auf nationalsozialistische Mentalität fungierten.
Bei dem Begriff „Kultur von rechts" ist darauf zu achten, daß das Wort „rechts" gerade nicht im strikten Sinne auf definierte Positionen der politischen Rechten bezogen ist, sondern daß damit Alltagsorientierungen gemeint sind, die von denjenigen, die sich danach richteten, vorwiegend als unpolitisch-allgemeingültig empfunden wurden, die aber ihrer Herkunft nach aus einer Kultur stammen, die durch nationalistisch-konservative Leitbilder geprägt wurde und von dorther ihre Tugendkataloge bezog. Das Wörtchen „von" im Begriff „Kultur von rechts" bedeutet eine Richtung — etwas kommt in letzter Konsequenz von rechts her —, keine Fixierung, auch keine allein auf die deutsche Kultur, denn ein großer Teil dieser Verhaltensweisen kommt auch in anderen Ländern vor, freilich auch dort in einem konservativ-nationalistischen Zusammenhang.
Die Kultur von rechts ist schwerer zu fixieren als die Kultur von links, weil sie viel weiter verbreitet war und sich die Kultur von links als eine Art Insel inmitten der Kultur von rechts zu konkretisieren versuchte. Als Kern der Kultur von links können wir die Arbeiterbewegungskultur verstehen mit ihrem Ziel, einen eigenen proletarischen Lebensstil zu schaffen, um die Solidarität zu stärken und das Abwandern von Arbeitern in kleinbürgerliche Lebensformen zu verhindern. Auch gab es in Intellektuellen- und Künstlerkreisen wie in der Jugendbewegung bei den linken Bündischen Versuche, einen Lebensstil von links aufzubauen. Insgesamt aber spielte die Kultur von links in Deutschland immer nur eine Randrolle, im Unterschied zu süd- und südwesteuropäischen Ländern, auch im Unterschied zu der ausgeprägten Klassengesellschaft in England.
Zu Beginn des Jahrhunderts hatte die Kultur von rechts in Deutschland eine außerordentliche, aber diffuse Breitenwirkung erlangt, die weit über bürgerliche Schichten hinaus-

ging und gerade auch im eingeschliffenen Alltagsverhalten (Männer- und Frauenrollen, Kindererziehung, Kleidung, Vereinskultur, Einschätzung anderer Nationen usw.) zum Ausdruck kam. In der Zeit nach dem Ersten Weltkrieg traten starke Akzentverschiebungen auf. Die vaterländische Kultur von rechts nahm kulturpessimistische und zivilisationskritische Züge an. Gleichzeitig aber setzte ein deutlicher Schub von Modernität ein, der auch im Bereich der Alltagsleitbilder (Film!) wirksam war und dazu führte, daß die deutsche Kultur in der Zeit der Weimarer Republik „eine tiefgespaltene Kultur“ war: Es gab im Weimar-Deutschland zwei Kulturen, die sich gegenseitig kaum etwas zu sagen hatten und sich mit tiefer Fremdheit und Feindseligkeit gegenüberstanden, jede der anderen ... die ‚Kultur‘-Qualität absprechend, wie Eberhard Kolb anmerkt (Die Weimarer Republik. München / Wien: Oldenbourg 1984. S. 93).
Die Kultur von rechts war aber durch den Modernitätsschub nicht einfach in die Verteidigung gedrängt, sie entwickelte vielmehr gerade unter dem Gefühl der Bedrohung ihre aggressiven Kräfte. Vor allem legte sie sich nicht einfach auf die traditionellen Normen von gestern fest, sondern ließ sich ein Stück weit zu neuen Ufern weitertragen. Sie verjüngte sich in den 20er Jahren, streifte dabei viel Altmodisches und Spießbürgerliches ab und wurde für die Jugendlichen wieder attraktiv. Ähnlich, wie sich im Bereich der Ideen ein revolutionärer Nationalismus und neuartige Führer- und Gefolgschaftsideen breitmachten, fand im Bereich scheinbar unpolitischer Verhaltensnormen des Alltags ebenfalls eine Erneuerungsbewegung statt, von der gleitende Übergänge in den Nationalsozialismus hineinführen.

6 Sternberger / Storz / Süskind: Aus dem Wörterbuch des Unmenschen. Ab 1946 in der Monatsschrift „Die Wandlung“, als Buch 1957 bei Claassen in Hamburg. V. Klemperers „LTI“ war damals im Westen schwer zugänglich.

7 Dazu grundlegend Lothar Kettenacker: Sozialpsychologische Aspekte der Führer-Herrschaft. In: K.D. Bracher / M. Funkte / H.A. Jacobsen (Hrsg.): Nationalsozialistische Diktatur 1933 - 1945. Düsseldorf: Droste 1983. S. 97 - 131, vor allem S. 119.

8 Vgl. Gabriele Rosenthal: „... wenn alles in Scherben fällt ...“. Opladen: Leske + Budrich 1988. S. 279ff.

9 Klaus-Peter Lorenz: Der Beitrag der politischen Jugendbildung zur Überwindung antidemokratischer Traditionen in den Nachkriegsjahren. Diss. GH-Universität Kassel 1987. S. 151.

Autobiographische Literatur von Autorinnen und Autoren, die bei Kriegsende 1945 zur Generation der Jugendlichen gehörten[1]

1 Die Geburtsjahrgangsgrenzen werden hier weiter gefaßt als nur von 1921 - 1929. Es sind auch Sammlungen und Sekundärliteratur aufgenommen, die Lebensgeschichten (Interviews, Tagebücher) enthalten.

„Als der Krieg zu Ende war“ — Vierzig Jahre danach. Analysen, Reflexionen, Erinnerungen. Tagung der Landeszentrale für politische Bildung Nordrhein-Westfalen. Im Manuskript vervielfältigt. Düsseldorf o.J. (1986).

Altmann, P. u.a. (Hrsg.): Wege in die Freiheit. Frankfurt 1980.

Berger, T. / Müller, K. (Hrsg.): Lebenssituationen 1945 - 1948. Hannover 1983.

Bergmann, Klaus / Schneider, Gerhard (Hrsg.): 1945. Ein Lesebuch. Hannover: Fackelträger 1985.

Borkowski, Dieter: Wer weiß, ob wir uns wiedersehen. Erinnerungen an eine Berliner Jugend. Frankfurt a.M.: S. Fischer 1980.

Böll, Heinrich (Hrsg.): Niemands Land — Kindheitserinnerungen an die Jahre 1945 - 1949, Bornheim-Merten: Lamuv 1985.

Brückner, Peter: Das Abseits als sicherer Ort. Kindheit und Jugend zwischen 1933 und 1945. Berlin: Wagenbach 1980.

Bude, Heinz: Deutsche Karrieren. Lebenskonstruktionen sozialer Aufsteiger aus der Flakhelfer-Generation. Frankfurt a.M.: Suhrkamp 1987.

Casdorff, C.H. (Hrsg.): Weihnachten 1945. Ein Buch der Erinnerungen. München: dtv 1985.

Dagermann, Stig: Deutscher Herbst 46. Köln: Hohenheim 1981.

Dittler, Hans: Odyssee II. Ein Stück erlebte Wirklichkeit 1939 - 1946. Pforzheim: Selbstverlag 1983.

Döbler, Hannsferdinand: Kein Alibi. Berlin: Ullstein 1980.

Döbler, Hannsferdinand: Nie wieder Hölderlin. Buxtehude 1988.

Drewitz, Ingeborg: Gestern war Heute. Hundert Jahre Gegenwart. Stuttgart: Klett 1980.

Das Ende. Autoren aus 10 Ländern erinnern sich an die letzten Tage des Zweiten Weltkrieges. Köln: Kiepenheuer und Witsch 1985.

Filmer, Werner / Schwan, Heribert (Hrsg.): Mensch, der Krieg ist aus! Zeitzeugen erinnern sich. Düsseldorf / Wien: Econ 1985.

Franck, Dieter: Jahre unseres Lebens 1945 - 1949. München: 1983.

Friedländer, Saul: Wenn die Erinnerung kommt. Stuttgart: Deutsche Verlagsanstalt 1979.

Fühmann, Franz: Den Katzenartigen wollen wir verbrennen. Ein Lesebuch. Hamburg: Hoffmann und Campe 1983.

Fühmann, Franz: Der Sturz des Engels. München: dtv 1985.

Fühmann, Franz: Zweiundzwanzig Tage oder Die Hälfte des Lebens. Frankfurt: Suhrkamp 1973.

Galinski, Dieter / Schmidt, Wulf (Hrsg.): Die Kriegsjahre in Deutschland 1939 - 1945. Ergebnisse und Anregungen aus dem Schülerwettbewerb Deutsche Geschichte um den Preis des Bundespräsidenten 1982 / 83. Hamburg: Verlag Erziehung und Wissenschaft 1985.

Grebing, Helga (Hrsg.): Lehrstücke in Solidarität. Briefe und Biographien deutscher Sozialisten 1945 - 1949. Stuttgart 1983.

Greiffenhagen, Martin: Jahrgang 1928. Aus einem unruhigen Leben. München / Zürich: Piper 1988.

Güstrow, Dietrich: In jenen Jahren. Aufzeichnungen eines „befreiten“ Deutschen. München: dtv 1985.

Hannsmann, Margarete: Der helle Tag bricht an. Ein Kind wird Nazi. München: dtv 1984.

Hass, Kurt (Hrsg.): Jugend unterm Schicksal. Lebensberichte junger Deutscher 1946-1949, Hamburg 1950.

Das Jahr 1945. Wege in die Freiheit. Erlebnisse und Ereignisse. Mit Dokumenten und einer Chronik 1945. Frankfurt 1980.

Jung, Jochen (Hrsg.): Vom Reich zu Österreich. Erinnerungen an Kriegsende und Nachkriegszeit. München: dtv 1985.

Kardorff, Ursula von: Berlin Aufzeichnungen. München 1964.

Knef, Hildegard: Der geschenkte Gaul. München: Knaus 1982.

Kolbenhoff, Walter: Schellingstraße 48, Erfahrungen mit Deutschland. Frankfurt: Fischer 1984.

Kuby, Erich: Mein Krieg. München: Nymphenburger 1975.

Leber, Georg u.a.: Das Ende, das ein Anfang war. Die letzten Tage des Dritten Reiches. Freiburg 1981.

Lederer, Herbert: Kindheit in Favoriten. Autobiographie. Wien / München 1975.

Lenz, Hermann: Tagebuch vom Überleben und Leben. Roman. Frankfurt: Insel 1978.

Lind, Jakov: Selbstportrait. Frankfurt 1970.

Loest, Erich: Durch die Erde geht ein Riß. Hamburg: Hoffmann und Campe 1981.

Loest, Erich: Schattenboxen. München: dtv 1988.

Maaß, Winfried: Die Fünfzigjährigen. Portrait einer verratenen Generation. Hamburg: Hoffmann und Campe 1980.

Maschmann, Melitta: Fazit. Mein Weg in die Hitler-Jugend. Stuttgart: Deutsche Verlagsanstalt 1963, und München: dtv 1979.

Massiczek, Albert: Ich war Nazi. Faszination, Ernüchterung, Bruch. Ein Lebensbericht: Erster Teil (1916-1938). Wien: Junius 1988.

von der Mehden, Heilwig: Der Friede sah ganz anders aus. Junge Menschen 1947. Freiburg i.Br.: Herder 1984.

Niethammer, Lutz (Hrsg.): „Hinterher merkt man, daß es richtig war, daß es schiefgegangen ist." Nachkriegserfahrungen im Ruhrgebiet. Bonn: Dietz 1983.

Niethammer, Lutz (Hrsg.): „Die Jahre weiß man nicht, wo man die heute hinsetzen soll". Faschismuserfahrungen im Ruhrgebiet. Berlin / Bonn: Dietz 1983.

Noack, Barbara: Eine Handvoll Glück. München: Langen-Müller 1982.

Oker, Eugen: ... und ich der Fahnenträger. Eine wahre Satire. München: Nymphenburger 1980.

Reich-Ranicki, Marcel (Hrsg.): Meine Schulzeit im Dritten Reich. Erinnerungen deutscher Schriftsteller. Köln: Kiepenheuer und Witsch 1982.

Rosenthal, Gabriele (Hrsg.): Die Hitlerjugend-Generation, Biographische Thematisierungen als Vergangenheitsbewältigung. Essen: Die blaue Eule 1986.

Rosenthal, Gabriele: „... wenn alles in Scherben fällt ...". Opladen: Leske + Budrich 1988.

Rühmkorff, Peter: Die Jahre, die ihr kennt. Erinnerungen. Reinbek: Rowohlt 1972.

Scherpe, Klaus R. (Hrsg.): In Deutschland unterwegs. Reportagen, Skizzen, Berichte 1945-1948. Stuttgart: 1982.

Sombart, Nicolaus: Jugend in Berlin 1933-1943. Ein Bericht. München / Wien: Hanser 1984.

von Staden, Wendelgard: Nacht über dem Tal. Eine Jugend in Deutschland. München: dtv 1982.

Steinbach, Lothar: Ein Volk, ein Reich, ein Glaube? Ehemalige Nationalsozialisten und Zeitzeugen berichten über das Leben im Dritten Reich. Berlin / Bonn: Dietz 1984.

Sternheim-Peters, Eva: Die Zeit der großen Täuschungen. Mädchenleben im Faschismus. Bielefeld: AJZ-Verlag 1987.

Stolze, Stephan: Nachkriegsjahre. Erinnerungen 1945-1955. Frankfurt: Suhrkamp 1984.

Die Stunde Eins. Erzählungen, Reportagen, Essays aus der Nachkriegszeit. München: dtv 1985.

Sturm, Vilma: Barfuß auf Asphalt. Ein unordentlicher Lebenslauf. Köln: Kiepenheuer und Witsch 1981.

Thomas, Michael: Deutschland, England über alles. Berlin: Siedler 1984.
Wellershoff, Dieter: Die Arbeit des Lebens. Autobiographische Texte. Köln: Kiepenheuer und Witsch, 1985.
Ziem, Jochen: Der Junge. München: Autoren-Edition 1980.
Zimmer, Dieter: Alles in Butter, Bern / München: Scherz 1982.
Zimmer, Dieter: Für'n Groschen Brause. Bern / München: Scherz 1980.
Zürndorfer, Hannele: Verlorene Welt. Jüdische Kindheit im Dritten Reich. Pfaffenweiler: Centaurus 1988.
Zwerenz, Gerhard: Der Widerspruch. Autobiographischer Bericht. Berlin: Guhl 1979.